생각하는 기독교인이라야 산다

생각하는 기독교인이라야 산다

지은이/ 존 B. 캅 Jr.
옮긴이/ 이경호
펴낸이/ 김준우
펴낸날/ 2002년 3월 10일
펴낸 곳/ 도서출판 한국기독교연구소
등록번호/ 제8-195호(1996년 9월 3일)
경기도 고양시 일산동구 장항2동 730, 우인 1차 1322호 (우 410-837)
전화 031-929-5731, Fax 031-929-5732
인터넷 홈페이지: www.historicaljesus.co.kr
e-mail address: honestjesus@hanmail.net
인쇄처/ 조명문화사 (전화 02-498-3015)

이 책의 한국어판 저작권은
Abingdon Press와의 독점계약으로
한국기독교연구소가 소유합니다.
저작권법에 따라 국내에서 보호받는 저작물이므로
무단전재와 무단복제를 금합니다.

Becoming a Thinking Christian
by John B. Cobb, Jr.
copyright ⓒ 1993 by Abingdon Press
Korean Translation copyright ⓒ 2002 by Korean Institute of the Christian Studies.

ISBN 89-87427-32-3 04230
89-87427-06-4 (세트)

값 8,000원

생각하는 기독교인이라야 산다

존 캅 Jr. 지음 · 이경호 옮김

2002
한국기독교연구소

Becoming a Thinking Christian

by John B. Cobb, Jr.

Abingdon Press, 1993.

Korean Translation by Lee Kyung-Ho

2002
Korean Institute of the Christian Studies

목 차

<21세기 기독교 총서>를 발간하면서 · 6

서문 · 15

1장 평신도들 역시 이미 신학자들이다 · 21

2장 윤리학과 신학 · 47

3장 우리의 믿음을 다듬어내기 위한 출발 · 73

4장 성서의 권위 · 95

5장 기독교인과 유대교인 · 119

6장 전문가들의 도움과 방해 · 144

7장 기독교의 반격 · 161

8장 경제학 비판 · 176

9장 대학 비판 · 206

후기 교회 신학에 관하여 · 222

<21세기 기독교 총서>를 발간하면서

　이 땅의 민초들은 20세기 전반부를 식민지 치하에서 수탈당했으며, 20세기 후반부는 냉전 분단체제 아래에서 숨죽이며 통곡하였다. 역사의 구비마다 바람 따라 눕히고 채이면서도 소처럼 묵묵히 일만 해 온 민초들은 이제 21세기 문턱에서 신자유주의라는 새로운 레비아탄으로 인해 신음하며 죽어가고 있다. 외세의 제국주의적 팽창주의 앞에서 권력자들이 보여준 무능과 야합, 부패의 결과가 사회적 혼란을 초래하고 민초들의 숨통을 조이는 역사가 오늘도 여전히 되풀이되고 있는 현실이다. 아니, 21세기는 이 땅의 민초들에게 더욱 혹독한 시련의 세기가 될 것으로 보인다. 전세계적으로 죄 없는 생명체들을 대량 학살하는 악의 세력들이 그 마각을 더욱 분명히 드러내었기 때문이다.
　다시 말해서, IMF 관리 체제가 가져다 준 충격과 고통을 통해 우리는 "세계화 시대"의 허위와 타락을 은폐시키는 문화적 중독에서 깨어나, 한국 사회의 구조적 모순뿐 아니라, 세계경제의 구조적 모순, 더 나아가 인류문명의 절박한 위기에 대해 눈뜨게 되었다. 세계경제의 구조적 불평등과 생태계 파괴로 인해 전세계의 약자들이 현재 "멸망의 벼랑 끝"에 서 있음을 분명히 깨닫게 된 것이다. 반 만 년 민족사에서 처음으로 보릿고개를 극복하자마자, 우리는 자본의 전략에 말려들어 재물과 소비에 눈이 멀게 되었고, 결과적으로 이웃과 역사, 민족의 미래와 꿈은 물론이며 자신의 삶에 대한 반성, 생명의 신비와 하늘의 음성을 잊어버림으로써 국가 부도의 위기를 맞이했지만, 악의 세력과의 싸움은 이제부터 단지 시작이며, 그 승패는 우리들의 각성과 치열한 연대투쟁 여하에 달려 있음을 깨닫게 된 것이다.

세계인구 가운데 상위 20%가 1998년 현재 전세계 소득 총액의 86%를 움켜쥐고 있는 반면에, 나머지 80%의 인구는 전세계 소득총액의 14%를 나눠먹기 위해 아귀다툼하는 현실에서 기독교는 과연 누구의 편인가? 가진 자들은 세계 곡식 총생산량의 47%를 가축의 사료로 사용하여 고단백질 육류 음식으로 배를 채우는 반면에, 다섯 살 미만의 굶주리는 어린이만 해도 2억 명이나 되며, 매일 4만여 명의 어린이들이 굶주림으로 죽어 가는 현실에서 "자비와 정의의 하느님"은 어디에 계신가? 또한 각종 공해와 오염으로 하늘과 땅, 강과 바다가 죽어가고 있을 뿐 아니라, 매년 5만 종 이상의 생명체 종자들이 이 우주에서 영원히 멸종되며, 35억 년 동안의 생명의 역사상 평균 멸종율의 4만배나 빠르게 멸종이 진행되고 있는 상황에서, 지질학적으로 지난 6천5백만 년 동안 생명체들이 가장 아름답게 꽃피워왔던 신생대가 끝나가는 상황에서 우리는 어떻게 "생명의 하느님"을 찬양할 수 있는가?

초국적 금융자본을 머리로 하는 세계 자본주의 체제라는 새로운 레비아탄이 "만인의 만인에 대한 투쟁"을 독려하면서 실직과 임금삭감이라는 무기를 통해 노동자들끼리 서로 싸우도록 만들고 오늘날 가난한 사람들의 생사여탈권을 휘두르는 전능한 신으로 군림할 뿐 아니라, 교회와 성직자들을 포위하고 세계 제패를 위한 심리적 전술로 교회를 이용하는 현실에서 기독교의 "복음"이란 무엇인가? 복음이란 여전히 현실의 고통을 잊게 만들며, 세계의 모순들이 존재하지 않는 것처럼 감쪽같이 은폐시키는 허위의식인가? 저항이 싹틀 수 있는 비판적 사고와 부정적 사유를 그 뿌리부터 제거하는 전략인가? 제국주의자들이 토지와 천연자원과 노동력을 착취하는 동안에, 그들과 함께 들어온 식민지 선교사들은 하늘과 땅, 영혼과 육체, 정신과 물질을 분리시키고, 땅과 육체와 물질은 무가치한 것이며 대신에 영혼구원과 저 세상(하늘)의 보상을 바라보도록 가르치며, 가난도 하늘의 뜻이며, 재물은 신의 축복의 증거이며, 국가와 교회에 대해서는 무조건 복종할 것을 요구했던 것처럼, 오늘날에도 기독교는 여전히 선교사들이 물려준 식민주의 신학을 가르쳐 세계시장의 충실한 시녀로 남아 있을 것인가? 더 이상 "세속적 금욕"(막스 베버)이 아니라 "세속적 낭비"(헬무트 골비처)에 의해 유지되는 오늘날의 자본주의 체제가 "무한 경쟁"이라는 이름으로 인간의 이기심과 경쟁심, 소비주의와 향락주의를 부추기고, 도덕적 심성과 협동정신을 파괴시키는 오늘날에도, 예수는 여전히 우리의 모든 문제들에 대한 "해답"인가?

기존의 착취 구조를 지속시키기 위해 자본은 매스컴과 교육 제도를 통해 인간의 영혼을 팔아넘기도록 만들며, 자신에 대한 긍지와 자신감, 이웃들과의 협동과 연대보다는 수치심과 경쟁심을 조장하는 현실에서, 예수의 복음마저 우리로 하여금 우리의 운명에 대한 주체성과 책임성을 양도하도록 만드는가? 더군다나 앞으로 50년 내지 60년 후 세계인구가 현재보다 두 배로 늘어날 것을 예상한 사탄의 세력은 세계인류의 80%에 달하는 "잉여 인구"를 처리하기 위한 전략으로 이미 선진국 어린이들에게 온갖 잔인한 컴퓨터 게임들을 통해 "죽이는 것은 신바람 나는 것"(Kill and Enjoy!)이라는 장난감의 복음을 철저히 세뇌시키는 현실에서, "십자가에서 흘리신 피의 공로를 통한 대속적 구원"은 우리의 책임성과 주체성을 일깨우고 사탄의 세력에 맞서 치열하게 저항하도록 만드는가, 아니면 신의 섭리와 은총에 모든 것을 맡긴 채, "심령의 평안"에 만족하며 악의 현실을 수동적으로 받아들이고 폭력을 체념하도록 만드는 매저키즘을 불러일으키는가? "구원"과 "부활", "영생"과 "재림"은 개인주의와 이기주의를 부채질하는가(egological), 아니면 우주와 생명의 신비 앞에 감사하고 겸허하게 만들며 (ecological) 정의를 위해 예수처럼 당당하게 칼날 위에 서도록 만드는가? 지구 전역에 걸쳐 가난한 생명체들의 숨통이 나날이 더욱 조여드는데, 기독교는 무엇을 소망으로 가르치며, 무슨 대안을 갖고 있는가?

21세기는 인류의 생존과 평화를 위한 문명전환의 마지막 기회가 될 것으로 보인다. 인간중심주의, 개인중심주의, 소유중심주의를 극복하고, 생명중심주의, 우주중심주의, 존재중심주의로 패러다임을 전환시키지 않는다면, 21세기는 짐승화(animalization)의 세계가 되고, 인류 문명은 파국을 피할 수 없을 것으로 보인다. 그리고 기독교는 이러한 문명 전환의 핵심이 되는 "생명에 대한 우주적 각성과 자연에 대한 생태학적 각성, 그리고 사회에 대한 공동체적 각성"(한살림선언)을 통해 "지속가능한 미래"를 보장하는 생명중심의 가치관과 비전(vision)을 제시함으로써 "생태대"를 향해 출애굽(토마스 베리)해야 할 과제를 안고 있다.

그러나 21세기의 문턱에서 한국교회는 양적으로 점차 쇠퇴하고 있으며, 질적으로는 사회적 신뢰성을 잃어 가고 있다. 한국 갤럽의

<1997년 한국인의 종교와 종교의식>(1998)에 따르면, 한국의 비종교인들은 전체 인구(18세 이상)의 53.1%로서 세계에서 가장 높은 수준이지만, 이들 비종교인들 가운데 과거에 개신교 신자였다가 비종교인으로 이탈한 사람들이 73%에 이른다(불교 23.6%, 천주교 12%). 특히 젊은층과 고학력자 가운데 개신교를 이탈하여 비종교인이 되는 비율이 가장 높은 것으로 나타났다. 또한 비종교인들이 종교를 택할 경우 선호하는 종교는 불교 40%, 천주교 37%인 반면에, 개신교를 택하겠다는 사람은 22%에 불과한 것으로 조사되었다. 이런 사실은 한국교회가 21세기에는 유럽과 미국의 많은 교회들처럼 심각한 쇠퇴의 위기에 직면할 가능성이 매우 높다는 염려를 갖게 한다.

　한국 개신교회가 이처럼 교회를 찾아온 사람들의 종교적 요청에 대해서조차 충분히 응답하지 못하여 많은 사람들이 교회를 떠날 뿐만 아니라, 대부분의 비종교인들로부터 가장 호감을 얻지 못하는 종교가 된 직접적 원인은 오히려 교회 내부에 있는 것으로 지적되고 있다. 즉 위의 갤럽 조사에서 "대부분의 종교단체는 참 진리를 추구하기보다는 교세확장에 더 관심이 있다"는 질문에 대해 "그렇다"고 응답한 사람들이 79.6%에 이른다는 사실은 위기의 원인이 교회 자체 안에 있음을 보여 준다.

　특히 젊은층과 고학력자들이 교회를 떠나는 이유는 첫째로, 한국교회가 지난 30년 동안 교회성장에만 몰두하여, 하느님의 뜻과 진리를 가르치고 실천하는 일은 소홀히 한 채, 개체교회 성장제일주의라는 자폐증을 앓고 있기 때문이다. 한국교회가 평균적으로 전체 재정 가운데 3.88%만을 불우 이웃돕기 등 교회 밖의 사회봉사비로 사용하고 있다는 사실은 그 자폐증이 얼마나 심각한 상태인지를 여실히 보여준다.

둘째로 교회성장을 위한 반지성적 분위기와 비민주적인 구조를 갖고 있기 때문인 것으로 지적할 수 있다. 이것은 본질적으로 교회를 인간과 세계의 총체적 해방을 위한 하느님 나라 운동(movement)으로 이해하기보다는, 영적 구원을 위한 기관(institution), 혹은 조직으로 이해하는 경향이 크기 때문이다. 자기 반성과 비판 없는 개인이나 단체는 타락할 수밖에 없다.

셋째로 한국교회가 사회적 신뢰성을 잃게 된 것은 기복적(祈福的)이며 내세지향적인 신앙으로 인해 개인의 영혼 구원에 치중함으로써, 이 세상에서의 책임과 공동체적 의무가 약화된 때문이다. 한국교회가 하느님은 악을 미워하신다고 고백하면서도 일반적으로 사회적 모순과 구조악에 대해 무관심한 채 내면적 유혹과의 싸움에 몰두하는 이유는 바로 이 때문이다.

넷째로 오직 믿음으로만 구원받는다는 교리를 내세워, 맹목적으로 믿을 것을 강요할 뿐, 성서와 기독교의 진리에 대해 정직하게 이해하고 실천하기 위해 질문을 제기하는 것 자체를 불신앙적 태도로 매도하고, 반성적 사색과 지적인 정직성을 억누르는 경향이 주체성을 확립하려는 젊은층과 고학력자를 교회로부터 떨어져 나가도록 만드는 주요 원인이라고 풀이할 수 있을 것이다. "머리가 거절하는 것은 결코 가슴이 예배하지 못한다"(존 쉘비 스퐁 감독)는 진실 때문이다.

다섯째로 예수 그리스도는 영혼 구원을 위해 십자가에 달리심으로써 모든 죄를 용서하시는 분으로 경배될 뿐, 우리도 이 세상 속에서 그리스도를 따라 살아가야 하는 삶의 모델로는 이해되지 않고 있기 때문이다. "믿음을 통한 구원"(以信稱義)의 교리가 그 본래의 역사적 맥락에서 벗어나, 마치 불교에서 힘겨운 고행 대신에 손쉬운 염불을 택한 구원의 수단처럼 되어 버린 때문이다. 칭의(justification)의 목적은 정의 실천(doing justice)이다(롬 6장).

여섯째로 지난 30년간 국민들의 교육 수준이 급격히 높아짐으로써 교인들의 지적인 욕구도 더욱 왕성해졌지만, 한국교회는 일반적으로 아직도 교회 문턱에서 이성을 벗어 놓고 교회 안에 들어올 것을 요구하고 있는 형편이다. 또한 "교리 수호"라는 미명 아래 성서에 대한 문자주의와 아전인수격 해석이 횡행하고 있다. 한국교회의 영성 운동조차 이처럼 개인주의적이며 비이성적이며 비역사적인 성서 해석에 기초함으로써, 성서와 기독교의 진리를 그 역사적 맥락과 단절시켰고, 우리의 신앙도 역사적 현실로부터 도피하도록 만드는 근본주의 신앙을 배태시키고 있는 실정이기 때문이다.

더군다나 21세기 한국사회는 자본주의의 세계화와 과학 기술의 발달로 인한 치열한 경쟁과 고실업 사회, 생태계의 파괴로 인하여 더욱 비인간적인 사회 문화 환경 속에 자리잡게 될 것이 분명하다. 이런 점에서 21세기에는 고통스런 현실로부터 도피하려는 근본주의가 더욱 기승을 부릴 것으로 예상되기 때문에, 한국교회가 교회 중심주의와 개인의 영혼구원 중심주의, 기복적 신앙과 근본주의 신학을 극복하고, 인간성과 공동체성을 회복하여 한국 역사 속에서 사회적 형평성을 확보하며 민족 통일을 위해 공헌할 것인지, 아니면 역사의 뒤안길로 물러날 것인지가 판가름날 것으로 예상된다.

이런 상황에서 <21세기 기독교 총서>를 발간하는 이유는 첫째, 인구의 절반이 넘는 비종교인들과 전체 인구의 70%가 넘는 비기독교인들에게, 그리고 자신들의 종교적 욕구가 충족되지 않고 있지만 아직 교회 안에 남아 있는 사람들에게 성서와 기독교의 진리를 정직하게 소개함으로써, 기독교 신앙에 대해 새롭게 이해하도록 이성적 발판을 마련하기 위함이다. 둘째로, 예수에 대한 이미지, 특히 그의 가르침의 의미를 정확하게 밝힘으로써, 21세기 한국의 기독교인들이 하느님의 뜻에 합당하게 살 수 있도록 돕기 위함이다. 우주 저편으로부터 들려오는 하늘의 선율에 따라 춤추면서 생명의 선물들에 대해 감사하며, 생명사의 창조적인 전개과정 속에 나타난 하늘의 뜻에 철저히 순종하여, 개인과 공동체의 잠재력을 극대화시키며 정의와 평화, 기쁨의 신천지를 위해 헌신하도록 우리를 부르는 예수는 우리가 본받을 "존재의 영웅"(에릭 프롬)이기 때문이다. 셋째로, 로마제국의 억압과 착취 밑에서 신음하던 식민지 백성들을 해방시키기 위해 "식민지의 아들"(son of the colonized) 예수가 바라보았던 하느님 나라의 비전(vision)과 전략은 오늘날 세계금융자본의 횡포 아래 신음하고 있는 이 땅의 민초들을 위해 교회가 무엇을 해야 하는지를 보여 주기 때문이다. 지금과 같은 소비와 낭비의 시대에 한국교회가 예수를 믿는 것이 곧바로 예수처럼 자기를 비우고 나눔과 섬김을 실천하는 길임을 온몸으로 살아내지 않는다면, 인간의 영성과 주체성, 연대성을 파괴시키는 세속적 자본주의 문화와 근본주의 신학에 밀려, 점차 더욱 많은 젊은이들이 교회를 떠나게 되어, 한국교회는 붕괴를 자초할 것으로 예상되기 때문이다.

<21세기 기독교 총서>를 통해 비기독교인들이 기독교의 진리를 정직하게 이해하고, 한국교회는 신화적-문자적 신앙단계나 비분석적-관습적 신앙단계를 넘어 주체적이며 반성적인 신앙단계, 더 나아가 접속적 단계나 보편적 신앙단계(제임스 파울러)로 질적인 성숙을 이룩

함으로써, 한국 사회 전반의 저주와 죽임의 역사를 극복하고 생명과 축복의 새로운 세상을 만들어 가는 일에 크게 공헌하여 하느님께 영광을 돌릴 수 있게 되기를 기도한다.

"**진리는 오로지 진리 그 자체의 힘으로만 인정을 받으며, 그 힘은 강하면서도 부드럽게 정신에 스며든다.**"

- 교황 바오로 2세의 회칙 "세 번째 천년을 맞이하며"에서 -

1999년 성령강림절 기간에
한국기독교연구소에서   김 준 우

서문

당신이 전통교단들 가운데 한 교단에 속한 평신도로서 헌신하는 사람이라면 이 책은 당신을 위해 집필되었다. 이 책은 당신 삶의 기초를 이루는 믿음을 깨닫게 하며, 그 믿음들에 관해 생각하도록 초대할 것이다. 즉 이 책은 당신을 초대해서 당신이 이미 신학자라는 사실과 그것도 좋은 신학자가 될 수 있다는 사실을 깨닫게 해 줄 것이라는 말이다.

좋은 신학자가 된다는 것은 '생각하는 기독교인'(thinking Christian)이 되는 것이다. 생각하는 것은 어렵다. 그러나 생각하지 않는다면, 당신은 이 책에서 얻을 게 없다.

사람들은 이것에 모순이 있다고 말할지 모른다. 즉 평신도들을 위한 책은 쉬워야 한다고 말이다. 그러나 이런 지적은 옳지 않다. 평신도들도 전문 신학자처럼 어려운 지적 작업에 관여할 수 있다. 많은 평신도들이 그들의 천직(의사, 법률가, 경영인, 기술자 등)에서 신앙에 관한 지적 모험을 감행할 수 있는 사람들임을 입증하고 있다. 그러나 그들 대다수는 특정한 주제에 관해서는 이 책이 보여주고 있는 이런 사고방식에 익숙하지 않은 것이 사실이다. 그럼에도 불구하고, 지적 수준이 높은 많은 사람들이 순수한 신앙적 입장에 서서 이런 작업을 해내고 있다. 매우 많은 사람들이 신앙은 지적 도전이나 성숙과는 양립할 수 없다고 단정해 버리는 경향이 있다. 그리고 이들은 교회가 자신들에게 이런 요구를 하리라는 기대를 버렸다. 하지만, 이것이 이 책이 역점을 두고 다루는 문제이다. 이 책은 이런 문제에 관한 생각과 또한 이 문제를 극복하기 위한 생각을 요구하고 있다. 그래서 이 책은 당신이 반드시 읽어야만 하는 책이다.

그럼에도 불구하고, 이 책은 평신도인 당신을 위해 집필되었다. 이 책이 요구하는 생각과 말하는 방식은 전문가들만이 지니는 전문 지식을 요구하지는 않는다. 이 책은 당신이 익숙하지 않은 기독교 전통의 어떤 특징들을 실제로 언급하고 있기는 하지만, 이 책의 목적을 위해서 명확하게 그 특징들을 충분히 설명하고 있다.

이 책이 요구하고 있는 어려운 생각들이란 당신과 당신 자신의 믿음에 관한 것이다. 이런 주제들은 이미 당신이 잘 알고 있는 것이다! 그 화제들도 당신이 아는 것들이다. 어려운 것은 그것들에 대해 생각하는 일이다. 이 책조차도 믿음에 대해 생각하는 일 자체를 쉽게 할 수는 없다. 실제로 생각하는 일 이외에는 아무것도 믿음에 대해 생각하는 일을 쉽게 하도록 만들 수는 없다. 만약 당신이 이 책에 나오는 정보나 얻고자 한다면, 이 책은 그리 어렵지 않을 것이다. 이 책의 목적은 당신이 기독교인으로서 생각하도록 독려하는 것이다.

누군가를 생각하도록 독려하는 최선의 방법은 질문들을 던지고 그 질문들에 대한 대답들을 서로 검토하는 것이다. 이것이 대화 방법이며, 가장 좋은 대화는 단 두 사람만이 나눌 수 있다. 한 질문에 대한 당신의 대답은 그 다음에 이어지는 질문의 성격을 결정하게 된다. 그러나 불행하게도 이처럼 두 사람 사이에 문답을 이어갈 수 있는 책은 없을 것이다. 책은 당신을 도울 수 있는 최선의 방책이 아니다. 대화는 오래 지속할수록 훨씬 더 유익해진다. 그래서 이 책은 당신이 대화 상대자들을 찾도록 격려한다.

대부분의 책들은 당신에게 저자의 사상을 전달해 줄 따름이다. 저자들의 사상은 종종 탁월하며, 때로는 당신에게 새로운 방식으로 생각하도록 자극할 수 있다. 하지만, 당신이 아무리 다른 사람들의 사상을 배운다 하더라도 당신 스스로 생각하는 것을 대신할 수는 없으며, 일반적으로 새로운 사상을 접한다 하더라도 당신을 치밀하고 비판적으로 생각하도록 자극하지는 못한다.

책은 단지 새로운 사상으로 당신을 자극하는 것 이상으로 당신 스스로 생각하도록 격려할 수 있는데, 이 책이 하려는 것이 바로 그런 작업이다. 이 책은 당신의 기독교 신앙이 중요한 문제들에 대해 의미를 지닐 수 있도록 치밀하고 비판적으로 생각하는 것에 대한 사례들을 보여줄 것이다. 어떤 사례들은 그 문제들에 대해 당신이 생각하는 방식과 일맥상통할 수 있다. 그럴 경우 당신 자신은 보다 쉽게 생각의 실마리를 풀어나갈 수 있다. 하지만 이런 사례들은 단지 믿음에 대해 생각하는 것에 대한 암시를 제공할 뿐이다.

일반적으로, 이 책의 논점들은 본인이 확신하고 있는 것들이며, 그런 의미에서, 당신은 대부분의 책들에서처럼 저자의 사상을 배울 수 있을 것이다. 그러나 이것이 이 책의 핵심은 분명히 아니다. 이 책의 역점(力點)은 논증을 펼쳐서 각각의 단계마다 당신이 그 논증에 찬성하거나 반대할 수 있도록 만들고, 당신이 다르게 생각할 경우에는 그 다른 생각을 당신 나름의 논증으로 발전시킬 수 있도록 만드는 것이다. 이 책이 만일 이 일에 성공한다면, 당신의 생각은 당신 나름의 생각으로 발전할 것이다. 그렇지 않다면, 그것은 당신 **자신**의 생각이 아니다. 간혹 당신은 이 책이 제시한 결론과는 매우 다른 결론으로 나아갈 수도 있을 것이다.

하지만 이 책이 성공한다면, 당신은 이 책이 제시한 결론에 대해 단순히 반대한다고 주장하지 만은 않을 것이다. 당신 자신의 입장의 근거를 명백히 할 수 있게 되며, 그 근거가 기독교적인 것인지를 치밀하게 검토할 수 있을 것이다. 이것이 어려운 이유는 사상들 사이의 관계를 명백히 밝힌다는 것이 쉽지 않고, 또한 우리가 오랜 동안 지녀 왔던 믿음에 대해 의문을 제기하는 것을 우리가 별로 좋아하지 않기 때문이다.

또한, 이 책은 평신도인 당신이 생각하는 것이 왜 중요한지, 어떤 방법으로 생각을 풀어나가기 시작할 것인지, 어떤 단계들을 거쳐 생각할 것인지, 어떤 자료들에 의지해 생각할 것인지, 그리고 그 생각이 당신을 어디로 인도할 것인지 등등에 대한 추상적인 이야기들도 포함하고 있다. 당신이 이전에는 생각해 보지 않았던 것들을 이해하는 것도 이 책이 요구하는 생각하기이다.

당신은 많은 전문 신학자들 이상으로 좋은 신학자가 될 수 있다! 전문 신학자는 그들 자신의 믿음을 생각하기보다는 타인들의 믿음에 대해 더욱 많이 생각하기 때문이다. 이 책은 그 차이를 밝힐 것이다. 만약 당신이 신학자라는 것에 대해 진지하게 생각한다면, 때때로 당신은 전문 신학자의 도움을 필요로 할 것이다. 아마도 많은 도움을 필요로 할 것이다. 하지만, 당신은 전문 신학자들이 당신을 대신해서 생각해줄 것을 기대할 수는 없다! 진정한 기독교 신학은 전문 신학자들만의 문제가 아니다. 진정한 신학은 생각하는 기독교인들 모두를 위한 것이다. 전문 신학자들 역시 진정한 신학을 할 수 있지만, 전문 신학자들은 전문적인 지식들을 알고 있기 때문에 전문 신학자가 된 것이 아니라, 그들이 생각하는 기독교인이기 때문에 전문 신학자가 된 것이다.

만일 목회자들이 신학자가 될 필요를 느낀다면, 나는 가장 흐뭇할 것이다. 목회자들 역시 하느님의 백성(laos)의 일원이지만 전문 학자는 아니다. 그들이 받은 신학 교육이 그들을 좋은 신학자가 되게 한다고 보장할 수는 없다. 신학 교육은 그 스승들의 다양한 분야에 대해 소개해 주고, 교회의 회중을 인도하고 섬기는 데 생기는 문제들에 대해 어떻게 대응할지를 생각해 보도록 격려하며, 과거와 현재의 중요한 신학자들에 대한 정보도 주었을 것이다. 그러나 신학 교육은 자신들의 믿음 자체에 관해 많이 생각하도록 하지는 않았을 것이다. 만일 목회자들이 신학에 관해 생각하는 습관을 습득하지 못했다면, 이 책은 목회자들을 위해서도 집필되었다.

전문 신학자가 이 책을 읽는다 해도 손해를 보지는 않을 것이다. 때때로 전문 신학자들은 평신도들이 학문적 분야를 전문적으로 배울 때에만 신학자가 될 것이라고 생각한다. 실제로, 너무도 많은 기독교인들이 신학자의 직책에 대해 고정관념을 갖고 있다. 평신도들은 이런 방식으로는 자신들이 시간을 낼 수 없을 뿐더러 마음도 쏠리지 않는다는 점을 알고 있다. 그래서 평신도들은 신학을 전문가에게 맡겨버린다. 이것이 바로 기독교인들과 교회에 재앙이 되어 왔던 것이다. 만일 우리가 교회의 갱신을 원한다면, 우리는 교회에서 생각하기를 새롭게 해야 한다.

실제로 교회에서 생각하기의 갱신이 일어나면 교회 갱신이 이루어질 것이다. 그것이 없다면 교회는 갱신되지 않을 것이다. 눈속임으로 한다거나 단지 감정에만 호소한다면, 교회의 진정한 갱신은 일어나지 않는다. 교회가 교인들의 성숙한 확신에 의해 살아갈 때 비로소 교회는 강해진다. 성숙한 확신은 생각을 통해서 형성될 수 있을 뿐이다.

나는 나 같은 전문 신학자들이 하는 "신학"이 교회와 교인들의 삶에서 분리되어 있다는 생각에 시달려 왔다. 신학과 교회의 분리는 양자 모두에게, 즉 신학과 교회에 점점 재앙이 되어가고 있다. 지금까지 나는 신학과 교회의 분리에 대해서 개탄해 왔으며, 그에 대해 글을 쓰거나 강의를 해 왔다. 어떤 의미에서 이 책은 이러한 나의 생각으로부터 탄생한 것이다.

하지만 또 다른 의미에서 볼 때 이 책은 특별히 아빙돈 출판사의 편집장 렉스 매튜즈의 요청에 대한 나의 응답이다. 그는 이런 필요를 느끼고는 내가 그 문제를 다루어주기를 원했다. 그와의 대화를 통해서 나는 그가 원하는 것을 보다 정확하게 이해할 수 있었다. 이 책이 정확히 렉스가 원한 바는 아닐 테지만, 보다 큰 틀의 상관성에서 볼 때 이 책은 그의 덕택이었다. 어떤 한 사람의 문제 의식 때문에 이처럼 많은 분량의 글을 썼던 적은 없었다. 나는 이 자리를 빌어서 렉스의 통찰과 인내에, 그리고 격려와 안내에 그저 감사할 따름이다.

◇ 1장 ◇

평신도들 역시 이미 신학자들이다

1. 전문가들로부터 권위 되찾기

우리는 전문가 시대를 살고 있다. 어떤 직업들은 매우 오래 되었다. 법률을 다루는 변호사들, 건강을 돌보는 의사들, 아이들을 가르치는 교사들은 오랜 세대에 걸쳐 그 직업을 이어왔다. 근자에는 새로운 전문 직종들이 생겨났다. 즉 경제를 해설하고 관리하는 경제학자, 정교한 공학 기술을 개발하는 기술자, 조직체를 운영하는 경영인, 장의사와 미용사, 심리 치료사와 영양사, 농업경제 전문가와 언론인, 그 외 다른 많은 전문가들이 계속 생겨나고 있다.

많은 전문 직업들은 없어서는 안 되는 매력적인 것들이다. 더 많은 전문가들이 사회의 다양한 기능들을 담당한다. 그러나 문제도 있다. 즉 우리는 스스로 할 수 있는 일도 타인(전문가)에게 의지하게 된다는 점이다. 우리가 자신의 전문 영역을 제외한 만사를 해결하기 위해서 다른 전문가를 찾아가게 되는 것이다. 따라서 우리 삶의 전체를 바라보고 있는 사람은 없는 듯 하며, 그 모든 부분을 결속시키는 방식을 아는 사람도 없는 듯하다. 많은 일들이 이런 전문화를 통해 보다 잘

처리되지만, 어떤 의미에서 인간은 작아진다. 즉 우리가 누군지, 무얼 하는 사람인지에 대해 우리는 그만큼 책임을 덜 지게 된다는 것이다.

이 책은 이런 전반적인 문제의 특정한 양상에 관한 책이다. 즉 신학자도 오랜 동안 전문가 행세를 해왔다. 그러나 대다수의 평신도들은 신학을 신학자들에게만 맡겨놓을 수 없다는 점을 오래 전부터 알고 있었다. 즉 기독교인은 자기의 믿음과 관계해야만 하는데, 믿음은 신학적 행위가 되기 때문이다.

평신도들이 이런 점을 잘 알던 시절이 있었다. 즉 믿는다는 것이 무엇을 뜻하는지, 바른 믿음이란 무엇인지에 대해서 교회 안에서 생동감 넘치는 토론이 벌어졌었다. 잠시 동안이기는 했지만, 특별히 개신교 교회들은 교인들로 하여금 자신의 믿음에 대해 책임을 지도록 독려하는 데 매우 성공했던 때가 있었다. 그러나 19세기에 접어들면서, 전문 신학은 평신도들의 삶과 분리되기 시작했고, 20세기 후반에는 그 상황이 더 악화되어 마침내 미국의 전통교단들은 위기에 봉착하게 되었다.

그런데 사람들은 이 위기에 관해서는 다른 위기들보다 덜 깨닫고 있다. 전통교단들은 쇠퇴하고 있으며, 이들은 현재 그 이유를 찾고 있다. 분명한 이유가 드러나고 있지만, 거의 지적되지 않고 있는데, 그것은 우리 가운데 많은 사람들이 우리 자신의 신학에 대해 책임을 지지 않고 있다는 사실이다. 즉 신학은 전문가의 작업을 뜻하게 되었고, 단지 소수 기독교인만이 이 작업에 매력을 느끼고 있다.

교회는 그 안에서 수행하는 일들에 대해 어떤 이름을 붙이는가에 따라서만 변화되고 살아남을 수 있다. 신학은 소수 전문가들의 작업을 의미할 수도 있다. 단 일반 기독교인들이 신앙에 관한 진지한 대화를 하면서 그것에 대해 신학이라는 이름을 붙이지 않고 다른 이름을 붙인다면 말이다. 그러나 이런 일은 일어나지 않고 있다. 즉 대부분의 교회에서는 신앙이 무엇인지, 평신도들이 실제로 무엇을 믿는지에 관해 진지한 대화를 거의 하지 않고 있다.

신학은 전문화되어 왔으며, 어떠한 활동이라도 전문화될 때는 비전문가들이 전문 지식에 의해 위축되기 마련이다. 우리는 전문가들이 알아서 처리하기를 기대하며, 심지어 설명조차 요구하지 않는다. 혹은 이해할 수 없는 설명을 듣게 되면, 우리와 상관없다는 듯 어깨를 으쓱한다. 비록 우리는 알지 못해도 그들은 알 것이라고 추정하면서 말이다.

물론 이것은 과장된 표현일 수 있다. 가끔 어떤 전문가는 우리가 좋아하지 않는 것을 말한다. 그러면 우리는 화를 낸다. 우리는 때로 담당의사의 충고는 믿지 않고, "다른 진단"을 찾아간다. 누군가 거의 모든 것에 대해 입증할 수 있는 "전문가의 증언"을 끌어다대면 우리는 그 방법에 대해 조소한다. 전문가가 동의하지 않을 때조차 우리는 어떻게 해야할지 방법을 묻곤 한다. 심지어 가끔은 전문가들이 우리의 예상만큼 알지 못한다고 생각할 때조차도 우리가 더욱 많이 책임지려고 하기보다는 우리의 책임을 줄이려는 경향이 있다.

그럼에도 불구하고, 우리의 삶에 대한 책임을 되찾는 분야들이 몇몇 있다. 건강 관리가 그 중 하나다. 병원 의사에게 많은 것을 계속 의지하지만, 많은 사람들은 건강에 대해 충분히 알고자 하며, 아무 생각 없이 의사의 지시만 따르지는 않는다. 전문가에게 도움을 받아 다이어트법(diet)을 배우지만, 우리의 경험에 비추어 다양한 방법들을 평가하도록 배운다. 이는 운동에도 해당한다. 수없이 많은 사람들이 정통 의학에 전혀 알려지지 않은 치유방법에서 도움을 찾는다. 달리 말해, 우리는 건강에 대한 기본적 책임을 되찾고 있는 중이다. 그리고 권위에만 단순히 의존하지 않고 전문가의 고견을 이용하는 방식을 배운다.

    이와 비슷한 일이 종교 분야에서도 벌어지고 있다. 영성(spirituality)에 관심 있는 사람들이 우리들 가운데 점차 늘고 있다. 이것은 많은 의미를 내포한다. 하지만 일반적으로 영성에 대한 관심은 내면의 삶을 차분히 정돈하고 깊게 할 필요를 깨닫고 있다는 뜻이다. 그리고 우리는 그 방법을 알기 위해서 어떤 기관이나 전문가에게만 계속 의지하는 않는다. 우리는 가르쳐 줄 안내자를 찾을 뿐 아니라 우리 자신만의 고유한 방식을 개발한다.

2. 전문 신학자들로부터 신학 되찾기

    신학에서도 똑같은 움직임이 일어날 때가 되었다. 모든 기독교인들이 자기 믿음에 대해 책임질 때가 되었다. 전문가가 도울 수는 있지만, 믿는 것은 기독교인들 각자가 스스로 해야 할 일이다.

    문제는 평신도들이 자기들을 위해 신학자들로 하여금 신학을 하도록 내버려둔 일이 아니었다. 평신도는 신학자의 결론을 맹목적으로 받아들이지는 않았다. 이와는 반대로, 대부분의 기독교인들은 신학자의 결론이 무엇인지에 대해 전혀 신경조차 쓰지 않는 것이 우리의 현실이다. 평신도들은 단순히 신학은 신학자들이 하게 내버려두고, 그 신학이 누군가에게는 필요하고 중요한 것이기 때문에 그 작업은 계속되어야만 한다고 추정해 왔다. 경우에 따라, 신학자들이 분별해

줄 필요가 있는 전문적 문제들이 터져 나왔다. 그러나 신학자들은 대개 서로 의견이 일치하지 않는다. 그러면 평신도들은 신학이란 자기들 역량으로 미치지 못하는 것이며, 내가 알 바 아니라는 입장만을 확인할 뿐이다. 전문가들이 전체 공동체와 매우 직접적으로 맞닿아 있는 주제에 관해 언급할 때에도, 그 말들은 혼란하기 그지없다. 그들의 말은 때때로 혼란스런 논쟁만 야기할 뿐이다.

이런 혼란이 60년대 중반에 하느님이 죽었다는 선언을 통해 생겨났다. 신학자들의 세계에서 이 선언은 새로운 사상이 아니었다. 프리드리히 니체(F. Nietzsche)는 19세기 후반에 신의 죽음을 선고했고, 전문 철학자들과 신학자들은 다양하게 반응했다. 그러나 1960년대에 이 논쟁이 활발하게 재현되자 일반 출판사의 주목을 끌었다. 특히 타임지(*Time*)라는 경로를 통해 교인들은 그 논쟁과 관계하게 되었다. 그러나 불행하게도 교회의 지도자들은 일반적으로 교회 안에서 신학적 논쟁을 촉진시킬 수 있는 호기를 놓치고 말았다. 대신에 교회는 논쟁의 화염을 꺼버리고 교인들을 안심시키려고만 하였다.

근자에는 「예수 세미나」(Jesus seminar, 로버트 펑크와 존 도미닉 크로산이 중심이 되어 1985년에 설립된 176명의 신약 학자들의 집단으로서, 이들의 책은 주로 한국기독교연구소에서 번역 출판되고 있다. - 역자주)가 약간의 주목을 끌었다. 그러나 평신도들은 이 세미나의 진행에 대해 주로 일반 출판사를 통해 듣게 되었다. 탁월한 학자들의 집단인 이 세미나를 통해서 그들은 네 개의 복음서에 기록된 예수의 말씀들의 진정성의 문제, 즉 예수가 말씀하신 것으로 되어 있는 말씀들 가운데 어느 말씀이 실제로 역사적 예수가 한 말씀인지에 관한 문제에 대해 합의점에 도달하려고 노력하고 있다. 대다수의 전문 신약

성서 학자들은 복음서들이 형성될 때의 초대 기독교 공동체의 역할을 강조하기 때문에, 역사적 연구의 특징을 알지 못하는 사람들은 그 학자들의 결론으로 인해 종종 충격을 받는다. 즉 신약성서에서 예수의 말씀으로 되어 있는 많은 말씀들이 실제로는 예수의 말씀이 아니라는 학자들의 주장을 사람들이 신문을 통해 알게 되어 매우 당혹스러워졌던 것이다. 토론을 자극할 기회가 제공된 셈인데, 교회는 이 호기를 붙잡지 못했다.

그런데 사람들이 신학적 토론을 하지 않는 이유가 있다. 신학은 논쟁의 성격을 띤다. 모든 기독교인들이 결코 똑같은 믿음을 가졌던 적은 없다. 그러나 우리가 믿음에 대해 파고 들어갈 때 우리는 그 믿음의 중요성을 알게 된다. 그렇다면 우리는 어떻게 우리와 다른 입장을 가진 사람들과 함께 토론할 수 있을까? 우리는 어떻게 함께 작업할 수 있을까?

교회를 책임지고 있는 사람들은 교회의 일치나 조화를 원하지, 교회에서 논쟁이 일어나는 것을 원하지 않는다. 대다수의 평신도들은 교회에서 하느님의 죽음에 대한 논쟁이나 「예수 세미나」에 대해 들어보지 못했다. 교회 지도자의 역할은 평신도들을 안심시켜서 그런 논쟁에는 대체로 접근하지 못하도록 하는 것이었다. 교회 지도자들은 활발한 토론을 통해서 교회가 사는 길을 택하지 않고, 표면적인 조화로 인해 죽는 길을 택했던 것 같다.

문제를 이와 같이 보는 것은 교회 지도자들에 대해 공정하지 않은 판단일 수 있다. 진실은 전문 신학자들의 말과 행동에 직면할 때에 우리가 받게 되는 충격이 교회가 창조적으로 신학을 토론하는 일의 최상의 방식은 아니라는 점이다. 비록 신학이 논쟁의 성격을 띠기는 하지만, 우리는 논쟁을 회피해서는 안 된다. 하지만 우리는 기독교인으로서 '신학이란 무엇인가?'에 대해 배울 필요가 있으며, 다른 이유들 때문에라도 우리 자신의 신학에 대해 책임질 필요가 있다. 교회의 쇠퇴는 교인들의 일반적인 믿음을 도전적으로 자극할 토론을 무마한 것에 있지 않다. 진짜 쇠퇴 이유는 신학적 성찰에 교인들이 폭넓게 참여하도록 독려하지 못한다는 데에 있다.

이 책은 교회라는 기관을 향해 말하는 것이 아니다. 비록 기관으로서 교회가 당신의 믿음에 대해 책임지도록 독려하지 못한다고 해도, 당신은 여전히 당신 자신의 믿음에 대해 책임질 수 있다. 영성과 관련해서는 이런 일이 벌어지고 있다. 즉 사람들은 교회 생활에서 영적인 욕구가 충족되지 않고 있음을 발견하고는, 자기에게 도움이 되는 다른 프로그램이나 책자를 찾는다. 그리고 사람들은 결국 도움을 찾게된다. 이들 가운데 어떤 사람들은 자신들이 찾은 도움을 교회 안으로 가져온다. 그러나 또 다른 사람들은 도움이 있는 다른 곳을 향해 아예 교회를 떠난다. 즉 교회는 교인들의 뿌리깊은 욕구에 태만했던 막대한 대가를 현재 지불하고 있는 중이다.

3. 영성 신학

신학적 토론이 왜 중요한지를 보여주는 하나의 이유는 사실 모든 영성이 어떤 신학과 관련된다는 점 때문이다. 매우 실용적인 이유 때문에 영성을 선택할 수도 있다. 즉 영성은 우리들 가운데 어떤 사람들에게는 일상생활 중에서 도움을 주거나, 혹은 그전에는 자신이 알지 못했던 어떤 생의 그윽한 차원을 언뜻 보게 해 주면서 내면의 불안을 차분하게 해주는 것 같다. 이것들은 다 괜찮다. 그러나 그보다는 우리가 왜 이처럼 영성에 매달리는지를 아는 편이 더 나을 것 같다.

이 문제를 살피기 위해 하나의 사례를 제시하는 것이 유익할 것이다. 얼마 전만 해도 사람들은 초월적 명상(Transcendental Meditation)에 지대한 관심이 있었다. 이 명상은 단순한 훈련을 통해 적극적인 결과를 드러냈다. 어떤 공립학교들은 이 초월적 명상을 도입하여 학생들의 태도를 개선하고 학력을 증진시키고자 했다. 효과가 있었다. 이 명상 운동의 지도자들은 이것은 종교가 아니며, 누구나 받아들일 수 있는 한 훈련에 불과하다고 주장하였다.

그러나 그들의 주장은 사실과 매우 다르다. 초월적 명상은 힌두교의 영적인 훈련에서 발전되었는데, 그 배후에는 정교한 이론이 자리하고 있었다. 즉 사람들은 그 이론을 알지 못하고도 간단한 훈련을 할 수 있지만, 보다 깊은 훈련 속으로 들어갈수록 점점 더 힌두교의 색채를 띠게 된다는 말이다.

그러나 이 점이 우리가 초월적 명상 자체를 거부할 이유는 되지 못한다. 기독교의 역사는 다른 공동체로부터 뭔가를 차용하여 그 차용물을 교회의 생활 안으로 통합하는 역사였다. 하지만 이런 과정은 우리가 지금 무엇을 하는지를 잘 알고 있을 경우에 더욱 효과적이며, 이것은 신학과 관계된 것이다. 그러나 불행하게도, 평신도들이 영성을 추구하는 것(그런 추구 자체는 소망스럽고 독려할 만한 것이지만)이 신학에 대해서는 거의 아무것도 생각하지 않는 채 벌어지고 있다.

이와 동등하게 중요한 문제는 개신교회 교인들이 영성을 추구해야만 하는지의 문제이다. 영성이란 말은 라틴어 '스피리투알리타스'

(*spiritualitas*)에서 유래했는데, 그 의미는 금욕 훈련을 통한 수도원적 삶의 추구를 가리킨다. 즉 영성은 세상으로부터 은둔하여 "종교적" 삶을 사는 사람들의 우월감이라는 의미와 연계되어 있다. 마틴 루터는 이런 은둔적 영성을 전적으로 거부하였다. 루터는 가르치길, 기독교인에게는 신앙이 필요한 것이지, 영성이 필요한 것이 아니라고 하였다. 다시 말하자면, 기독교적 삶은 세상 한복판에서 실천적으로 사는 것이지, 세상으로부터 은둔해서 사는 것이 아니었다. 신앙은 수련을 통해 특정한 내면의 상태로 들어가는 것이 아니라, 세상에서 제자의 삶을 통해 표현되는 것이라는 말이다.

 우리는 옛날 종교개혁 시대의 이런 논쟁이 오늘날 개신교인들이 영성에 대해 추구하는 것과는 아무 관계가 없다고 말할 수도 있다. 그런데 이 말은 옳을 수도 있고, 그렇지 않을 수도 있다. 어떤 경우에는 옳을 것이고, 다른 경우에는 그렇지 않을 것이라고 말하는 것이 더 맞을 것이다. 더군다나, 비록 현대의 영성이 실제로 루터가 반대한 요소를 간직하고 있다고 할지라도, 루터의 반대 때문에 우리가 그 영성을 반대할 이유는 없다. 어쩌면 루터가 틀렸을 수도 있고, 아니면 루터가 보았던 위험이 이제는 위험이 아닐 수도 있는 것이다. 그럼에도 불구하고, 확실히 현대의 영성에 아무 문제가 없다고 말할 수도 없다. 우리는 우리의 삶과 매우 밀접하게 중요한 문제를 맹목적으로 추구해서는 안될 것이다. 요약해 보면, 우리는 영성을 추구하는 것과 관련된 우리의 헌신과 믿음을 성찰할 필요가 있을 뿐 아니라, 어떤 영성을 선택할 것인지에 대해서도 성찰할 필요가 있다. 그러나 우리가 영성에 호소함으로써 신학적 이슈들을 회피할 수는 없다는 말이다.

4. 평신도들은 이미 신학자들이다

지금까지의 논점은 모든 신자들이 자기 믿음에 대해 책임감을 되찾을 필요가 있다는 것이었는데, 그것도 긴급하게 되찾을 필요가 있다는 것이었다. 즉 기독교인이라면 누구나 신학자가 되어야 한다는 뜻이다. 그러나 우리가 어떻게 신학자가 될 수 있겠는가? 우리는 전문 신학자들의 난해한 저작들에 의지하면서 그들의 결론을 받아들여야 하는가? 분명히 말하지만, 그런 일은 일어나지 않을 것이다. 전문 신학자에게 의지하는 방식은 몸의 건강에 대한 책임감을 되찾는 방식이 아니다. 우리는 의과대학에서 사용되는 의학 서적들을 거의 공부하지 않는다. 책임을 지는 것은 우리로 하여금 다른 전문가들의 고견을 이용하게는 하지만, 우리는 우리 자신의 관점보다 폭넓은 맥락 속에서 그 전문가들의 고견을 선택적으로 이용하는 것이다.

그러나 우리는 어떻게 그 폭넓은 관점을 얻을 수 있는가? 만일 우리가 이미 신학자가 아니라면, 전문 신학자들의 권위 있는 사상들을 받아들이지 않은 채 우리가 신학자가 될 수 있는 길이 있다는 말인가?

이 질문에 대한 대답은 모든 기독교인들이 이미 신학자들이라는 사실이다. 자기의 믿음에 대해 책임을 지라는 요청은 자신의 믿음을 아무 근거도 없이 무(無)에서부터 이끌어내라는 요청이 아니다. 그것은 무엇보다도 이미 우리가 지니고 있는 믿음에 대해 책임을 지라는 요청이다. 우리는 우리 자신이 될 필요가 있다(We need to become what we are!). 즉 우리는 우리가 이미 불가피하게 하고 있는 일들을 더욱 책임감 있게 수행할 필요가 있다는 말이다.

우리의 믿음에 대해 책임을 지는 것을 몸의 건강에 대해 책임지는 것에 비유하는 것을 한 단계 더 발전시킬 수 있다. 사람들이 자신의 건강에 영향을 주는 활동을 하지 않았던 때는 결코 없었다. 즉 사람들은 자신의 건강을 위해 이런 저런 방식으로 먹고, 자며, 운동을 한다. 실제로, 과거에는 사람들이 종종 자기들의 몸을 스스로 치료하기도 하였다. 몸을 돌보는 많은 지혜로운 방법들이 민간에 퍼져 있었던 것이다.

그러나 현대 의학의 발전과 더불어 사람들은 민간 요법을 의심하게 되었으며 자신의 생활 방식이 건강에 어떤 영향을 미칠지에 대해서는 덜 주목하게 되었다. 사람들은 아플 때 잠을 자거나 민간 요법을 활용하는 대신에 페니실린 주사를 한 대 맞으러 의사에게 갈 뿐이었다. 이제 사람들은 의학 전문가의 손에 자기 몸을 맡기면서 의술을 건강 문제의 해답으로 간주하게 되었다. 사람들은 자신의 건강을 돌보는 것이 의사의 책임이라고 생각하며 자신들이 스스로 할 수 있는 일에 대해서는 별로 신경을 쓰지 않게 되었다.

그러나 이제 이런 분위기가 반전(反轉)되고 있다. 사람들은 자신들의 건강을 매우 포괄적인 각도에서 바라본다. 여전히 의학 전문가들이 중요한 공헌을 하고는 있지만, 우리는 전문가들의 방식에도 한계가 있음을 깨닫고 있다. 우리는 언제 도움이 필요하며, 누가 가장 잘 도울 수 있는지를 스스로 결정한다. 이제 우리는 전문가들의 고견에 대한 요구들을 상당히 줄일 수 있을 것이다. 우리는 한편에서는 건강을 위해 제작·배포된 자료들에서 배우면서 또 다른 한편으로는 우리 자신의 경험에 근거해서 통합된 결론을 내린다. 이런 과정을 통해서 우리는 전문가가 줄 수 없는 이점을 서로 공유할 수 있다. 이제는 자신의 건강을 스스로 책임지려는 사람들이 점차 늘고 있는 추세이다.

신학에도 이와 비슷한 측면이 있다. 사람들은 언제나 건강에 대한 생각들을 갖고 있었으며 그 생각들은 자신들의 행동방식에 영향을 미쳤다. 건강에 대한 생각들을 전문가와 무관하게 발전시킬 필요는 없었다. 다만 건강에 관한 생각들이 무엇인지를 깨닫고 그 생각들을 바꾸고 발전시킬 필요가 있었다. 이것을 신학과 비교해 보면, 기독교인들은 언제나 자신들의 삶에 영향을 주는 믿음을 갖고 있었다. 우리는 그 믿음을 아무 근거 없이 무(無)에서부터 발전시킬 필요는 없다. 다만 그 믿음을 분명히 깨닫고 우리의 삶의 경험과 반성이 이끄는 대로 그 믿음을 변화시키고 발전시킬 필요가 있는 것이다.

그래서 우리가 기존의 우리 자신이 되는 과정에 출발점이 있다. 즉 우리가 기독교인으로서의 생활에 영향을 끼치는 믿음을 실제로 갖고 있다는 점에서 우리는 이미 신학자인 것이다. 하지만 이 사실을 긍정하는 것은 단지 시작에 불과하다.

가장 중요한 문제는 전통 개신교 교단에 속한 우리들 대부분이 자신의 믿음에 대해 매우 자신감이 없다는 점이다. 즉 우리가 믿음을 붙잡고 있는 모습이 의심스럽고 불안전한 상태이다. 우리는 그간 우리가 묵묵히 따라가기만 했던 교리들이 무엇을 뜻하는지 확신하지 못하여, 누군가 그 교리들을 설명해 줄 때조차도 우리가 그 교리들을 실제로 믿는지 아닌지에 대해 확신을 갖지 못한다. 전통적인 교회의 평신도들이 신학적 토론을 거의 하지 못하는 이유는 그런 토론이 이처럼 의심쩍은 믿음에 초점이 맞춰져 있기 때문이다. 많은 사람들이 신학에 관해 말하는 것에 확신이 없으며, 기실 그런 토론 역시 별다른 변화를 가져다주지 못할 것처럼 보인다.

우리의 신학에 대해 책임을 지는 것이 우리에게는 그 중요성이 분명치 않는 전통적인 문제들에 관한 혼란스런 입장들을 계속 말한다는 뜻이 아니다. 그런 방식으로는 효과가 없다. 대신에 우리들의 삶을 실제로 좌우하는 확신들을 찾아내어, 그 확신들을 분명하게 이해함을 뜻한다. 이것은 매우 다른 출발점을 요구한다. 이것은 또한 대다수의 사람들에게 익숙하지 않은 성찰도 요구한다.

그런데 우리는 새로운 방식으로 생각할 필요가 있다는 제안에 의해서 위축될 가능성이 있다. 우리는 그 제안에도 전문가의 특별한 의견이 필요할 것으로 추정한 나머지, 새롭게 생각할 능력이 우리에게 있을까 하고 의심한다. 우리는 어떤 특별한 집단, 즉 다른 사람들로 이루어진 집단만이 이런 생각을 할 수 있다고 생각하기 쉽다. 그러나 이 책은 이런 방식의 저항을 분쇄하고자 한다. 우리에게 필요한 새로운 방식의 생각은 이제까지 생각했던 것과는 다른 것이지만, 그렇다고 우리가 다가갈 수 없는 것은 아니다. 당신도 그처럼 새롭게 생각할 수 있다. 약간 제한적이긴 하지만 당신은 이미 그처럼 새롭게 생각하고 있다. 다만 당신은 이런 새로운 사고 방식에 보다 주목하면서 약간 어려운 작업에 헌신할 필요가 있다.

그럼, 우리는 우리의 기존의 삶을 형성해 준 확신들을 어떻게 가장 잘 알 수 있을까? 모든 사람들에게 그 최상의 출발점이 같을 수는 없겠다. 기독교인들은 저마다 자신만의 독특한 관심과 강조를 가진 개인들이다. 따라서 각 개인들과 함께 토의해 보는 것이 그 최상의 출발점을 위해서는 이상적일 테지만, 이것이 책으로는 불가능하다. 여기서 할 수 있는 최상의 방법은 우리들 가운데 많은 사람들이 확신을 갖고 있다고 자각할 수 있는 분야들에서부터 시작하는 것이다.

나는 모든 사람이 하나의 동일한 지점에서 시작할 수 있다는 인상을 피하기 위해 교회의 일상적 생활에서 비롯된 세 가지 사례들로써 이번 장의 결론을 맺고자 한다. 이 본보기들은 우리의 신학 사상들이 우리에게 어떤 영향을 미치는지, 그리고 우리의 현재 믿음이 무엇인지를 잘 알 수 있도록 하는 방법들을 드러내 준다. 이 세 가지 사례들은 비극, 기도, 그리고 페미니즘이다.

5. 비극에 대한 두 가지 반응

우리가 사랑하던 사람이 죽게 되면 우리의 근본적 믿음이 표면으로 드러나게 된다. 그리고 이 근본적 믿음은 그 유족(遺族)을 대상으로 하는 목회 방식에도 영향을 미친다. 평신도들도 흔히 목회자들과 더불어 유족에 대한 위로의 목회를 한다. 당신은 남편이나 아내, 혹은 아이를 잃은 사람에게 뭐라고 말할 수 있겠는가?

모든 죽음에는 비극의 요소가 있다. 그러나 더 예리한 신학적 문제는 때 이른 죽음 앞에서 제기된다. 각각의 상황이 다 다르겠지만 어떤 공통적인 요소들이 있어서, 우리가 때 이른 죽음을 경험한 유족들을 위로하는 방식에는 어떤 일관성이 있다.

물론, 유족에게 해주는 당신의 어떤 말들은 순전히 관습적일 수 있고, 그래서 그 말들이 당신의 실제 믿음(real beliefs)을 찾기 위한 근거로 이용될 수 없을지 모른다. 그러나 당신이 유족에게 해주는 모든 말들이 완전히 관습적일 수는 없을 것이다. 간혹 당신의 마음속 깊은 곳에 있는 확신들은 죽음과 대면할 때에 표현되곤 한다. 당신이 당신의 입장으로 수긍하든 하지 않든 간에, 아들이 백혈병으로 죽은 부모를 위로하는 두 가지 접근방식에 대해 생각해 보자.

폴라인 시몬즈는 그 부모에게 아들의 죽음을 현실로 받아들이라고 말한다. 그는 모든 외면적인 불행한 현실들에도 불구하고 그 아이의 죽음은 달리 어찌해 볼 도리가 없었던 것이라고 믿는다. 만일에 이유가 없었다면 하느님이 그 아이를 백혈병에 걸리도록 하지 않으셨을 것이며 아이를 데려가지도 않으셨을 것이다. 우리는 그 이유가 무엇인지에 대해 생각할 수는 있겠지만, 반드시 그럴 필요가 있는 것은 아니라는 말이다.

시몬즈는 그 이유가 있다는 점을 신앙으로 받아들이고 그 부모들도 그 이유를 받아들이도록 도움을 주려고 노력한다.

유족을 대하는 시몬즈의 방식의 저변에 깔려 있는 하느님에 대한 믿음은 세상에서 무슨 일이 벌어지건 거기에는 하느님의 목적이 있다는 것이다. 하느님은 전능한 힘을 갖고 계시거나, 아니면 적어도 모든 것을 통제할 수 있는 결정적인 힘을 가지신 분이기 때문이다. 겉으로 보여지듯, 어떤 사고나 악이 선을 이기는 듯한 현상은 그야말로 환영(幻影)일 뿐이다. 하느님은 모든 사건 발생에 대해 최종적인 책임을 지시기 때문에 시몬즈에게는 우연이나 죄가 좌지우지하는 현상도 그야말로 단지 현상일 뿐이다.

악인 것처럼 보이는 현상도 궁극적으로는 선을 위한 것이다. 실제로, 이것은 시몬즈가 이해하는 신앙의 핵심에 가깝다. 모든 생명이 하느님의 손에 달려 있음은 악이 결코 승리자가 될 수 없음을 의미한다. 그래서 악이 승리하는 듯한 현상은 하나의 환영이 될 뿐이다. 시몬즈는 결국 모든 일이 합력하여 선을 이룰 것으로 확신한다.

그러나 데이빗 첸은 시몬즈와는 다른 방식으로 비극에 대해 반응한다. 첸은 그 부모에게 백혈병이나 아들의 죽음은 진짜 악이라고 말한다. 이 악은 하느님이 원하지도 바라지도 않는 악이라는 말이다.

하느님은 선을 원하신다. 선은 생명과 건강을 의미하며, 병이나 때 이른 죽음을 의미하지 않는다. 하느님은 유족과 함께 고통을 겪으면서 그들과 함께 계신다. 위로는 하느님께서 유족들과 함께 고통 당하시면서 그들과 아픔을 나눈다는 신앙에서 온다. 첸에 따르면, 비극에 대한 올바른 대응 방식은 악을 마치 선인 것처럼 수용하는 것이 아니며, 세상에서 다시는 그런 비극이 일어나지 않도록 막는 것이다.

첸은 시몬즈의 경우와 달리 하느님과 세상에 대해 매우 다른 견해를 갖고 있다. 하느님은 세상의 모든 사건을 발생시키는 원인이 아니다. 하느님은 선을 위해 일하고 계시며 우리가 악에 대항해 싸울 수 있도록 우리와 함께 하신다. 그러나 인간들도 진짜 자유를 갖고 있고, 이 자유를 종종 나쁘게 사용한다. 인생에서 발생하는 많은 악들은 무지나 죄에서 비롯된 이런 자유의 오용 때문에 초래된다. 또한, 우연도 무시 못할 역할을 하고 있다. 많은 사건들이 하느님의 뜻에 대항해서 발생하고 있으며, 그것들이 궁극적으로 선을 위한 것처럼 간주해서는 안 된다.

6. 기도에 대한 두 입장

우리들 대부분은 기도한다. 비록 우리의 기도의 범위와 그 중요성에 대한 생각, 기도하는 이유들과 내용들은 서로 크게 다르겠지만 말이다. 우리가 기도를 하는지 안 하는지, 왜 하는지, 그리고 어떻게 하는지에 대해 검토해 보면 우리가 가진 신학을 아주 분명히 보여줄 것이다.

우선, 교인들을 의식해서 그들이 하는 대로 형식적으로 기도하는 프레드 개스퍼리에 대해 생각해 보자. 그는 다른 사람들처럼 교회에서 머리를 숙이고 눈을 감는다. 그러나 그는 기도라는 형식이 실제로 적합한 것인지는 확신하지 못한다. 특히 간구기도나 중보기도가 더욱 그렇다.

개스퍼리는 불가지론자(不可知論者)도 무신론자도 아니다. 그는 확실히 하느님을 믿는 진지한 기독교인이다. 간구의 기도와 중보 기도의 가치에 관해 그가 갖는 회의는 그 자신의 신학의 일부로서 명확히 설명할 준비가 되어 있는 그의 특수한 신관(神觀)을 드러낸다.

개스퍼리는 우리가 사는 세상이 이미 창조주를 증거하고 있다고 믿는다. 즉 세상은 매우 아름답기 때문에 우리는 창조주를 찬양할 모든 이유를 가진 것이다. 창조주는 자연법과 마찬가지로 도덕법도 확립하셨기 때문에 이런 법에 대한 복종은 인간의 의무이다. 그리고 창조주는 죽음의 순간에 우리를 심판하신다. 그럼에도 불구하고, 그는 창조주가 피조물에 간섭하지 않는다고 믿는다. 창조주는 우리에게 자유와 책임을 주셔서 우리를 도덕적으로 살게 하셨다. 그래서 우리와 다른 사람들에게 발생한 사건들도 우리의 자유와 책임의 문제가 된다. 따라서 우리 인간에게 맡겨진 것을 성취하기 위해 하느님에게 다시 간섭하도록 요청하는 것은 아무 의미가 없거나, 아니면 우리가 잘못하는 것이다.

두 번째 경우, 기도 생활이 자신의 기독교적 정체성의 핵심이라고 믿는 애디트 구토프스키를 생각해 보자. 그는 기도를 통해 피조물과 전체 생명들, 그리고 매일의 특정 사건들을 위한 감사를 표현한다. 그의 기도에는 회개와 용서를 구하는 것도 포함된다. 기도는 그에게 하느님이 함께 하심과 인도하심에 대한 강한 느낌을 준다. 그리고 그의 기도에는 다른 사람들을 위한 간구의 기도도 포함된다. 즉 평화를 구하는 기도, 치유의 기도, 능력 있는 신앙을 위한 기도, 그리고 가끔 매우 특별한 하느님의 선물을 위한 기도 등등이 그의 기도에 포함된다.

하느님과 세계에 대한 구토프스키의 이해는 개스퍼리의 이해와는 확실히 매우 다르다. 개스퍼리처럼, 구토프스키는 하느님이 만물의 창조주임을 믿으며 자연법과 도덕법을 주신 것도 믿는다. 구토프스키도 역시 하느님의 최후 심판을 믿는다. 그러나 이런 믿음들이 그의 기도의 중심에서 표현되는 것은 아니다. 대신에 그의 기도 속에 주로 나타나는 믿음이란 하느님이 모든 세상사와 밀접하게 관련되어 있다는 믿음이다.

구토프스키 자신의 기도 생활에는 하느님이 모든 사건의 발생 원인이라는 사실이 전제되어 있다고 주장하는 것은 지나친 비약일 수 있겠지만, 그러나 그의 기도에는 하느님께서 세상사의 진행에 영향을 미친다는 의미가 함축되어 있는 것이 사실이다. 적어도 암묵적으로는 그 역시 자신이 기도함으로써 하느님이 역사 하시는 일의 성격과 그 범위에 효력을 미치고 있다고 믿는다. 이것은 그가 자신의 기도를 피조물과 하느님 사이의 상호교류로써 생각하고 있음을 의미한다.

7. 페미니즘과 하느님

우리는 이 장을 결론지으면서 또 다른 한 주제를 심도 있게 논의하려고 한다. 이 주제는 중요한 문제로서 어떤 교회들에서는 현재 논쟁이 되는 주제인데, 그것은 하느님의 성(gender)과 관계된 논쟁이다. 개 교회에서 있을법한 시나리오를 생각해 보자.

페미니즘 문제를 연구하는 한 여성 그룹이 주일 오전 예배가 남성 중심적 편견을 드러내고 있음을 알게 된다. 이 그룹은 그런 편견이 일반적으로는 교회 전체를 왜곡시키는 것이지만, 특정하게는 자신들을 왜곡시키는 것으로 판단한다. 예를 들어, 예배에서 하느님을 남성 명사로 일관되게 지칭하고 있다는 사실은 실재(reality)의 여성적 측면의 가치를 하락시킨다. 이 여성들은 대책을 논의하고 성과 관련된 용어의 사용을 없애는 것이 아니라 줄이도록 결정한다. 즉 그런 용어의 사용을 없애는 것이 아니라 예배에서는 남성적 용어와 여성적 용어를 균형 있게 사용해야만 한다고 결정한 것이다. 경우에 따라서, 하느님은 아버지나 왕으로 언급될 수도 있겠지만, 이와 동등하게 어머니나 여왕과 같은 여성적 용어도 사용되어야만 한다고 결정한 것이다.

그 여성들은 예배 위원들에게 간다. 그들에게 동의하는 예배 위원들도 몇 명이 있지만, 그러나 다른 사람들은 충격을 받고 이를 불경한 제안으로 본다. 이 논점의 핵심은 하느님을 어머니나 여왕으로 부르는 것이 옳은가 하는 문제이다.

명백히, 많은 부정적 반응들은 그 주장에 충격을 받아 나온 것들이다. 많은 사람들은 변화의 요구를 좋아하지 않는다. 많은 사람들은 그대로 내버려두기를 바란다. 변화를 기피하는 것에 대해 신학적 이유를 붙일 수도 있지만, 보다 큰 문제는 심리학적 요인이다.

그러나 우리는 하느님의 성과 관련된 용어의 변화에 반대하는 사람들 가운데 어떤 사람들은 다른 문제와 관련된 변화에는 반대하지 않는다고 가정해 볼 수 있다. 그들은 혁신적인 변화를 주도했던 사람들이었다. 그런데 하느님을 여성 명사로 부르는 것에 대해 이들이 반대하는 이유는 하느님에 대한 그들 자신의 이해와 관련되거나, 아니면 하느님과 성서 이미지 사이의 관계에 대한 그들 자신의 이해와 관련되어 있다.

한 가지 극단적인 가능성은 그들이 실제로 하느님은 남성이라고 믿는 것이다. 그럼에도 불구하고, 만일 "남성"이 남자의 신체적 특징을 포함한 것이라면, 이는 거부될 수 있겠다. 문제는 생식기에 있지 않다. 문제는 하느님의 성격에 관한 것이다. 어떤 사람들은 하느님은 인간 어머니가 아니라 인간 아버지처럼 우리와 관계한다고 믿는다. 예를 들어, 율법을 주고 심판하는 것은 어머니보다는 아버지를 더 적절히 연상시킨다는 주장이다. 물론, 어머니의 이미지가 자비와 용서를 갖고 있지 않는 것은 아니지만, 자비와 용서는 자신의 율법을 어기는 자에게 주는 것이기 때문에, 이것은 부성적(父性的) 성격을 지닌다고 주장한다. 따라서, 하느님이 생물학적으로 남성은 아니라고 할지라도, 하느님은 어머니보다는 아버지로서 우리와 관계 맺으신다는 것이다. 이런 의미에서, 하느님은 남성적이라고 주장한다. 비록 "그분"이 남자는 아니라고 해도 말이다.

이에 대해 여성들은 바로 이것 때문에 그 가부장적(家父長的) 언어를 그대로 남겨둘 수 없다고 주장할 것이다. 가부장적 언어는 예배자들에게 단지 남성적 특징만이 신적이라는 생각을 확인시켜 준다는 주장이다. 그래서 남성적 특징들이 여성적 특징들보다 우월하다는 인상을 피할 수 없게 만든다. 그리고 이것은 필연적으로 공적 생활에서 여성의 지위가 자주적으로 남성과 동등한 역할을 하도록 만들기보다는 남자들을 떠받치는 가부장적 사회를 지탱하게 만든다고 주장한다. 이런 가치 체계에 대해 도전하지 않는다면, 남성적 특징을 지닌 여성들만이 공적인 역할에 참여할 수 있게 된다는 것이다.

용어의 변화에 저항하는 사람들은 이런 주장들이 흥미로운 실용적 생각들이지만, 이런 생각들 때문에 하느님이 실제로 어떤 분인지를 결정할 수는 없다고 주장할 것이다. 즉 그것은 성서에서 배워야만 한다는 것이다. 성서에서 하느님은 모성적(母性的) 방식으로 세상을 잉태하는 분으로 묘사되지 않고, 외부로부터 세상을 창조하는 분으로, 즉 남성 이미지로 묘사된다는 주장이다. 하느님은 율법 수여자나 심판관으로 묘사된다. 하느님은 예수라는 남자 안에서 계시된다. 그리고 예수는 일관되게 하느님을 "아버지"라고 부른다. 기독교인들은 이 모든 성서적 사실을 무시할 수 없으며, 이 때문에 그들의 예배 대상을 단순하게 뜯어고칠 수도 없다는 주장이다.

이에 대해, 여성들은 기독교의 역사를 통해서 보면 하느님은 인간들이 생각하고 상상하는 모든 한계들을 넘어서 계신 분이라는 점이 강조되어 왔다고 주장할 것이다. 즉 하느님에 대한 어떤 이미지도 참된 것이 아니라는 주장이다. 모든 이미지들은 인간과는 매우 다른 분을 가리키는 것에 불과하기 때문에, 어떤 이미지도 진짜인 것처럼 말할 수는 없다는 것이다. 따라서, 특정 이미지를 고집하는 것은 우상숭배가 된다는 말이다. 성서시대와 교회사를 통해서 줄곧 남성 이미지가 압도적으로 지배해 왔다는 점은 의심의 여지가 없다. 이것이 바로 그 문제이다. 우리는 이 모든 남성 이미지들이 어떻게 일방적으로 이어져 왔는지 이제 이해할 수 있을 것이다.

더군다나, 신약성서의 현저한 특징은 예수가 한 사람의 남성이라는 데에 있는 것이 아니다. 만일 하느님이 여성으로 성육하셨다면, 아무도 그것에 대해 알지 못했을 것이다. 신약성서의 현저한 특징은 예수를 통해 드러난 계시가 하느님의 남성적 성격과 여성적 성격을 아주 잘 조화시키고 있다는 사실이다. 그런데 이 균형을 파괴해 온 장본인이 바로 교회였다. 만일 우리가 하느님을 예수 안에서 정말 알게 되었다고 믿는다면, 남성적 측면과 더불어서 하느님의 여성적 측면에 대한 강조도 지극히 당연한 일이 될 것이다.

가부장적 언어에 대한 논쟁에는 많은 문제가 산재해 있으며 매우 뿌리깊은 신학적 전제들이 이 문제 속에서 표명되고 있다. 문제는 하느님의 실제적 특성이 무엇인가 하는 것이다. 우리는 실제로 하느님이 여성적 특징보다는 남성적 특징을 더욱 많이 갖고 있다고 믿는가? 확실히 성서와 교회 전통에서는 이를 뒷받침하는 광범위한 주장들이 있는 것이 사실이다. 따라서 만일 우리가 성서와 교회 전통을 이 문제의 직접적인 권위로서 받아들이고자 한다면, 하느님을 남성적이라고 전제할 수 있는 상당한 근거를 갖게 되므로 가부장적 언어를 거부하려고 하는 여성신학자들의 시도는 단지 실재(reality)에 대한 오판에 불과하게 될 것이다.

그럼에도 불구하고, 심지어 하느님께서는 성의 차이를 완전히 넘어서 계신 분이라는 여성적 논점을 지지하는 철학적 신학들조차 하느님을 남성적 용어로 표현한다. 즉 철학적 신학은 하느님을 전적으로 자기 충족적이며, 능동적이며, 고난받을 수 없으며, 변화하지 않는 분으로 기술한다. 우리가 이런 관념들을 검토해 보면, 이 관념들이 역사적으로 남성적 관념들과 연관된 이상(ideals)임을 알 수 있다. 즉 이 관념들은 이상적인 어머니를 생각하게 하지는 않는다.

여성들의 주장은 성서와 전통 모두를 거꾸로 이용할 필요가 있다는 것이다. 즉 성서와 교회 전통은 사실상 너무도 철저히 가부장적이었다. 그러나 그것들은 자기 비판의 원칙들이라는 지렛대도 포함하고 있다. 즉 비록 예언자 운동은 남성 중심적 운동으로서 그들이 가부장제도들에는 도전하지 않았다고 할지라도, 그들은 정의를 요청했으며, 하느님은 억압받는 자의 편에 계신다고 확신했고, 당시의 사회구조들(종교적이든, 세속적이든)에 대한 그들의 당당한 도전들을 볼 때, 다른 억압자들도 확인할 수 있게 해주며, 그 경우에도, 하느님은 억압받는 자들의 편에 서 계신다는 점을 논증할 수 있다. 이와 비슷하게, 성서에는 우상에 대한 통렬한 비판이 있어서, 만일 우리가 성서 자체의 가르침도 우상적인 요소들로부터 자유롭지 못하다는 사실을 입증할 수 있다면, 성서적 유산을 주장하는 사람들이 성서의 지배적인 메시지의 (남성 중심적) 특징들에 대해 비판하는 것도 적절하다.

오늘날 여러 형태의 기독교 신학들 가운데 페미니즘 신학은 성서의 권위를 이런 방식으로 철저하게 만들라는 가장 큰 압박을 받고 있다. 문제는 이처럼 철저한 페미니즘이 오늘날 기독교적 정체성이 요구한 것인지, 아니면 기독교의 정체성을 다른 것(페미니즘 - 역자주)에 종속시키려는 하나의 타협인지 하는 것이다. 현재 이것은 일부 기독교 여성신학자들이 씨름하고 있는 문제이다.

그런데 교회 안의 변화에 대한 저항이 대단히 깊어서 어떤 여성신학자들은 자기들을 반대하는 예배 위원들이 옳으며, 기독교의 하느님은 실제로 남성적으로서, 기독교인이 된다는 것은 남성성을 여성성보다 높이는 것이라고 판단한다. 그래서 이들은 변화에 저항하는 사람들의 논점이 정확하다고 보고, 이를 받아들이면서, 자신들은 후기 기독교인(post-Christian)이라고 간주할 수밖에 없는데, 그 이유는 하느님은 여성 해방을 위한 자신들의 투쟁에 정말 반대하지 않으신다고 확신하기 때문이다. 미래의 교회 형태는 가부장주의를 계속 고집할 것인지, 아니면 여성적 관심들에 자신을 개방할 것인지에 대한 교회 자신의 결단에 의해서 크게 영향을 받게 될 것이다.

당신의 신학을 하라

물론, 여기서 당신은 2장으로 넘어가서 계속 읽어나갈 수 있다. 그러나 당신이 2장으로 곧장 간다면, 당신은 이 책이 지닌 대부분의 잠재적인 가치를 잃고 말 것이다. 즉 생각하지 않고는 당신 자신의 기존의 믿음을 알아낼 수 없게되며, 기존의 믿음을 개선할 수도 없을 것이다. 생각은 시간이 걸리기 마련이다.

당신은 아래의 질문이나 제안에 대해 두 가지 방식으로 반응을 보일 수 있다. 당신이 혼자서 이 작업에 임하고 있다면 글로 써도 된다. 그렇지 않고 당신이 다른 사람들과 함께 한다면 대화를 할 수도 있다. 그러나 두 가지를 병행하는 것은 더 좋다. 만일 두 사람 이상이 함께 하면서 각자가 먼저 자신들의 반응을 쓰고 난 후 그 쓴 내용을 다시 토론한다면, 아마도 당신은 보다 빠른 발전을 이루게 될 것이다. 그런데 가장 좋은 방식은 토론한 후 다시 써 보는 것이다.

당신이 다루는 주제들에 대해서 당신이 확실한 입장을 갖고 있다면, 이런 제안은 가장 큰 효과를 볼 것이다. 따라서, 당신은 가장 확실한 입장을 가진 주제들로부터 순차적으로 시작해야 할 것이다. 그러나 만일 당신이 모든 주제들에 대해서 확실한 입장을 가질 수 없다면, 당신은 그 주제들을 다시 명료하게 이해해 보려는 시도를 하면서 각각의 주제들의 전제들을 다시 검토한 후 진행해 나가야 할 것이다.

다음의 질문들은 당신의 일차적 정체성이 기독교인이라는 사실과 당신이 모든 문제들을 기독교인의 입장에서 생각하려고 의도한다는 전제에 기초해서 작성되었다. 이때 당신에게 주어진 과제는 당신의 이런 의도를 충족시키는 것이다. 만일 이것이 당신에게 해당되지 않는다면, 다음 질문들은 당신을 위해 쓰여진 것은 아니다. 그러나 그럼에도 불구하고, 다양한 문제들에 대한 당신의 사고 방식들과 기독교인으로서의 당신의 정체성 사이의 관계를 당신이 어떻게 이해하는지를 확인해보는 것도 가치가 없지 않을 것이다.

오늘날 아주 흔히 볼 수 있는 분열된 정체성, 예를 들면, 기독교인으로서의 정체성과 생물학자로서의 정체성, 혹은 여성신학자로서의 정체성이나 자본주의자로서의 정체성 사이의 분열된 정체성은 특히 4장의 두 번째 부분에서 더 논의할 것이다. 만일 당신이 이런 분열된 정체성을 갖고는 있지만, 그것들이 통합된 정체성에 도달하게 하려는 희망도 역시 갖고 있다면, 당신은 답을 쓰기 이전에, 먼저 4장을 읽으려고 할 것이다. 그러나 당신이 기독교인의 정체성에만 충실하고자 한다면, 이제부터 당신은 쓰고 토론할 수 있다.

1. 아들을 잃은 부모를 위로하는 문제와 기도생활에 대한 문제, 그리고 하느님에 관한 성(gender) 언어의 변화에 대한 문제를 당신은 어떻게 보고 있는지 그 방식들을 깊이 생각해 보라. 당신의 견해는 이 장에서 설명된 어떤 입장에 가까운가? 이 주제들 중에 하나를

골라서 이 장에서 설명된 입장들과 당신이 일치하는지, 아니면 일치하지 않는지 당신의 입장들을 정리해 보라.

2. 당신의 입장의 근거가 되고 있는 전제들을 반성하면서, 특히 당신의 입장에서 표현된 하느님에 대한 믿음을 반성해 보라. 예를 들어, 당신의 입장은 다음을 전제하고 있는가?

   a. 우리가 하는 일은 하느님에게 영향을 준다.
   b. 기도는 세상에서 벌어지는 일들에 영향을 준다.
   c. 하느님은 전능하시다.
   d. 모든 사건의 발생이 하느님의 뜻에 따르는 것이다.
   e. 악으로 보이는 것은 궁극적으로 선을 위한 것이다.
   f. 하느님은 결국 긍정적인 결과를 보장하신다.
   g. 하느님은 피조물들을 통해 행동하실 뿐만 아니라, 독자적인 행동도 하신다.
   h. 하느님과 우리 사이의 관계는 어머니보다는 아버지와의 관계에 더 가깝다.
   i. 성서 언어와 그 이미지들은 언제나 계속되어야 한다.

3. 당신의 기존의 믿음들을 정당화해 보라. 당신의 기존의 믿음을 정당화하기 위해 성서는 어떤 역할을 하는가?

4. 또 다른 주제를 골라 이런 절차를 반복하라. 이에 가능한 주제는 비기독교인과 함께 드리는 예배, 십일조, 교회에서의 국기(國旗) 게양, 정치적 사안에 대한 교회의 입장 채택, 인간의 식량을 위한 동물 살육 등이다.

◇ 2장 ◇

윤리학과 신학

1. 도입

　기독교인이 된다는 것은 기독교인다운 삶을 살려고 하는 것이다. 기독교인다운 삶이 무엇인지에 대해서는 다양한 생각들이 서로 경쟁적으로 존재하고 있다. 예를 들어 우리는 영성에 대해 다양한 견해들이 있을 수 있음을 살폈다. 하지만 모든 기독교인들에게 기독교인다운 삶의 중요한 부분이 바로 도덕성이라는 데에는 이견이 있을 수 없다. 또한, 우리는 기독교인의 삶의 도덕적 측면이 전문가들만의 전유물이 되는 것을 원하지 않는다. 즉 기독교인들은 각자 스스로 도덕적 결단을 내려야만 한다. 다른 사람으로부터 도움과 안내를 구해 볼 수도 있겠지만, 도덕적 결단 그 자체는 각자 스스로 내려야 한다. 그러나 만약 우리의 결단이 서툴렀다면 우리는 그 결단의 결과에 책임을 져야 한다.

　우리는 우리의 믿음에 관해 별로 생각하지 않고 살 수 있다. 우리는 어떤 특수한 영성을 의식적으로 채택하지 않고도 살 수 있다. 하지만 우리는 일상 생활에서 도덕적 특성을 갖는 많은 결단을 강요받는다.

그리고 우리들 대다수는 옳고 그름에 대해 자신들이 합리적인 판단을 할 수 있다고 느끼고 있다. 비록 가끔은 틀릴 경우도 있다고 해도 말이다. 대다수의 기독교인들은 어떤 문제들에 관해서는 적어도 자기들 나름의 강력한 확신들을 갖고 있다.

우리는 실제로 어떤 확신들을 갖고 있는데, 이 확신들이 무엇인지를 명확히 보여주는 다양한 출발점들을 우리는 교회의 일상 생활에서 발견한다. 우리는 1장에서 이런 출발점들(비극, 기도, 페미니즘)에 대해 알아보았다. 그러나 도덕성의 문제는 특별한 중요성을 가지고 있으며, 좋은 신학자가 되야 하는 우리의 과제를 모색하게 하는 적절한 주제가 될 수 있을 것이다.

우리는 이번 장에서 앞장에서 다룬 사례들과 매우 비슷한 방식으로 도덕성의 문제를 고찰할 것이다. 그러나 논의가 진척될수록 우리는 조금 더 진전된 분석을 모색하게 될 것이다. 그리고 나서 우리는 우리의 확신들을 명확히 드러내고, 더 체계적인 자기 비판적 방식으로 도덕성의 문제를 생각하기를 희망한다.

2. 낙태

국가적인 열띤 논쟁 하나가 도덕성과 신학 사이의 관계를 전면에 드러내 준다. 낙태는 확실히 도덕적 문제이다. 낙태 문제는 교회 밖에서조차 신학적 조명을 피할 수 없다. 그러나 대다수의 사람들은 이 문제의 해결을 신학자들에게 의뢰하지 않는다. 사람들은 자기들만의 확신을 갖고 있기 때문이다.

낙태 문제에 왜 신학적 특성이 관계하고 있는지, 그 이유들 중의 하나는 성서에는 낙태에 대해 신학적으로 명시적인 가르침이 없다는 점을 들 수 있겠다. 혹시 이 말이 매우 이상하게 들릴지 모르겠는데, 그 이유는 사람들이 성서 본문들 자체를 신학으로 여기는 경향이 있기 때문이다. 그러나 성서 구절들을 증거 본문(proof texts)으로 사용하는 것은 하나의 특정한 신학적 입장에 불과하다. 즉 이 입장은 성서가 문자적으로 오류가 없다는 것과 성서의 어떤 본문이든 그 본문이 원래 기록된 상황이나 목적과는 관계없이 액면 그대로 이용될 수 있다는 입장이다. 이런 두 가지 신념들을 신봉하는 사람들이 성서 본문과의 문자적 관련성을 찾는 한, 이들은 기독교의 어떠한 다른 신학적 확신들을 새롭게 요구할 필요가 없게 된다. 이들은 아무것도 생각할 필요 없이 무조건 성서 본문을 들이대면 되기 때문이다.

이런 입장의 사람들은 낙태 이외의 다른 문제들에 대해서도 이와 같은 방식으로 접근한다. 그래서 이들은 성서 구절들을 문자적으로 적용하는 것 이상의 작업인 신학적 반성에 대한 어떠한 요구도 피할 수 있게 된다. 그러나 이들도 낙태 문제에 대해서는 신학적 반성을 피할 수가 없다. 이들은 성서 본문에 근거하여 무고한 사람들을 죽여서는 안 된다고 확실히 주장할 것이다. 그러나 이들도 성서 본문에만 근거해서는 태아를 사람으로 봐야 하는지를 결정할 수 없다. 그런데 낙태에 대해 언급하는 유일한 성서 구절(출 21:22-25)은 태아를 사람으로 볼 수 없다는 뜻을 내포하고 있다.

그러나 성서에서 증거 본문을 찾는 사람들조차도 출애굽기의 이 구절을 낙태 문제의 결정적인 단서로 여기는 사람들은 현재 거의 없다. 그래서 이들은 보다 더 후대 전통에서 발전된 논점에 의지할 수밖에 없게 되었다. 바로 이 점이 낙태 문제를 더욱 복잡한 신학적 논쟁으로 끌고 간다.

처음 수세기 동안의 기독교 전통에서는 태아에게 인간 영혼이 출현할 때, 이 논쟁은 끝났다. 성 어거스틴의 입장에 따르면, 태아에게 영혼이 생긴 이래로 그것을 죽이는 행위는 살인이 된다. 즉 태아에게서 영혼이 출현하기 이전에는 문제될 것이 없었다. 현대 철학자들도 간혹 어거스틴과 같이 낙태 문제는 정신의 생성 여부에 달려 있다고 주장하곤 했다. 반면에 현대 로마 가톨릭의 입장은 태아에게 언제부터 정신이 생성되는가에 대해 정확한 선을 그을 수 없기 때문에, 태아는 수태부터 당연히 사람으로 간주되어야 한다는 입장이다. 태아에게 언제부터 정신이 생성되는가에 대해 정확한 선을 그을 수 없다는 점에 동의하는 사람들은 이것이 곧 태아가 점차적으로 사람이 된다는 의미라고 주장한다.

만일 우리가 수태된 난자를 죽이는 것이 살인에 해당한다는 로마 가톨릭의 견해를 채택한다면, 원치 않는 임신을 중절시키려는 여인에게 무슨 말을 할 수 있을까? 여성은 자기 몸 속에서 생긴 사건에 대해 어떠한 결정도 할 권리가 없는가? 임산부의 그런 권리는 태아의 살 권리와 어떤 관계에 있는가?

낙태 논쟁은 인간 이해의 주변을 맴돌고 있다. 사람(특히 태아)을 하느님의 지대한 관심의 대상인 귀중한 피조물로 보게 만드는 것은 무엇인가? 그것은 인간의 생물학적 종(species)의 자격 때문인가? 장차 사람이 될 (태아 속의) 잠재성 때문인가? 아니면, 공동체 내의 다른 사람들의 보살핌을 통해서 그 잠재성이 실현되기 때문인가?

낙태 문제는 도덕적 문제가 어떻게 특정한 신학적 사고를 부각시킬 수 있는지에 대한 좋은 사례이다. 이 경우에, 이 문제에 대한 신학적 사고는 사람은 주로 무엇으로 구성되는가의 문제와 관계될 수밖에 없다. 그리고 이 문제는 여성의 권리 문제도 제기한다. 낙태 문제의 도덕성에 대해 판단하는 기독교인들은 그 판단 과정을 통해 드러날 자신들의 신앙을 검토할 수 있다. 즉 낙태 문제는 우리가 실제로 어떤 신학적 신념을 갖고 있는지를 확인시켜줄 또 하나의 사례이다.

3. 이윤 추구

교회에서 일어날 수 있는 또 다른 문제를 생각해 보자. 필립 스튜어트 목사는 설교를 통해 가난한 자를 희생시키면서까지 부자가 되려는 노력은 성서 본문에 근거해서 잘못이라고 말하고, 사업가 로저 슈월츠는 필립 목사의 설교를 듣고 화가 난 상황을 상상해 보자. 로저는 자신은 당연히 화가 날 수 밖에 없으며, 돈에 대해서는 자기도 많이 생각했으며 목사가 그런 설교를 통해 자신을 책망할 수는 없다고 말한다.

사업가 로저는 성서가 경제학에 대해서는 매우 순진하다는 자신의 판단 때문에 화를 낸 것이다. 로저는 교회가 성서의 한계를 인정하고서 이윤과 부에 대한 생각은 경제 문제 전문가가 결정하도록 해야한다고 믿고 있다. 교회는 대체적으로 물리학이나 생물학과 같은 과학 분야에서는 로저의 방식을 채택한다. 그러나 교회는 왜 자신이 유독 경제학에는 간섭할 수 있는 권리가 있다고 생각하는 것일까?

로저는 교회는 교회만의 고유한 영역이 따로 있다고 믿는다. 즉 그 영역은 개인의 도덕성과 특별한 종교적 문제에만 한정된다. 교회는 가정의 문제나 친밀한 삶의 다른 측면들에 대해서만 말할 수 있을 뿐이다. 그 때문에 교회는 사회의 공적인 문제들을 다룰 수 있는 자격은 없는데, 만일 교회가 사회의 공적인 문제를 다룰 권리가 자신에게 있다고 주장한다면, 그런 주장은 적절하지 못한 것이다. 기독교인이 된다고 해서 필요한 지식을 얻을 수 있는 것은 아니기 때문이다.

로저는 자신의 입장이 성서의 권위에 대한 함축적 의미를 갖고 있다고 생각한다. 즉 성서는 신앙의 문제나 개인의 도덕성의 문제에서만 권위를 갖는다는 것이다. 그러나 로저의 이런 생각은 그가 성서를 매우 취사 선택해서 읽었다는 사실을 보여준다. 즉 그는 성서가 하느님에 대한 이해와 하느님을 알 수 있는 방식에 대한 이해, 그리고 사람들에 대한 하느님의 사랑을 이해하는 방식에 대해서만 의미가 있다고 생각한다. 그는 마치 하느님이 신앙과 도덕성의 영역에만 관심을 가지신다고 성서가 증거 하는 것처럼 이해하고 있다. 그러나 로저의 입장은 비록 하느님이 모든 분야들에 대해 관심을 갖고 계신지는 모르겠지만, 성서는 신앙과 도덕성의 문제에만 관심하고 있다는 입장이다.

로저 방식의 신학에 따르면, 하느님의 목적을 다른 분야들에서 알 수 있는 방식은 교회가 그 해당 분야의 전문가들 (이 경우에는 경제학자들)로부터 배울 때뿐이다. 그리고 기독교인들이 경제 전문가로부터 배우게 되는 것은 각각의 사람들이 자신의 경제적 관심을 추구하면서 열정적으로 더욱 많은 이윤을 추구할 때 하느님의 목적이 가장 잘 달성된다는 것이다. 이런 방식으로 전체 경제도 성장하게 된다. 물론, 예수 시대에는 이런 사실을 몰랐으며, 이것은 당시에 양자 역학을 몰랐던 것과 마찬가지이다. 즉 성서로부터 경제 이론을 도출해내려는 것은 거기서 물리학 이론을 도출하려는 것만큼이나 어리석은 일이다. 시장에서 개인이 이윤을 열정적으로 추구하는 것은 가정이나 교회, 그리고 친구들 사이에서 하느님이 우리에게 원하시는 방식과는 다르다. 즉 보다 친밀한 영역에서는 예수 시대의 요구가 현재에도 그대로 변함없이 적용될 수 있다.

로저의 입장은 그가 많이 알지 못하는 다른 분야들에서도 여러 함축적 의미를 갖는다. 즉 아직 새로운 지식이 발전하지 않은 분야에서만 성서의 가르침의 권위가 인정된다면, 예를 들어, 성(性)에 대한 성서의 가르침도 경제학에 대한 성서의 가르침과 마찬가지로 무시될 수 있다. 만일 로저가 이 점에 동의하지 않는다면, 그는 자신의 실제 믿음이 무엇인지 다시 깊게 생각해 볼 필요가 있다.

그 교회의 또 다른 사업가 페기 레이는 다른 이유 때문에 동일한 설교에 화가 났다. 페기는 목사의 설교가 자신에게 죄의식을 주면서 실제적인 자신의 죄를 직시하도록 강요했기 때문에 화가 났다. 페기의 근본적인 신학적 신념은 로저의 경우와 매우 다르다. 즉 페기는 이윤 추구에 의혹을 제기하는 성서적 지혜가 옳다고 믿지만, 실제로 자신의 직장 생활에서는 합당한 대안을 찾지 못하고 있다. 그래서 페기는 다음의 입장에 도달하게 되었다: 즉 이 세계는 너무 악해서 성인(聖人)들 이외에는 성서의 진정한 도덕성을 실행할 수 있는 곳이 못된다는 것이다. 페기는 자기가 성인이라면 좋았을 것이라고 생각하면서, 직장 생활과 기독교적 열망 사이의 갈등을 일면 약화시키려고 노력한다. 그런데 목사의 설교가 이 문제를 다시 생각하도록 그녀를 자극했기 때문에 화가 났던 것이다. 그러나 그녀는 자신의 화를 정당화할 준비를 미처 갖추지 못하고 있다. 대신에 그녀는 화를 내는 것도 죄일 것이라고 느끼지 않을 수 없었다.

4. 하느님과 도덕성에 관한 네 가지 입장

이러한 특정한 윤리적 문제(낙태, 돈)에 대한 반응 속에서 표현되는 신학적 확신들과 더불어서 전체 도덕성의 근거에 대한 물음이 있다. 현재의 많은 도덕적 가르침은 단순히 상식의 차원에 머물러 있어서 근본적인 질문들은 거의 제기되지 않고 있다. 그러나 한 특정 문화권의 사람들에게 상식으로 여겨지는 것이 항상 다른 문화권이나 종교적 배경을 가진 사람들에게도 상식으로 여겨지지는 않는다.

더군다나, 어떤 철학자들은 자기들의 철학적 신념이나 원칙에는 어떠한 도덕성의 객관적인 근거도 있을 수 없다는 점을 발견해 왔다. 또한 어떤 사람들은 옳고 그름의 문제는 단순한 취향의 문제라고 말한다. 그러나 기독교인들은 이런 주장들에 동의할 수 없다. 왜냐하면 기독교인들은 도덕성에 관해 생각하는 방식이 하느님에 관해 생각하는 방식과 연결되어 있다고 믿기 때문이다.

기독교인들 가운데 어떤 그룹은, 도덕성은 하느님이 주신 도덕법에 복종하는 것이라고 생각한다. 도덕법에 복종하는 것은 곧장 하느님에게 복종하는 것이 된다. 어떤 사람들은 하느님이 주신 도덕법이 완전히 합리적인 것이며 모든 사람들에게 철저히 적용될 수 있도록 열려 있는 것이라고 한다. 전통적인 자연법 이론이 이런 주장을 펼친다. 그러나 전통적인 자연법 이론이 도덕성의 모든 근거들을 제시하고 있기는 하지만, 우리는 인간 삶의 모든 다양한 국면들이 자연법 이론에 종속되어 있다고 볼 수 없을 것이다. 예를 들어, 무엇을 먹고 마시며, 어떻게 안식일을 준수해야 하는지에 대한 많은 결정들은 도덕성과는 연결되어 있지 않기 때문이다. 또한, 도덕법은 모든 구체적인 문제들을 깔끔하게 해결해 주지도 않는다. 그래서 우리는 도덕법의 본질을 살피고 복잡한 상황에 그 법을 적용시키는 방식을 이해하기 위해 이성(reason)을 사용해야 한다. 낙태 논쟁은 이성을 사용해야 하는 사례이다.

둘째 그룹의 사람들은 도덕법을 훨씬 더 세분화된 조항들로 이루어진 것으로 간주한다. 만일 하느님이 어떤 행동을 금지시켰다면, 그 행동이 틀린 행동이라는 사실이 합리적으로 명백하지 않다는 사실은 중요하지 않다. 하느님의 계명이 합리적 성찰들 위에 존재하기 때문이다. 하느님은 인간의 이성적 판단으로 해결할 수 없는 많은 사항들에 관해서도 계명을 주셨다. 도덕적 문제를 해결하기 위해 성서에서 증거 본문을 찾는 사람들은 바로 도덕법을 이런 방식으로 생각하고 있는 것이다.

또 다른 그룹의 기독교인들의 믿음에 따르면, 율법은 기독교의 도덕성을 판단할 적절한 근거가 될 수 없다. 이들에 따르면, 기독교인들은 전심으로 하느님을 사랑하고 그 사랑 위에서 행동하며 살도록 부름 받은 사람들이다. 이때 문제는 하느님에 대한 올바른 헌신이 과연 무엇인가 하는 점이다. 물론, 이 문제에 대한 많은 반응들이 하느님과 도덕성에 대한 상이한 이해들을 가진 사람들로부터 동일하게 등장할 수 있다. 그러나 이런 동일한 반응들에도 불구하고, 하느님과 도덕성에 대한 이해를 달리하는 사람들의 신학적 입장들은 다를 수 있으며, 때때로 윤리적 함의도 함께 달라질 수 있다.

우리는 여기서 이 사람들을 보다 심층적으로 구별할 필요가 있다. 이들 가운데 하느님을 향한 헌신과 다른 피조물들을 향한 헌신은 각기 다를 수밖에 없다고 보는 사람들이 있을 수 있는데, 우리는 이런 입장의 사람들을 세 번째 그룹이라고 불러보자. 그러나 네 번째 그룹에 해당하는 또 다른 사람들은 다른 피조물들을 향한 헌신들을 통해서만 하느님을 섬길 수 있다고 믿는 사람들이다. 세 번째 그룹의 사람들은 특수한 종교적 행위들을 강조하고, 네 번째 그룹의 사람들은 세상 한복판에서의 행동들과 더 밀접하게 관계한다. 그리고 이 두 그룹 가운데 어떤 그룹도 고대의 가르침을 단순히 인용하는 것만으로 자신들의 윤리적 결정을 내리지는 않을 것이다. 이제 기독교인들은 현대의 상황에서 하느님을 가장 잘 섬길 수 있는 방식이 무엇인지를 묻는다.

5. 네 가지 견해의 적용: 동성애 문제

하느님과 도덕성에 대한 이런 네 가지 다양한 견해들로부터 파생되는 윤리적 판단들 사이의 차이들은 또 다른 윤리적 논쟁, 즉 동성애의 문제에서도 드러난다. 문제는 과연 동성애 행위가 어떠한 상황에서도 항상 그 자체로서 죄가 되는가 하는 것이다. 모든 동성애 행위를 비도덕적인 것이라고 반대하는 기독교인들이 자신들의 입장에 대한 근거를 검토할 때에 종종 위의 네 그룹들 가운데 하나와 관계하고 있음을 알 수 있다.

간혹 사람들은 자신들이 자연법 이론과 같은 관점에 의지해서 주장하고 있다는 사실을 알게된다. 자연법 이론의 논점은 매우 단순하게 성(性)은 자녀 출산이라는 목적을 갖는다는 것이다. 그러므로 자녀 출산이라는 목적에 봉사하지 않는 모든 성적 행위들은 자연법에 저촉된다. 자연법은 하느님의 법이며, 사물들의 본성 속에 새겨져 있는 것으로서 모든 사람들은 이 법의 관점에서 성을 객관적으로 고찰할 수 있다고 한다.

둘째 그룹은 도덕법을 하느님이 천명하신 것으로서 우리의 이성을 통한 독자적 접근과 상관없다고 생각한다. 이들의 논증에 따르면, 하느님은 동성애의 그릇됨에 관해 성서의 여러 곳에서 명백히 말씀하셨다. 이들은 다른 논증이나 설명이 필요 없다고 생각한다.

세 번째 그룹도 역시 동성애에 반대하는 입장을 주장한다. 이들은 기독교인들이 할 수만 있다면 하느님을 더욱 완전히 섬기기 위해 세속적 사연들에 얽히지 말아야 한다고 주장한다. 물론, 많은 사람들이 혼인하고 가정을 갖는 것도 중요하다. 그래야 인간 종족이 보존되고 기독교 공동체가 지속될 수 있기 때문이다. 그러나 성(性)의 문이 닫혀 있는 사람들에게는 오직 하느님만을 더욱 철저히 섬겨야 할 이유가 있다.

그러나 동성애가 기독교인들에게 반드시 금지되어야 한다는 점을 부인하는 사람들은 위의 그룹들 가운데 네 번째 그룹에 속하는 것이 보통이다. 이 사람들의 이해에 따르면 도덕성이 하느님을 섬기는 것이지만, 하느님은 세상의 다른 피조물들을 섬기는 일을 통해서 섬김을 받으신다. 이성애든 동성애든 어떠한 성적 행위든지 이 사람들에게 문제가 되는 것은 바로 그 당사자와 주변 사람들에게 어떤 영향을 미치는가 하는 것이다. 만일 특정한 동성애 관계에서 비롯된 삶의 질이 성적인 자기부정(sexual self-denial)에서 비롯된 삶의 질보다 훌륭하다면, 동성애를 완전히 억제하는 것보다는 오히려 그것을 표현함으로써 하느님을 더욱 잘 섬길 수 있다는 주장이다.

비록 하느님과 도덕성에 대한 입장들이 동성애 문제에 대해서도 이런 방식으로 나타날 경향이 있지만, 일반적인 신학적 확신들과 구체적인 윤리적 결론 사이의 관계는 한결같이 매우 간단한 문제가 아니다. 하느님과 도덕성에 관한 네 가지의 관계 형태들 가운데 어떤 것이라도 고수하고 있는 사람들 가운데 어떤 사람들은 특정한 윤리적 문제인 동성애 문제에 있어서는 반대편 결론(예를 들어, 하느님과 도덕성의 일반적인 관계 형태들에 대해서는 첫 번째 입장에 속하면서 특정한 문제인 동성애에 대해서는 네 번째 입장에 속할 수 있다는 말 -역자주)을 채택할 수 있을 것이다. 왜냐하면 별도의 추가적인 신학적 확신이 개입될 수 있기 때문이다.

즉 사물의 본성 속에 옳고 그름이 적혀 있다고 믿으면서 자연법 이론을 수용하는 사람들 가운데 어떤 사람들은 성의 기능에는 자녀 출산 이외에 인간적 친밀성과 즐거움, 그리고 상호 결속 등의 기능들이 포함되어 있다고 주장한다. 심지어 이들은 오늘날 이런 성의 다양한 기능들이 자녀 출산보다 더욱 중요해졌다는 점을 입증하려 할지도 모른다. 만약 이것이 사실이라면 인간적 친밀감을 주고 즐거움을 제공하며 안정된 결속으로 이끄는 동성애는 좋은 것으로 긍정될 수 있다.

그리고 성서의 증거 본문들을 동원해서 모든 동성애 행위들을 거부하는 사람들에 반대하여, 성서 본문의 원래 의미를 논쟁의 일부로 끌어내려는 작업도 역시 가능하다. 간혹 혹자는 히브리어 본문과 그리스어 본문을 번역한 것이 정확하지 않기 때문에, 성서 원문이 동성애 문제에 대해 직접 언급하지 않는다고 주장할 수도 있다. 아니면, 혹자는 동성애와 관련된 본문들은 과거 유대법의 일부분으로서 그것은 복음에 의해 대체되었다고 주장할 수도 있다.

하느님에 대한 전적인 섬김을 이유로 독신생활의 우월성을 주장하는 사람들에 반대하여, 비록 세상과의 분리가 이상적이지만 만일 성적 욕구를 억제할 수 없다면 혼인하는 편이 낫다고 바울처럼 주장하는 것도 가능하다. 이성애처럼 성적 감정을 떨칠 수 없다는 의미로서 동성애 감정을 "억제할 수 없다면" 그 감정의 건전한 출구를 찾는 편이 더욱 낫다는 주장이다.

이와는 반대로, 어떤 동성애는 인간의 행복과 복락에 이바지하기 때문에 하느님에 대한 헌신에도 이바지한다고 주장하는 사람들에 반대하여, 사실상 동성애는 선보다는 해가 많기 때문에 즐거움보다는 심한 고통만 야기된다고 주장할 수도 있다. 즉 만약 동성애가 사회적으로 승인된다면, 혼인과 가정의 제도들은 훼손될 수밖에 없을 뿐만 아니라 사회 조직도 약화되기 때문이라는 주장이다. 그러나 그렇다고 만약 동성애가 사회적으로 용인되지 않는다면, 온갖 종류의 비밀과 눈속임은 피할 길이 없으며 적의와 박해만 불러들일 것이다.

동성애 문제에 대한 논쟁은 현재도 계속되고 있다. 여기서 동성애 문제를 소개한 것은 한 가지 목적을 위한 것이다. 즉 신학적 입장들, 여기서는 하느님이 도덕성과 어떤 관계가 있는가에 대한 신학적 입장들이 윤리적 결정과 그 결정 방식에 어떤 영향을 미치는지를 드러내기 위한 것이었다. 우리는 많은 윤리적 문제들에 대한 신학적 입장들을 검토함으로써 하느님과 세계의 실제적 관계성에 대해 생각하는 방식들을 보다 명료하게 할 수 있을 것이다. 이것이 모든 신학의 중심이다. 만일 우리가 우리의 도덕적 결정을 전문가에게 양보할 수 없으며,

우리의 삶 속에서 도덕적 결정에 대해 우리가 책임져야만 한다는 사실을 인정한다면, 우리는 우리 자신의 믿음에 대해서도 책임질 필요가 있으며, 이것은 바로 우리 자신의 신학에 대해서도 책임져야 한다는 말이다.

6. 실제의 믿음과 기독교인으로서 고백하는 믿음: 동성애 문제

우리가 우리의 신학에 대해 책임을 진다고 해서 우리의 신학을 새로 만들어내야 한다는 것은 아니다. 모든 기독교인들은 이미 신학자들이다. 우리는 우리의 기존의 믿음이 무엇인지 잘 알지 못하며, 그 믿음이 철저히 생각해 본 이후에 다듬어낸 것이 아닐 수도 있지만, 우리는 우리의 생활을 결정짓는 믿음들을 갖고 있다! 따라서 우리의 신학에 대해 책임지는 것은 우선 우리가 이미 믿고 있는 것을 명백하게 깨닫는 것이다.

이 말은 좀더 자세하게 구분할 필요가 있다. 우리들은 기독교인이라면 반드시 믿어야만 한다고 대부분 생각하는 몇 가지 교리들이 있다. 또한 우리의 생활 속에서 일어나는 일들에 대한 우리의 반응을 실제로 결정해 주는 또 다른 믿음들도 있다. 이 두 가지 종류의 믿음은 똑같은 것이 거의 아니다. 비록 이것들이 보통 중복되기는 하지만 말이다.

이 두 가지 종류의 믿음은 모두 동성애 문제에 대한 기독교인들의 입장들과 관련하여 매우 중요한 역할을 하고 있다. 우리는 이번 절과 다음 7절에서 우리의 실제 믿음(real beliefs)과 기독교인으로서 마땅히 고백해야만 하는 것이라고 생각하는 믿음, 즉 교회에서 배워 외운 믿음(avowed beliefs)이 이따금 서로 어떻게 충돌하는지를 검토할 것이다. 우리는 이번 절에서 헨리 스미쓰와 그의 아들 빌 사이의 가상적인 대화를 통해 이 문제를 추적해 보기로 한다. 빌은 자신의 기독교인 친구 가운데 하나가 게이(gay)라는 사실을 알게 되어, 이 대화가 시작되었다.

빌이 묻는다. "아버지는 게이들에 대해 거칠고 때로는 경멸적으로 말씀하셨지요. 아버지는 왜 그들이 살아가는 방식에 대해 그토록 심한 거부감을 드러내세요?"

헨리가 대답한다. "우선, 내 생각에, 나는 성경을 믿는 기독교인이란다. 성경은 동성애를 엄하게 정죄하고 있어."

"저도 아버지의 생각이 옳다고 생각할 수도 있어요. 그런데 솔직히 저는 교회에서 동성애에 대해 말하는 것을 들어본 적이 없어요. 동성애는 일종의 간음과 비슷한 것인가요?"

헨리가 대답한다. "아마도 그렇지. 그러나 거부감은 간음보다는 동성애에 대해 더 심하단다. 레위기에서는 동성애자는 반드시 죽이라고 말한단다."

"반드시 죽이라고요, 그걸 믿나요?" 빌은 알고 싶었다.

"글쎄, 그렇게까지는 생각하지 않지만." 헨리는 인정한다. "그러나 레위기는 이스라엘 사람들이 동성애에 대해 얼마나 민감하게 대응하였는지를 보여주잖니."

"그런데, 아버지, 우리는 가끔 레위기와 같은 구약의 율법들은 기독교인들에게 해당되지 않는다는 말을 듣지 않나요? 아버지는 그렇게 생각하지 않으세요?"

"아들아, 그건 간단한 문제가 아니란다. 그것은 율법에 대한 바울의 가르침 때문에 특히 그런 건데, 음! 그렇다면, 아마도 바울 서신들에 의지하는 편이 더 낫겠구나. 간혹 바울은 동성애를 기독교인들이 저지르지 말아야 할 죄목들 가운데 포함시키고 있단다. 바울은 로마서 1장에서 동성애를 사람들이 하느님을 떠날 때에 일어나는 극단적인 경우로 보고 있단다."

"바울은 아주 명백하게 거부한 것 같군요. 아버지, 그러나 톰이 제게 말하기를, 여자들에게 성적 매력을 느끼려고 무척 노력했지만 그렇게 안 된다고 할 때, 그 말은 톰이 하느님한테서 떠난 것처럼 들리지 않거든요. 톰의 말은 저의 가장 독실한 기독교인 친구를 이해해 달라는 말로, 심지어 용서해 달라는 말로 들리거든요. 다만 저는 바울의 말로써는 톰을 평가할 수 없다는 거예요. 동성애 감정과 행동을 곧장 하느님한테서 떠난 것으로 결론짓는 바울의 생각이 옳지 않을 가능성은 없나요?"

"아마, 그게 동성애에 대한 유일한 설명은 아닐 거야." 헨리는 인정한다. "그러나 성경의 가르침은 워낙 단호해서 동성애에 대한 책망을 피할 길을 나로서는 알지 못한단다. 아마도 우리는 톰의 동성애 감정 때문에 톰을 거부하지는 말아야 하겠지만, 우리가 확실히 주장해야 하는 것은 톰이 자기 감정에만 의지해서 행동하지는 말아야 한다는 점이지."

"아버지 말씀은 톰이 어떠한 성적인 사랑도 없이 자신의 전체 삶을 보내야 한다는 뜻인가요? 만약 제가 톰이라면 그건 끔찍하게 잔인한 가르침일 것 같은데, 안 그럴까요?"

헨리는 잠시 말을 잇지 못한다. 그리고 마침내 말문을 연다. "기독교 신앙은 우리에게 많은 어려움을 감수할 것을 요구한단다."

그러나 빌은 아버지의 말에 만족할 수 없었다. 빌은 친구 톰이 자신이 남들과 다르다는 현실 때문에 끔찍한 고통을 받고 있다는 사실을 알고 있다. 빌은 톰에게 뭔가 긍정적인 것을 말해 주고 싶었다. "아버지. 톰의 현실이 공평하지 않다는 생각이 들어요. 성경의 명백한 가르침이 톰의 성적인 상황에는 반대하고 있지만 아버지가 진지하게 보지 않으셨던 성경의 다른 명백한 가르침들도 있어요. 예를 들어, 예수님은 이혼을 반대하셨지만, 저의 확신으로는 아버지는 가끔 이혼을 지지하셨어요. 그리고 예수님은 재산을 소유하는 것에 관해 극단적인 반대편 입장을 취하셨지만, 제가 예수님의 입장 때문에 불안해 할 때 예수님의 가르침은 문자적으로 적용되는 것이 아니라는 확신을 제게 주셨잖아요. 아버지는 왜 돈에 대해 말하는 성경의 구절은 어떤 해석의 방식을 발판 삼아 응용하시면서, 동성애에 반대하는 성경 구절들은 왜 꼭 문자 적으로 적용하시나요?"

빌의 질문은 헨리에게 지금까지 자신이 회피해 왔던 문제를 자문해 보도록 하였다. 동성애에 대한 헨리의 강한 반감은 그가 인용하고 있는 성경 구절들에 정말 근거해 있는 것인가? 아니면 성경 때문에 비롯된 것이 아닌 자신의 감정을 확증하기 위해 성서로써 둘러대고 있는 것인가? "아들아, 내가 성경의 다른 명백한 가르침들보다 더욱 민감하게 동성애에 대한 성서적 정죄를 심각하게 받아들인다는 너의 말은 아마도 옳은 것 같구나. 그런데 그것은 아버지가 동성애를 나쁘다고 강하게 느끼기 때문이야. 동성애는 정말 자연스러운 일이 아니지. 전체 진화 과정이 남자와 여자의 구분에 의거해 왔다고 해도 과히 틀리지 않을 것이다. 남자와 여자는 서로를 위해 존재하며 인간 종(種)의 보존을 위해 존재하지. 성경은 이를 창조 이야기에서도 매우 분명히 하고 있지 않니? 즉 성경의 저자들도 동성애를 자연스런 것으로 보지 않은 것인데, 아버지도 같은 생각이란다. 동성애는 전체 창조 질서에 역행하는 것이지."

빌은 그의 아버지의 순수함과 논점의 힘에 깊은 인상을 받는다. 그의 친구 톰에 관한 일이 아니라면, 확실히 빌은 아버지의 의견을 받아들였을 것이고, 자기 일에 몰두했을 것이다. 그러나 톰에게 다른 친구들에 대한 그의 감정은 "자연스럽지 않다"라고 말한다고 해서 무슨 도움이 되겠는가? 톰은 여자들을 향해 "자연스런" 감정을 가지려고 무척 노력했다고 말하지 않았던가? "그러나, 아버지, 톰의 경우에는 그가 다른 남자애들에 대해 매력을 느끼는 것이 '자연스런' 일인 것 같아요. 톰의 그런 감정은 그의 유일한 성적 감정인데, 그것이 '자연스럽지 않다'는 것이 무슨 뜻이겠어요? 톰이 '자연스럽지 않다'는 뜻인가요? 그러면 하느님은 왜 누군가를 '자연스럽지 않은' 존재로 만드셨을까요?"

"아들아, 너는 내 본래의 의도보다 나를 더욱 많이 생각하도록 하는구나. 나는 톰이 아주 좋은 녀석이고 순수한 기독교인이라는 데에는 동의한다. 나는 그런 아이가 게이라고 자기 입으로 말했다는 사실이 고통스럽구나. 나처럼 동성애를 거부하는 많은 사람들은 동성애자들이 동성애자가 되지 않을 수 있는 길을 선택할 수 있다고 믿는 것 같다. 그런데 내가 동성애에 대해 읽은 바에 따르면, 그런 선택은 두 가지 감정, 즉 이성애와 동성애를 다 갖고 있는 경계선상에 있는 사람들에게만 해당된다는 거야. 동성애가 유전적인 성격을 갖는지, 혹은 태어나서 첫 2년 동안의 형성기 때 생긴 것인지에 대해서는 많은 논쟁들이 있더구나. 그러나 거기에 큰 차이는 없는 것 같다. 즉 어느 경우든, 동성애자들이 자신의 감정을 알게 될 때에 이르면 자신들이 그에 대해 할 수 있는 일은 많은 것 같지 않다. 나는 톰이 여자들과의 연애나 혼인을 통한 자녀 출산에 대해 정상적인 감정을 갖기를 원했을 것이라고 확신한다. 나도 톰이 다른 남자애들에게 매력을 느끼는 감정에 대해 반감을 갖기보다는 동정심을 가져야 된다는 사실을 알고 있단다. 그러나 내가 여전히 이해하기 힘든 점은 톰이 그의 감정에 따라 행동하는 일이 어떻게 옳을 수 있는가 하는 점이야. 게이들의 삶의 방식에 관해 읽은 것에 따르면, 그것은 역겹고 완전히 비도덕적인 일처럼 들린단 말이야."

"아버지, 톰도 그 점에 관해서는 괴로울 것예요. 톰은 게이들의 삶에 대해서는 조금밖에 못 읽었을 거예요. 그리고 톰이 읽은 대부분의 내용은 극히 문란한 생활과 같은 것이구요. 톰은 자신은 그런 것을 원하는 것이 아니라고 말했어요. 반면에 톰은 누군가를 사랑하고 싶고 누군가에게 성실하고 싶다고 말했어요. 그리고 톰은 그런 성실한 동성애 부부들이 있다는 사실도 알고요. 이것이 뭐가 잘못인가요?"

"아들아, 한 배우자와만 성과 성실을 공유하는 것의 전체적인 핵심은 가정을 일구는 것이란다. 그러나 남자 둘은 아이를 가질 수가 없어. 그것은 하느님의 계획이 아니란다." 헨리는 자신의 대답이 조금 밋밋하다는 점을 알고 있다. 그러나 그것이 그때 그 자신이 할 수 있는 최상의 대답이었다. 그는 아들 빌이 그것을 받아들이기를 바랬고, 자신을 너무 어렵게 밀어붙이지 않기를 바란다. 그러나 그는 또 다른 차원에서, 자기 아들에 대해 긍지를 느끼고 있다. 즉 빌은 진실로 톰을 염려하고 있었으며, 이보다 더욱 진지하게 기독교인이 될 수 있을까? 헨리는 결코 빌을 만족시키지 못했음을 알고 있었다. 그래서 빌이 더욱 깊이 있게 그런 생각을 밀고 나가길 내심 바라고 있다.

빌은 말한다. "교회에서의 성교육 시간에는 단지 아이를 갖는 것만이 성과 가정의 유일한 목적이라는 점이 강조돼요. 비록 우리가 다른 어떤 이유들 때문에 아이를 가질 수 없다고 해도 혹은 아이를 갖지 않기로 결정한다고 해도, 우리는 한 배우자와만 삶을 공유하도록 배우게 되죠. 만일 이런 삶의 공유 자체가 남자와 여자 모두에게 최선의 상책이라면, 어째서 이런 삶의 공유가 여자를 사랑할 수 없는 두 남자가 서로 사랑하는 일에서는 최선이 아니라는 말이예요?"

"아들아," 헨리는 대답한다. "네 말이 일리가 있다. 내가 동성애자들에 관해 생각할 때에는 인생의 동반자라는 관점에서는 생각하지 않았단다. 나는 내가 인용한 성경의 구절도 역시 이런 동반자의 관점을 고려했는지는 확신할 수 없구나. 나는 단지 본능적으로 동성애를 싫어한다는 점을 솔직히 인정해야 할 것 같다. 이제는 톰이 동성애 감정을 갖고 있다는 점을 알기 때문에, 톰을 자연스럽게 대한다는 것도 쉽지 않을 거다. 그러나 기독교인으로서 나는 특히 현재 고통받고 있는 톰을 받아들여야 한다는 점을 알고 있단다. 그리고 나는 왜 톰이 배우자를 만나지 못하고 항상 독신으로 남아 있어야 하는지 그 이유를 알지 못하겠구나. 만일 독신을 추천하는 것이 나의 감정 때문이라면, 나는 내 감정을 재고할 필요가 있겠지. 그러나 나는 그에 대해 전혀 확신이 서질 않는구나. 나는 여전히 교회가 이성간의 혼인을 고수해야 하며, 모든 성의 이탈에도 반대해야 할 것으로 생각한다. 그러나 이런 태도가 단지 편견일지도 모르겠다. 요즘 '동성애 혐오증'(homophobia)이라 부르는 편견 말이다."

"아버지, 대화해 주셔서 고마워요. 동성애에 대한 기독교의 실제

입장이 무엇이든지 간에, 아버지께서 저에게 마음을 열어주신 것은 제가 깊이 존경하는 아버지의 기독교적 성품 때문이라고 믿어요."

7. 실제의 믿음과 기독교인으로서 고백하는 믿음: 다른 사례들

다음의 간단한 두 가지 사례가 사람들이 기독교인이라고 생각하기 때문에 입술로 고백하는 믿음과 그들의 실제적 확신들이 되는 믿음 사이의 복잡한 관계를 보여 주는 데에 도움이 될 것이다. 우선 1장에서 언급했듯이, 하느님에게 친밀한 기도를 지속시키고 있는 애디트 구토프스키의 경우를 생각해 보자. 그녀의 경우조차도 실제로 믿는 믿음과 남들이 물을 때 주장하는 믿음 사이에는 긴장이 존재할 것이다.

구토프스키의 기도생활은 자신이 하느님과 상호 교통하고 있다고 믿고 있음을 뜻한다. 하지만 누군가 그녀에게 묻는다면, 하느님은 어떤 방식으로도 변화하지 않으신다는 점을 자신도 알고 있다고 대답할지 모른다. 더 엄격히 말해서 그녀의 기도가 하느님에게 영향을 주지 않는다는 뜻이다. 만일 그녀가 이런 사실에 갈등을 느끼게 된다면 그녀는 자신이 고백하는 신앙을 수정하여, 하느님이 변화하지 않는 분이라는 것은 그분이 사랑과 자비에 있어 성실하시고 변화하지 않는다는 뜻이라고 주장할지도 모른다. 이렇게 되면, 구토프스키가 고백하는 믿음과 그녀의 기도생활은 조화를 이룰 수 있을 것이다. 반면에 그녀는 자신의 기도 방식을 교회의 가르침에 더욱 부합하도록 바꿔야 한다는 압박감을 느낄지도 모른다.

매우 다른 또 하나의 사례를 살펴보자. 로이스 맥누트는 유대교인 친구들을 갖고 있는 기독교인이다. 그녀는 교회에서 예수를 주님(Savior)으로 고백하는 사람만 구원을 받는다고 배웠다. 그녀는 구원이 매우 중대한 문제임을 굳게 믿고 있다. 그러나 그녀는 유대교인 친구들을 교회에 오게 하거나 자기의 믿음을 그들에게 증거 해 본 적이 결코 없다. 그녀는 실제로 그렇게 해야 된다는 사실을 느끼지 못하고 있다. 그녀는 오히려 그런 행동이 잘못된 것이라고 느낀다.

만일 로이스가 사람들이 예수를 믿지 않고 구원받을 수 있는지에 대해 질문을 받게되면, 아마도 아니라고 대답할 것이다. 이 믿음은 그녀 자신이 마땅히 주장해야 하는 것이라고 생각하는 믿음이다. 그러나 그녀가 실제로 느끼고 정직한 행동 속에 나타나는 믿음은 다른 것이다. 즉 유대교인 친구들은 유대교 믿음을 통해 구원받을 수 있다는 것이다.

로이스가 이런 문제들을 의식할 때는 매우 혼란스러워진다. 그녀는 자기 믿음이 너무 허약하고 비겁해서 친구들과 복음을 공유하지 못한다는 사실 때문에 가끔은 자책감도 갖는다. 또 어떤 때는 유대교인 친구들과 복음을 공유하는 것은 부질없고 쓸데없는 일이라고 스스로에게 변호하기도 한다. 즉 그녀의 본심은 친구들이 구원받지 못하고 저주받을 것이라고는 생각하지 않는다. 그리고 그녀의 행동은 그녀의 실제 믿음을 드러낸다.

실제의 믿음과 교회에서 배워 외운 믿음은 상호 영향을 주고받는다. 로이스의 경우, 유대교인이 기독교인으로 개종하지 않는 한 구원받지 못할 것이라는 믿음은 결국 그녀의 친구들에 대한 심층적 감정에 영향을 미칠 것이다. 그러나 한편으로는 자신의 실제 믿음을 의식하면, 자신이 교회에서 배워 외운 믿음을 계속 붙잡고 있어야 하는지에 대해 의문을 갖게 된다.

8. 당신의 현재에서 출발하라

이런 두 가지 믿음 체계 가운데 어떤 하나가 다른 것보다 더 좋거나 나쁘다고, 더 기독교적인 것이거나 혹은 덜 기독교적인 것이라고 일반적으로 말할 수는 없다. 때로는 우리의 심층적인 감정이, 기독교인이라면 마땅히 믿어야만 한다는 믿음보다 더 기독교적일 수 있다. 때로는 이런 심층적 감정이 전혀 회심의 영향을 받지 않아, 우리가 교회에서 배워 외운 믿음을 내면화시킴으로써 심층적 감정이 변화될 필요가 있다.

그러나 여기서는 이것이 문제가 아니다. 문제는 당신의 진정한 믿음을 드러내고, 당신이 실제로 믿는 것이 무엇인지를 깨닫는 일이다. 그래야만 비로소 당신은 당신 자신의 믿음에 대해 책임질 수 있기 때문이다. 우리는 3장에서 우리의 실제 믿음을 평가하는 몇 가지 방식을 고찰할 것이다.

우리의 믿음에 책임을 지는 것은 다양한 결과를 가져올 수 있다. 극단적으로 당신은 당신의 실제 믿음이 무엇이었는지를 고백하고, 그 믿음들을 버릴 수도 있다. 실제 믿음을 뿌리째 뽑아 버리는 것은 시간이 좀 걸리겠지만, 당신이 당신의 실제 믿음이 무엇인지를 알고 나면, 더 이상 그 믿음을 정당화할 수 없다는 것을 인정할지도 모른다. 반대로 당신은 당신 자신의 실제 믿음을 중심으로 당신만의 신학적 입장을 발전시킬 수도 있다. 그것도 아니면, 당신의 밑바탕에 깔려 있는 실제 믿음과 교회에서 배워 외운 믿음 사이의 관계를 분명히 깨달아 그 둘 모두를 수정할 수도 있다.

나는 이번 장에서 어떤 한 신학이 다른 신학보다 훌륭한 것인지 아닌지, 혹은 이런 판단은 어떻게 가능한지에 대해서는 아무것도 말하지 않았다. 이것은 매우 중요한 문제로서 이 책의 나머지 부분에서는 이 문제를 다룰 것이다. 그러나 당신 자신의 신학이 어떤 것인지 알지 못한다면, 당신의 신학을 어떻게 평가하고 개선할 수 있는지에 대한 논의는 아무 의미가 없다.

사람들은 너무나 자주 마치 우리 기독교인들이 백지상태에서 시작할 수 있으며, 다른 사람들의 신학들을 둘러보고 그 신학들을 평가하기 위해 특정한 평가기준들을 적용해야 하는 것처럼 생각한다. 이런 과정은 인위적인 것으로서, 이 신학 혹은 저 신학을 고집하는 것이 될 수 있다. 그러나 이처럼 빌려온 신학을 갖고 우리의 실제 신학을 만들어내는 일은 있을 법하지 않다. 그러나 이런 방식이 너무나 자주, 매우 모호하게 사람들의 마음속에 자리잡고 있으며, 신학에 관해 그토록 많은 진술들이 (남들의 입장이지) 진정으로 자신의 입장이 아닌 원인이 되고 있다. 우리들 가운데 너무 많은 사람들이 신학은 우리가 마땅히 수용해야 하는 교리들을 암기하는 것으로 여긴다. 그렇게 함으로써 우리는 골치 아픈 문제들을 풀기 위해 많은 시간을 할애하지 않고, 심각하게 고민하고 싶지 않다는 것에 대해 스스로를 용서할 수 있다.

이번 장은 신학에 대한 그런 피상적 접근을 내버리기 위한 것이다. 자신의 진정한 신학을 시작할 수 있는 유일한 지점은 실제 기독교인들의 실제 믿음이다. 실제 믿음이 잘못된 것일 수 있지만, 틀렸다는 것 자체가 문제는 아니다. 우리는 우리의 믿음이 충분하지도 적합하지도 않다는 사실을 발견할 때에만 신학적으로 성장하기 때문이다. 우리가 타인들로부터 우리의 믿음이 정통이 아니라는 말을 들었다고 해서 우리의 실제 믿음을 포기하는 것은, 내가 계속 말해왔듯이, 진정으로 나의 것이 아닌 신학만을 부추길 뿐이다.

당신은 당신의 실제 믿음을 교회가 과거에 거부했던 이유들을 발견함으로써 당신의 실제 믿음을 바꿀 수도 있다. 이것을 통해 당신 자신의 진정한 신학을 발전시킬 수 있다. 그러나 모든 진정한 신학적 발전과 마찬가지로, 당신 자신의 진정한 신학은 현재 당신이 실제로 서 있는 곳에서만 시작될 수 있다. 당신이 이미 서 있는 곳에서 첫 발을 내딛는 것은 당신이 서 있는 곳이 어디인지를 깨닫는 것이다. 이것이 바로 이번 장이 주로 다루어 왔던 내용이다.

당신의 신학을 하라

1. 낙태, 자본주의, 혹은 동성애에 대한 당신의 입장을 써 보라. 당신은 자신의 입장이 기독교적 입장이라고 주장할 수 있는가? 설명하라.
2. 당신의 설명은 네 번째 절에서 대략 언급되었던 하느님과 도덕성의 네 가지의 관계 방식 가운데 어떤 것에 부합하는가? 만일 부합한다면, 어디에 부합하는가? 부합하지 않는다면, 왜 부합하지 않는가, 당신의 입장을 설명해 보라. 하느님과 도덕성의 관계에 대한 당신의 입장에 근거를 둔 방식으로써 당신의 입장에 대한 정당성을 분명하게 표현해 보라.

3. 하느님과 도덕성의 관계에 대한 그 입장에서 당신이 선택한 주제에 대해 당신과는 상이한 판단을 하는 사람이 어떤 방식으로 자신의 주장을 펼칠 수 있는지를 제시하라. 이 차이들은 어디에서 비롯되는가, 또 이런 차이들은 어떻게 판단할 수 있는지 설명하라.
4. 다른 도덕적 문제를 선택하고 위와 동일한 분석을 시도해 보라. 가능한 주제는 다음과 같다: 안락사, 이혼, 수음(手淫), 참전(參戰), 오락을 위한 사냥.
5. 하느님과 도덕성에 대해 기독교인들이 갖는 다양한 방식의 관계성을 숙지하면서 당신의 믿음을 정당화해 보라. 당신은 모든 문제들에 대해 일관되게 자신의 믿음을 따르는가? 즉 모든 도덕적 문제들에 대한 당신의 주장은 그 패턴을 한결같이 따르고 있는가? 아니면, 도덕적 문제들이 달라지면, 그에 따라 하느님과 도덕성의 관계 방식들도 달라진다고 생각하는 편인가? 이처럼 불일치한다면, 당신은 그것을 정당화할 수 있는가? 아니면 당신의 불일치는 당신의 도덕적 입장이 당신이 말한 것과는 다른 근거 위에 있음을 보여주는 것인가? 따라서 당신의 정당화는 합리화, 즉 실제로는 다른 이유들 때문에 당신이 붙잡고 있는 입장을 지지하기 위해 주장하는 것인가? 만일 그렇다면, 당신은 그것을 정당화할 수 있는가?

◇ 3장 ◇

우리의 믿음을 다듬어내기 위한 출발

1. 평가 준비

　우리의 믿음에 대해 책임지는 첫 번째 단계는 우리의 믿음이 무엇인지를 확인하는 것이다. 이것은 종교 개혁자들이 요구했던 것이기도 하다. 로마 가톨릭 교회는 암묵적 믿음(implicit faith)에 의해서도 사람들은 구원받을 수 있다고 가르쳤다. 즉 그들은 교회의 권위를 받아들이는 것이면 족했기 때문에 교회가 가르치는 것을 믿기만 하면 되었다. 종교 개혁자들의 눈에 이것은 하느님에 대한 믿음을 교회에 대한 믿음으로 대신하려는 것에 불과했다. 종교 개혁자들에게 있어서 믿음은 명시적(의식적)이어야 했다. 명시적 믿음(explicit faith)만이 진정으로 개인의 믿음이 될 수 있기 때문이다.

　이런 구분은 현재 더 이상 개신교와 가톨릭을 구분하는 방법이 아니다. 특히 제2차 바티칸공의회 이래로 로마 가톨릭은 믿음을 명시적인 믿음으로 만드는 데 개신교보다도 더욱 열심히 노력했으며 더욱 많은 성공을 거두어 왔다. 이런 관점에서 개신교 교회들은 로마 가톨릭에서 많은 것을 배워야 한다.

그러나 불행히도, 명시적 믿음이 반드시 좋은 것이라고 할 수만은 없다. 물론 명시적 믿음은 좋은 것일 수 있으며, 기독교인들에게 명시적 믿음이 모두 나쁠 수만은 없다. 하지만 진지한 기독교인들조차 자신들이 믿었던 믿음들 때문에 끔찍한 짓들을 저질러 왔다. 예를 들어 기독교인들은 유대인들이 예수를 배척했으므로 저주를 받았다고 분명히 믿었기 때문에 그들을 박해하면서 그들이 예수를 믿기를 바랬다. 기독교인들은 자신들의 신실한 믿음 때문에 "이교도들"과 전쟁을 하였으며 이단으로 간주된 자들을 고문하고, 이교도들의 문화를 전체적으로 파괴하고자 했다. 우리가 성인이라고 부르는 사람들은 종종 이교도에 대한 이런 파괴적 행동의 선봉에 섰던 지도자들이었다. 그럼에도 불구하고, 우리의 실제 믿음을 명백하게 밝히는 것이 좋은 신학을 위한 필연적인 출발점이 될 것이다. 그 다음의 과제는 우리의 믿음을 보다 진정으로 기독교적인 믿음으로 바꾸는 것이다.

불행하게도 어떤 기독교인들은 자신들의 신학을 발전시키는 방식은 외부의 권위에 복종하는 것이라고 생각해 왔다. 이처럼 외부의 권위에 복종할 필요가 있다는 두려움이 종종 신학에 대한 정직한 논의를 가로막고 있다. 교회가 이렇게 외부의 권위에 복종하라고 강요하던 시절이 있었다. 그러나 강조해서 말하지만, 이 책은 그런 방식을 지지하지 않는다. 내 자신의 관점에서 보면, 우리들의 믿음이 개선되고 더욱 기독교적인 믿음이 되는 것은 새로운 통찰력과 설득력 있는 논증과 깊은 깨달음을 주는 경험에 의해 우리의 실제 확신들이 변화될 때뿐이다. 이 과정은 한 평생 걸리는 작업이지, 우리가 어떤 기관이나 전문가에게 우리의 정신을 내맡긴다고 해서 곧바로 얻을 수 있는 것이 아니다.

우리는 2장에서 암묵적 믿음을 명시화하는 것은 암묵적 믿음 자체에도 영향을 미친다는 점을 설명하였다. 믿음들 사이의 긴장 관계는 일관성을 추구하려는 인간의 자연스런 성향을 불러일으킨다. 그리고 일관성을 추구하는 성향이 바로 합리성이다. 일관성이 없다는 느낌은 우리를 불편하게 한다. 때로는 우리가 일관성을 찾지 못한 채 그냥 살려고 할 때도 있다. 하지만 이때에는 그 타당한 근거를 생각해 낼 필요가 있다. 예를 들어, 하느님은 우리가 아는 어떤 사물들과도 다른 분이기 때문에 하느님에 대한 우리의 생각이 결코 일관성을 지닐 수는 없을 것이라고 생각한다. 이때 우리는 단지 신비나 역설에 대해 말하면서 만족할 수 있다. 그러나 우리는 대개의 경우 너무 큰 모순에 빠지지 않기를 원한다.

믿음들을 명시적으로 밝힐 때의 첫 번째 단계는 이미 2장에서 설명하였다. 우리가 자신의 믿음에 대해 의식하지 않을 때에는 이성이 작용하지 않지만, 자신의 믿음을 의식하게 되면 곧바로 이성이 개입한다. 이성의 이런 기능은 우리에게 이점이 된다. 왜냐하면 믿음을 의식하려 하면, 그 믿음이 일관성을 갖도록 하는 경향이 있기 때문이다.

그러나 일관성이 있어야 한다는 압력이 우리의 덜 기독교적인 믿음을 더욱 기독교적인 것으로 반드시 변형시키는 보증 수표는 아니다. 때때로 일관성이 있어야 한다는 압력은 더욱 기독교적인 믿음이라고 생각되는 믿음에 대해 우선권을 주기도 하는데, 실제로는 그런 것이 아니다. 예를 들어, 만약 유대교인 친구들을 가진 로이스 맥누트가 그리스도를 믿지 않으면 누구든지 구원을 받지 못한다는 교리가 좀더 기독교적인 믿음이라고 생각하여 수용한다면, 그녀가 친구들과 맺게되는 실제적인 관계는 다른 여러 관점에서 볼 때 기독교적인 것에서 더욱 멀어지는 꼴이 될 수 있기 때문이다.

2. 믿음의 원천들을 확인하라

여기서 우리는 다음 단계로 넘어간다. 우리는 어떤 믿음이 더욱 기독교적인지 혹은 덜 기독교적인지에 대해 어떻게 결정할 수 있을까? 이것은 믿음의 규범, 권위, 혹은 지침과 관련된 문제이다. 이 문제는 그 자체로서 신학적인 것이다. 우리는 먼저 다른 믿음들과는 별도로 그 대답을 전제하고 난 다음에 그 대답에 의해 다른 믿음들을 판단할 수는 없다. 왜냐하면 규범들에 관한 우리의 결정은 다른 모든 믿음들에 대한 성찰 과정 속에서 드러나기 때문이다.

이 때문에 1장과 2장에서는 사람들이 믿는 기독교 교리와 그 규범들에 관한 믿음 사이에는 명확한 구별이 없었다. 가령 하느님에게 여성 이미지가 적용된 언어를 사용하자는 논쟁에서 보듯이, 성서가 얼마나 권위 있는 책인가에 대한 믿음은 하느님 자신에 관한 믿음만큼이나 직접적으로 관련되어 있다. 확실히 그 여성들이 페미니즘 문헌들을 공부할 때, 성서와 하느님 모두에 대한 그들의 생각들이 바뀌었으며, 또한 그런 변화들은 서로 간에 영향도 주고받았다.

그러므로 다음 단계는 객관적인 믿음을 위한 규범을 찾기 위해 우리의 현재 믿음에 등을 돌리는 단계가 아니다. 이 단계는 우리의 현재 믿음을 더욱 자세하게 검토하는 단계로서, 우리의 현재 믿음이 기독교 교리와 규범 모두와 관계가 있음을 인식하는 단계이다. 우리는 실제로 교리와 규범 사이를 구분할 수 없다.

우리의 신학 여정에서 이 단계를 시작하는 최선의 방책은 우리의 믿음의 원천들을 묻는 것이다. 우리는 다시 헨리 스미쓰의 경우를 살펴 볼 수 있을 것이다. 스미쓰는 동성애가 나쁜 것이라는 강한 느낌을 갖고 있다. 스미쓰는 우선 특정한 성경 본문에 근거해서 자신의 논의를 전개했지만, 이혼과 돈에 대한 다른 성경 본문들이 동성애 문제와는 동일한 방식으로 확신을 주지 못한다는 점을 알게 되었을 때, 자신이 동성애를 실제로 반대하는 이유가 '자연스럽지 못함'에 대한 거부에 있었지, 그가 선택한 성경 본문에 있지 않음을 알게 되었다. 스미쓰도 나중에는 이것을 알게 되었다. 그래서 그는 아들 빌과의 대화 말미에서 '동성애는 자연스럽지 못한 일'이라는 그의 강한 느낌에 근거해서 동성애에 대한 자신의 경멸이 과연 기독교적으로 옳은가를 스스로 물을 정도로 개방적인 자세를 취하게 되었다.

스미쓰는 우선 동성애에 대한 자신의 믿음이 어디에서 비롯되었는지를 찾기 위해, 자신이 무엇 때문에 동성애에 대해 그런 느낌을 갖게 되었는지를 찾으려고 노력할 수 있다. 우선적으로 다루어야할 가장 중요한 문제는 동성애에 대한 그의 부정적 느낌이 세계에 대한 그의 자연스럽고 합리적인 관찰로부터 비롯되었는지에 관한 것이다. 만일 그렇다면 그는 자신의 입장을 수정할 필요가 없을 것이다. 왜냐하면 그는 하느님께서 자연계에 부여한 질서를 자신이 직접 파악했다고 생각하기 때문이다.

그러나 스미쓰가 자신을 검토하면, 동성애에 대한 자신의 반감이 주변 사람들의 일반적인 감정과 그 감정의 표현을 반영하고 있다는 점, 즉 문화적으로 조건지워진 감정이라는 점을 깨닫게 될 가능성이 더욱 크다. 그는 동성애에 대한 자신의 반감이 아버지나 주변 친구들의 경멸적 정서의 영향으로부터 비롯되었다고 판단할 수도 있다. 그렇다면, 그는 무엇이 자연스러운 것인지에 대한 자신의 느낌을 하느님의 목적에 대한 직접적 직관으로서 호소하지 않을 것이다.

그러나 스미쓰는 전통적으로 중시되어 온 자연법 이론의 입장에 자신의 입장을 밀접하게 관련시키는 일에 주목한다. 그런데 자연법 이론은 감정에 호소하지 않고 이성에 호소하는 법이다. 스미쓰의 감정의 깊이에 대한 심리학적 설명이 어떠하든지 자연법 이론에 의거해서 이성과 연결되어 있고 그 이성의 지지를 받는 (스미쓰의) 판단은 합리적인 것이 된다. 그래서 동성애는 객관적으로도 자연스럽지 못한 것이 된다.

자연법 이론에 따르면 우리는 성의 유일한 자연적인 역할이 자녀 출산임을 알게된다. 이것은 진화론으로도 일부분 정당성을 얻을 수 있다. 성의 차이는 번식에 성공하려는 자연의 계책들 가운데 하나로써 출현했다는 데에는 의심의 여지가 없다. 적어도 본능이 다른 동물에 비해 약한 인간들이 번식에 성공했다는 사실은 성행위를 하는 사람들의 즐거움 때문에 가능하였다. 이런 의미로 "자연"에서 자녀 출산이 일차적이며 즐거움은 이차적이다. 그런데 일반적으로 자녀 출산은 성행위를 하는 사람들에게는 의식적인 목적이 아니다. 사람들은 종종 즐거움을 먼저 찾는다. 그러나 자녀 출산은 자연의 결과적인 목적이며, 그래서 창조주의 목적이 되고, 성을 통해 누리는 즐거움과 연계된 목적이었다.

자연법 이론에서 비롯된 이런 전통적 논점은 근대 지식의 맥락에서는 의미 있는 것이지만, 이 논점 역시 보수적 이론가들이 수긍하는 것 이상으로 제한시킬 필요가 있다. 즉 이런 진화 과정이 자녀 출산만을 선택한 것은 아니었다. 진화 과정은 안정된 사회적 관계도 선택했으며, 그 사회적 관계란 인간의 경우 인간적 유대감을 뜻했다. 월경주기와 성적 즐거움이 분리됨으로써 번식을 증진시킨 것이 아니라 유대감을 증진시켰다. 즉 성적 즐거움은 상호간의 사랑을 위한 것이라고 말할 수 있다. 따라서 우리는 사랑이 없는 성행위 역시 자연스럽지 않다고 논증할 수 있다. 성적 즐거움 그 자체를 목적으로 삼는 것도 다른 의미에서, 보다 일반적 의미에서, 분명히 자연스러운 것이기 때문에, 이것은 "자연스러움"의 특별한 경우로 인식되어야 한다.

성적 즐거움에 의해 촉진되며 사회적 안정에도 이바지하는 유대감은 일차적으로 이성애의 경우였다. 따라서, 자연법 이론의 정당성에 대한 이런 긴 설명조차도 성적 즐거움이라는 엄연한 특권이 이성애의 형태에서만 가능했으리라는 주장에 대해 직접적으로 이의를 제기하지 않는다. 그래서 자연법 이론을 성찰할 때, 스미쓰는 동성애를 '자연스럽지 못한' 것이라고 주장하는 자기의 믿음이 반박 당한다고 생각하지 못할 것이다. 자연법 이론에 근거하여 동성애를 거부하는 자신의 주장을 검증하기 위해서는 자연법 이론에 근거한 다른 결론들도 동등하고 일관되게 수용할 준비가 되어 있는가에 달렸다. 수음(手淫)의 경우를 검토하면 좋을 것이다.

오랫동안 교회는 수음이 동성애와 동일한 의미에서 '자연스럽지 못한' 일이라는 이유 때문에 그것을 잘못된 행위로 가르쳐 왔다. 분명히 수음은 자녀를 낳을 수 있는 것도 아니고 공동체의 생존 능력을 증진하는 유대감에 공헌하는 것도 아니다. 수음에 반대하는 이유가 동성애처럼 자연법 이론과 관계된다면 동성애를 반대하는 이유와 똑같다. 만일 동성애에 대한 스미쓰의 거부가 그것이 '자연스러움'이냐

'자연스럽지 못함'이냐 하는 견해에 실제로 기초해 있다면 그는 수음도 동성애와 똑같이 판단해야 한다.

우리는 스미쓰가 청년 시절에 수음을 했는데 부작용은 없었다고 상상해 보자. 그는 당시에 죄의식을 느끼지 않았으며 현재도 그렇다. 그 행위는 과거나 현재 스미쓰에게 아주 자연스러운 것이었다. 그는 자녀들에게 수음을 하지 말도록 가르칠 의도는 없다. 그가 읽은 모든 자료들을 통해 보면 그런 가르침이 수음을 중단시킬 수 없다는 점을 그가 알고 있기 때문이다. 그것은 나쁜 죄의식에만 사로잡히게 할 따름이다.

이처럼 스미쓰가 동성애에 대한 자신의 판단, 즉 동성애를 거부하는 것에 대한 합리적 근거를 찾아보려 할 때, 결국에는 그 자신의 판단에는 자신의 감정이 깊게 개입되어 있다는 점을 깨닫게 만든다. 즉 그의 판단은 '자연스럽지 못함'에 대한 객관적 판단에서 일어난 것이 아니었다. 수음은 찬성하고 동성애는 반대하는 스미쓰의 판단은 과거에 그에게 가장 영향력을 미친 공동체 속에서 이 두 현상에 대한 서로 다른 판단들에서 유래하였던 것이다. 따라서 스미쓰는 자신의 판단들이 문화적으로 조건지어진 것들이라는 사실을 수용한다.

그럼에도 불구하고 스미쓰가 자신의 감정과 판단을 과거의 공동체들에서 이끌어냈다는 사실이 곧장 그의 감정이 잘못이라는 뜻은 아니다. 우리가 문제를 양자택일 방식으로 풀어간다면 기독교의 영향력을 말해주는 모든 요소가 우리에게서 사라지고 말 것이다! 따라서 대부분의 믿음을 검토하면 그 믿음들이 문화적으로 조건지어진 것들임을 보여준다. 문제는 믿음이 조건지어진 것이라는 데에 있지 않다. 문제는 그 믿음이 무엇에 의해 조건지어진 것인가 하는 것이다. 왜 다른 사람들은 이런 생각과 태도를 만들어내고 우리에게 전해주는가?

그러므로 문제는 스미쓰의 아버지와 친구들이 왜 그런 태도들을 갖게 되었는가 하는 것이다. 그런데 그들도 역시 자신들의 감정을 특별히 성찰하지는 않았을 것이기 때문에, 위의 질문은 한 발 더 나아가, 이런 문화적 태도는 일반적으로 어디에서 유래했는가 하고 묻게 된다.

3. 성서의 권위

스미쓰는 동성애에 대한 자신의 강한 반감이 기독교 전통에 몰입한 때문이라고 합리적으로 생각할 것이다. 만일 스미쓰의 관심이 자기의 믿음이 얼마나 기독교적인 것인지를 결정하는 데 있었다면, 동성애에 대한 그의 반감은 분명히 그의 믿음이 기독교적인 것임을 부정하지 않는다. 한편, 기독교 전통의 대부분에 걸쳐 어느 특정한 믿음이 우세하다고 해서 그 믿음이 항상 옳은 것은 아니다. 만일 그 믿음이 자연법 이론에서 유래한 것이기 때문에 기독교 전통에서 우세한 믿음이 되었다면, 또한 만일 자연법 이론이 동성애에 대한 전적인 정죄를 위한 타당한 근거처럼 보이지 않는다면, 그의 믿음이 기독교적인 것이라는 주장은 강력하게 주장할 수 있는 것이 아니다.

그러나 스미쓰는 동성애에 반대하는 기독교 전통의 가장 심오한 근거로서 자연법 이론보다는 성서에 대한 충성심을 선택할 수도 있다. 모든 기독교인에게 성서에 대한 충성심이야말로 기독교 전통을 계속 따르는 이유로 간주되어야 한다. 그러나 기독교 전통을 통해 후대로 충실히 전달된 동성애에 대한 성서적 반대가 비록 현재 감정의 가장 심오한 근거가 되고 있다고 해도, 문제가 해결되는 것은 아니다. 즉 기독교인들이 역사적으로 계속해서 동성애에 반대해 왔다고 해도, 그런 과거의 반대입장을 여전히 현재에도 계속해야 하는 것인지 하는 문제는 여전히 남기 때문이다.

여기서 문제가 되는 것은 기독교인과 성서의 관계이다. 아들과의 대화 속에서(2장 6절 참조), 스미쓰는 비록 성서 본문에 입각해서 동성애를 반대했음에도 불구하고, 자신이 반대하는 근거가 성서의 절대적인 권위에 있었던 것은 아니었다. 그는 자신의 반대의 근거를 성서주의로부터 '자연스럽지 못함'이라는 판단으로 옮아갔다. 이제 그는 자기 감정이 어디에서 비롯된 것인지에 대한 분석을 통해, 다시 성서로 돌아갔다. 그는 성서가 동성애에 대한 자신의 결론을 내릴 수 있는 권위를 갖고 있는지 물어야만 한다. 달리 말해, 만일 성서가 그가 서있는 전통의 원천이라면, 즉 성서가 기독교 역사를 통해 줄곧 기독교 전통의 일관된 원천이었다면, 그것으로 충분하지 않은가 하는 것이다.

이 질문에 대해 우리들이 내릴 수 있는 답은 '아니오'(No)이다. 우리가 동성애에 반대하는 믿음을 명시적으로 공언하는 것과 상관없이 말이다. 우리가 어떤 문제에 관해서는 성서와 전통의 명시적 가르침에 속박되지 않는 것으로 생각한다. 예컨대, 이혼에 대해 예수가 분명히 금지시키고, 기독교 전통 역시 한결같이 이혼을 반대했지만, 오늘날 대다수 개신교 교인들은 이혼이 어떤 특수한 상황에서는 가장 기독교적인 대안이라고 생각한다. 이것은 성서 이외의 또 다른 권위의 원천이 우리에게 있음을 의미하는가, 아니면 우리의 취향대로 자유롭게 선택할 수 있는 권한이 우리에게 주어져 있음을 의미하는가?

이것은 오해를 불러일으킬 수 있다. 기독교인들은 성서와 기독교 전통이 그렇게 하도록 적극적인 이유를 제시하지 않는 한, 성서와 기독교 전통을 거부할 자유가 없다. 하지만 대다수의 기독교인들은 어떤 점에서 그러한 이유들을 발견할 수 있다고 믿는다.

가장 명백한 경우를 성서와 기독교 전통이 자연과학들과 갖는 관계에서 찾아볼 수 있다. 오랜 세월동안 어떤 기독교인들은 성서에서 과학을 이끌어내려고 노력해왔다. 그러나 다른 사람들은 그리스인들에게서 물려받은 지식에 의존하여 왔다. 이 두 가지 원천들 사이의 긴장에 주목했던 사람들은 별로 없었다. 그러나 이렇듯 거의 인식되지 않는 두 원천들 사이의 타협이 현대 천문학이나 여러 과학들에 직면해서는 더 이상 유지될 수 없다. 천문학의 어떤 점이 성서와 기독교 전통과 일치한다고 해서 성서와 자연과학이 일치한다고 말하는 기독교인들은 오늘날 거의 없다. 오늘날 기독교인들은 적어도 어느 정도까지는, 실제로 2장에서 언급한 바 있는 사업가 로저 슈월츠를 따르고 있는 셈이다. 그는 성서의 권위를 어떤 특정한 분야에만 한정하고, 다른 분야들에서는 현대적 권위들을 따르고 있었다.

이처럼 거의 모든 기독교인들이 한편으로는 성서와 기독교 전통을 따르고, 다른 한편으로는 현대의 권위를 별도로 요구하는 것이 단순히 불가피한 타협인가? 어떤 사람들은 그렇다고 본다. 그러나 기독교 전통 자체 내에서 이 둘 사이의 관계는 보다 적극적으로 작용해 왔다.

성서 연구자들은 성서의 저자들이 현대과학을 알지 못한 채 품었던 생각들은 결코 논의의 주제가 되지 못했다고 지적한다. 우리가 성서 저자들의 메시지를 수용하면서 그들의 세계관도 반드시 수용할 필요가 있는 것은 아니다. 현대인이 성서 언어를 다시 표현해야 할 것이지만, 그 핵심을 알아들을 수 있는 현대적 언어로 표현할 수 있다. 성서의 "메시지"를 수용하고 그 권위를 인정하는 것은 현대 물리학이나 천문학에 의존해 있는 것이 아니다.

이런 구분은 성서가 선포하는 도덕적이고 종교적인 영역으로부터 성서가 선포하지 않는 과학들의 영역을 구별하는 것을 뒷받침한다. 그러나 이처럼 성서연구에 입각하여 기독교 전통 내에서 각각의 영역을 구분하는 것은 많은 문제들을 미해결의 상태로 남겨놓는다.

가장 중요한 문제들은 사회과학을 둘러싸고 나타난다. 이 문제들은 바로 이윤추구를 비판했던 설교에 격분한 슈월츠의 이야기(2장 3절 참조)를 통해 제기되었다. 신·구약 성서 전체에 흩어져 있는 부자들에 대한 비판은 다른 성서적 핵심 메시지들을 위한 단순한 들러리 역할을 하는 것이 아니다. 그래서 성서의 메시지에서 나타난 부자들에 대한 비판의 중요성이, 현대 천문학에 대한 성서의 입장처럼 축소될 수는 없다. 즉 돈에 대한 애착을 비판하는 것은 가장 자주 반복되는 성서적 핵심 내용들 가운데 하나이다. 성서에서 돈에 대한 문제는 성(性)에 대한 가르침보다 훨씬 더 중심적인 위치를 차지하고 있다. 그런데 경제적 이기심에 대한 성서적 비판 자체가 슈월츠의 주장처럼 포기되어야 한다면, 그것은 다른 근거에 입각할 수밖에 없다.

그 다른 근거는 슈월츠에 의해 명료하게 표현되었다. 즉 현대의 학자들은 성서 저자들이 알지 못했던 다양한 사회적 기능들에 관해 많은 것을 알게 되었다는 점이다. 다양한 사회적 기능들은 성서에서 명백히 표현된 진술들보다, 도덕적으로 사업하는 방식에 대해 매우 다른 함의를 갖는다. 왜냐하면 성서에서 명백히 표현된 진술들은 현대적 상황을 알지 못한 채 표현되었기 때문이다. 사회적 기능들에 대해서는 성서 저자들보다 현대인인 우리들이 더욱 상세히 알고 있기 때문에 우리는 고대의 성서 진술을 그대로 반복할 수는 없다는 주장이다.

성서의 본래 의도에 대한 연구가 자연 세계에 대한 새로운 지식을 포괄할 수 있는 반면, 우리가 슈월츠 식의 신학을 수용하는 것은 한편으로는 성서와 기독교 전통의 권위, 다른 편으로는 현대 지식의 권위 사이에 타협할 것을 요구하는 것 같다. 실제로 매우 중요한 어떤 문제에 대해서는 전자보다 후자를 우선시할 필요가 있는 것 같다.

실제로 대부분의 경우에 옳든 그르든 교회는 그런 타협을 해 왔으며, 물리학뿐 아니라 사회과학의 권위에 양보해 왔다. 그러나 그 이유는 잘 설명되지 못했다. 우리는 이 문제를 4장 2절에서 다시 거론하고, 7장에서는 기독교인들이 현대의 사상적 권위와 맺는 적절한 관계성의 다른 측면들을 논의할 것이다.

동성애 문제는 약간 다르긴 하지만 성서의 권위에 관해 이와 유사한 문제를 제기하고 있다. 동성애 문제는 부의 추구 문제와는 달리 성서에서 무관심하게 표현되고 있다. 예를 들어, 우리는 신약성서의 죄 목록들 가운데 동성애 행태의 구체적인 형태를 언급하는 그리스어 단어들, 혹은 그 폭넓은 의미 가운데 그런 특수한 동성애 형태를 포함하는 단어들을 찾아볼 수 있다. 동성애의 행태에 대해 가장 특별히 주목하는 성서의 구절(롬 1:26-27)조차도 도덕적 권면을 위해 쓰여진 것이 아니라, 하느님에 대한 인간들의 끔찍한 반역의 결과들을 제시하기 위해 쓰여졌다. 거듭 말하자면, 특정한 동성애 행태는 죄의 결과들의 절정을 지적하는 방식으로 거론되고 있다. 바울은 동성애에 대해 확실히 반감은 가졌지만, 신자들 가운데 이성(異性)에게 전혀 매력을 느끼지 못하는 사람들의 동성애를 거부해야 하는지의 문제는 여전히 남는다. 바울은 신자들의 동성애 관계를 염두에 둔 것은 아니었다.

성(性)에 대한 가르침은 성서의 핵심 가르침에 비해 부차적인 문제이기 때문에 과학이 출현하기 이전의 성서적 우주론과 비슷한 방식으로 취급할 수 있다. 그리고 동성애 행태를 언급하는 신약성서의 각 구절에 대해, 우리는 이 구절이 말하고 있는 핵심이 과연 무엇인지 물을 수 있다. 즉 우리는 그 핵심들이 이성애든 동성애든 정죄하는 것은 주로 성도착증자들이라는 점을 분명히 지적할 수 있다.

그러나 성서의 증언을 이런 방식으로 다루는 것이 가능하다고 해서 동성애 자체를 추천하는 것은 아니다. 만일 교회가 동성애는 항상 옳지 않다는 점을 올바로 논증한다면, 바울과 같이 동성애의 특정한 형태에 대한 부정적 태도를 강조하는 것도 옳다.

기독교인들이 어떤 길을 택할지를 어떻게 결정할 수 있을까? 우리들 대다수는 심리학이나 사회과학으로부터 동성애에 관해 도출해 낼 수 있는 사실에 입각한 정보를 얻기를 원한다. 즉 바울이 동성애에 대한 자신의 혐오나 불편한 심기를 직접 표현했을 때 그는 자연적인 이성애적 관계를 "포기한" 남자들이나 여자들을 언급했던 것이다. 물론 이것은 있을 수 있는 일이다. 즉 정상적으로 이성에게 끌리는 남자들이나 여자들은 동성애를 위해 이성애를 포기할 수 있기 때문이다.

어떤 사람들은 모든 동성애가 이런 종류라고 믿고 있다. 그들은 동성애자들이 동성애를 하는 것뿐만 아니라 동성애적인 성향을 선택한 것에 대해서도 책임을 져야 한다고 믿는다. 그러나 실제로 이런 주장은 동성애와 이성애가 모두 가능한 양성애자(兩性愛者)들에게 해당하는 말이다. 그리고 이 사람들은 양성애자들이 동성애를 위해 이성애나 이성과의 혼인 가능성을 포기하는 것은 잘못이라고 판단한다.

이 책은 양성애자의 적절한 윤리를 논의할 자리가 아니다. 사실에 입각한 문제란 이렇듯 동성애를 양성애의 관점에서 묘사하는 것이 과연 옳은가 하는 점이다. 확실히 그것은 옳지 않다. 그럼에도 불구하고, 동성애가 유전적으로 결정되는 것인지, 혹은 어릴 때의 관계에 의해 형성된 것인지는 아직 확실치 않다. 그러나 동성애자들이 자신들의 성적인 욕구를 자유롭게 선택할 수 있다고 하는 전제는 더 이상 가능한 것이 아니다. 어떤 아이들은 청소년기가 되어서 자신들이 동성애자라는 사실을 알게 된다. 이들은 많은 고통이 따를 수밖에 없는 이런 삶의 조건을 스스로 선택할 수 있는 것이 아니다. 이들은 자연스러운 관계를 "포기한" 것이 아니다. 이들이 이성애자들이 "자연스러운" 관계라고 간주하는 관계를 맺는 것은 실제로 매우 '자연스럽지 못한' 일이다.

만일 스미쓰가 이런 생각까지 하였다면, 그는 자신의 주장이 궁지에 몰리게 되었다는 점을 알았을 것이다. 정확히 이 점에서 스미쓰는 기독교인들이 최종 결정에 도달할 때 당면하는 가장 어려운 문제에 봉착하게 된다. 문제는 성서의 권위이다. 우리는 성서가 도덕성의 영역에서는 권위가 있다는 데에 동의한다. 그러나 우리는 그 권위가 절대적 권위가 아니라는 점에도 동의한다. 하느님과 동료 피조물들을 함께 사랑해야 할 우리의 폭넓은 소명은 성서에서 지엽적으로 혹은 강조해서 다룬 판단과는 매우 다른 도덕적 판단을 내릴 수 있게 한다.

보수 교단들이 혼인 생활 중에 이따금 야기될 수 있는 고통에 대한 동정심에서 어쩔 수 없이 이혼을 허락하는 것은 성서의 가르침에 대한 중요한 변화를 보여주는 가장 두드러진 경우이다. 즉 교회는 이혼에 대한 성서의 명백한 결론들과는 다른 상론(詳論)을 만들기 위해 일반적인 도덕 원리를 이용한 것이다. 사회적 상황들이 많이 변화하였고 이혼을 전적으로 금지시켰던 이유들도 이제는 더 이상 현대인들에게 적용될 수 없다고 교회는 믿게 된 것이다. 이것이 기독교인들이 성서의 권위에 대해 책임적으로 관계를 맺는 방식이다.

이처럼 이혼 문제에 적용한 것을 동성애에도 적용할 수 있는가? 그것은 하나의 가능성이다. 그러나 이 양자 사이의 비교에도 문제는 제기될 수 있다. 즉 이혼은 이상(ideal)이 좌절되었을 때의 불가피한 적응으로서 어쩔 수 없이 받아들여지는 반면, 동성애는 이성간의 혼인이라는 이상을 적용할 수 없다는 점이다. 그런데 예수의 많은 가르침들은 이상적인 기준에 미치지 못하는 실패한 사람들과 함께 아파하는 것을 지지한다. 그래서 이혼은 정당화될 수 있다. 그러나 동성애 문제처럼 이상적인 기준을 바꿀 근거를 찾는 일은 더욱 어렵다. 그래서 동성간의 결합을 지지할 수 없다고 결론지을 수도 있다.

물론 동성애를 지지하는 논증은 계속된다. 즉 이성간의 혼인이 참으로 근본적이고 이상적인 기준이 아니라고 대답할 수 있다. 이 문제에서 이상적 기준에 대한 언급은 거의 어디에서도 찾아볼 수 없다. 참으로 근본적인 기준은 '사랑'이다. 동성애자들에 대한 교회의 사랑은 그들 서로간의 신실한 사랑을 격려해야지, 그들을 처벌의 대상으로 삼아서는 안 된다.

아마도 사람들은 성서의 모든 내용이 정확하게 똑같은 무게를 지닌 것은 아니라는 점에 동의할 것이다. 즉 성서의 어떤 내용들은 다른 핵심적인 메시지에 비해 사소한 것으로 간주될 수 있을 것이며,

또 다른 내용들은 보다 기본적인 성서적 가르침의 빛에서 재해석될 수 있을 것이다. 어느 정도까지 그렇게 할 수 있는가? 우리 기독교인들은 성서의 보다 기본적인 가르침이 무엇인지를 어떻게 결정할 수 있는가?

4. 기존의 믿음을 검토하라

나는 여러분의 신학을 검토하고 증진시키는 반성적 작업을 위해 하나의 사례를 제시했다. 이것이 하나의 사례에 불과할지 모르지만, 믿음의 원천을 검토하는 이런 과정은 온갖 종류의 문제들과 관계될 수밖에 없으며, 그 문제들에 대한 우리의 판단들도 역시 신학을 검토하고 증진시키는 반성적 작업에 따라 달라진다는 점을 보여주었다. 또한 이 사례는 구체적인 질문과 씨름하는 것이 성서의 권위 문제와 얼마나 밀접하게 관련되어 있는지도 보여주었다. 즉 구체적인 믿음의 문제와는 별도로 성서와 전통의 권위를 전제하고 난 다음, 그 전제를 구체적인 믿음의 문제에 적용하는 것은 설득력이 없다. 즉 특정한 문제들에 대한 각각의 논쟁은 서로 다른 방식으로 성서의 권위 문제를 제기한다. 실제로 한 주제를 반성하는 과정은 시대에 따라 서로 다른 방식으로 이런 질문들을 제기해왔다. 그럼에도 불구하고, 이 책에서 추천하는 일반적인 접근방식은 이제 다음과 같이 정리된다.

첫째로, 우리 기독교인들은 이미 신학자인 우리 자신들이 되기 위해 자신의 현재 상황에서만 시작할 수 있다. 둘째로, 우리는 우리의 실제 믿음을 인식함으로써, 이 믿음들 사이의 상호관계도 이해하게 된다. 셋째로, 우리는 우리의 실제 믿음들이 기독교적인 믿음이라는 것을 정당화시키는 작업을 해야 한다. 넷째로, 우리는 그 정당성을 주장하기 위해 우리가 제시한 이유들이 정말로 우리의 판단의 진정한 이유인지, 아니면 다른 이유들 때문에 그렇게 판단하는지를 검토해야 한다. 이런 과정을 통해, 우리는 일관된 원칙을 고수하려는 우리의 의지에 맞서서, 우리가 주장하는 원칙들을 검토하게 된다.

이런 네 단계를 우리는 1장과 2장에서 다루었다. 이 단계들은 기독교인들이 진지하게 믿고 있는 몇 가지 믿음들을 명확하게 보여 주었다. 그러나 이런 믿음들이 진정한 의미에서 기독교적인 믿음이라고 보장하지는 못한다. 그렇다면, 이것은 어떻게 검토할 수 있는가?

이 검토의 첫 단계는, 우리의 연속적 단계에서는 다섯 번째 과정으로서, 우리의 판단들과 전제들 밑에 도사리고 있는 실제적인 원천이 무엇인지를 묻는 것이다. 이 물음에 대한 사실적이며 정직한 대답은 그 믿음들이 일반적으로 과거 공동체로부터, 즉 부모들, 학교, 교회, 신문, 혹은 친구들로부터 비롯된 믿음이라는 대답이다.

예를 들어, 경제적 세계에서 사람들은 가능한 한 최대의 이윤을 추구해야 한다고 믿는 로저 슈월츠는 경제학에 대한 자신의 연구나 다른 사람들의 연구로부터 그런 생각을 배웠다. 즉 그 믿음의 원천은 분명하다. 또한 교회는 도덕과 종교의 분야에서만 가르칠 권위를 갖고 있다는 믿음은 여기저기서 배웠을 것이다. 그러나 그 믿음은 직·간접적으로 교회로부터도 배웠을 것이다. 또한 그가 그런 여러 믿음들을 함께 엮은 방식은 친구들로부터 배웠거나, 아니면 그 자신의 독창적인 생각이었을 것이다. 지금까지의 분석은 크게 어렵지 않았다.

여섯째 단계는 그 믿음의 원천이 정말로 기독교적인 것인지를 묻는 단계이다. 이 경우, 교회에서 비롯된 생각은 검증을 그냥 통과한다. 문제는 경제학에 있다. 현대 경제학은 기독교적 원천을 갖는가? 이것은 분명히 기독교 국가, 특히 칼빈주의적인 국가인 스코틀랜드에서 비롯되었으며, 원죄를 매우 강조함으로써 인간의 선함을 의심하던 인간 이해에서 비롯되었다.

어떤 생각이 기독교적 원천에서 비롯되었다는 사실은 이 단계에서 유리하지만, 그러나 그것이 실제로 기독교적인 생각이라는 점을 보장하지는 않는다. 마찬가지로 어떤 생각이 기독교의 외부로부터 비롯되었다는 사실은 기독교인들에게 그 권위가 다소 떨어지지만, 그럼에도 불구하고 우리 기독교인들이 그 생각을 반드시 받아들여야만 하는 것일 수도 있다. 따라서 다음의 일곱 번째 질문은 보다 근본적인 것으로서 더욱 어렵다. 즉 그 생각들 자체는 기독교적인 것인가? 오늘날 기독교인들이 지녀야만 하는 생각들인가?

기독교가 경제학에 미친 영향력을 비록 전혀 찾을 수 없다 하더라도 우리는 현대 경제 이론과 그 윤리적 함의를 받아들일 수밖에 없을지 모른다. 만일 경제 이론이 이미 진리로서 입증된 체계라면, 이것을 받아들일 훌륭한 기독교적 근거가 있어야 한다. 왜냐하면 그것이 진리가 될 수 있는 근거가 있어야만 기독교인들이 경제 이론에 헌신할 수 있기 때문이다. 또한 그 진정한 이론으로부터 경제 윤리에 대한 가르침이 따라온다면, 우리는 그 이론을 반드시 받아들여야 한다. 그러나 만일 경제 이론이 성서적 교훈에 배치(背馳)된다면, 우리는 기독교인으로서 그 이론을 버릴 수밖에 없다.

무엇이 기독교적인지를 가늠하려는 이 마지막 질문에 대한 대답을 이끌어내는 과정에는 원칙들이 없다. 이 물음 이전의 검토 단계들은 상당히 객관적으로 추적할 수 있었다. 위에서 자세하게 설명한 헨리 스미쓰의 사례는 이런 검토 과정을 보여준다.

예를 들어, 자연법 이론에 근거하여 어떤 주장을 할 때, 당신은 그 이론이 스미쓰의 입장을 사실상 지지하는지를 확인하기 위해 자연법 이론을 명확히 정의할 필요가 있다. 만일 자연법 이론이 스미쓰의 입장을 지지한다면, 그 다음에 검토할 문제는 자연법 이론이 당신의 실제적인 헌신을 불러일으킬 수 있는 규범인지를 검토하는 것이다. 이 단계에서는 그 규범으로부터 다른 어떤 결론들이 나올 수 있는지도 결정해야 할 필요가 있다. 만일 당신이 그 규범에서 비롯된 다른 결론들 가운데 어떤 것들은 당신의 생각과 상반된다는 점을 알게 되었다면, 당신은 더욱 어려운 문제에 봉착하게 된다. 즉 당신의 입장에는 전에 생각지 못했던 새로운 함의가 포함되어 있다는 사실을 알게 되었다면, 당신은 그 새로운 함의를 그 이론으로부터 도출하는가? 다시 말해, 당신은 당신 자신의 논증을 통해 당신의 입장을 실제로 확신하는가, 아니면 당신이 다른 이유들 때문에 내린 결론을 합리화하는 것인가?

스미쓰의 경우는 후자 쪽인 것으로 판명되었다. 따라서 스미쓰는 처음부터 다시 시작해야만 했다. 즉 동성애 문제에 대해 처음에 그가 매우 강력하게 주장했던 입장을 고수하기 위해 다른 방식으로 정당화하고 있는지를 검토할 필요가 있었다. 그런 후에 그는 동성애에 반대하는 자신의 강력한 반감의 진짜 원천을 찾게 되었다. 이제 그는 동성애에 반대하는 자신의 감정들이 특히 그의 아버지와 친구들의 태도를 통해 자기에게 전달된 전통이었음을 깨닫게 되었다. 이 전통은 부분적으로 그가 거부했던 자연법 이론에 의해 형성된 것이 사실이지만,

그에게 이 전통의 근원은 성서에 있는 것처럼 생각되었다. 따라서 그 원천은 기독교적인 것이었다. 하지만 그 판단 자체도 기독교적이었는가? 이 물음은 최종적으로 물어야할 물음이며, 헨리 스미쓰가 아직까지 확실한 답을 찾지 못한 물음이다.

일곱 번째 단계, 즉 이 물음에 대답하는 단계는 모든 사안들을 포함하고 있지만, 이 단계의 어떤 측면은 특별히 중요해서 주의해야만 한다. 나는 편의상 이 단계를 여덟 번째 단계라고 부르겠다. 다른 모든 단계들은 불가피하게 성서로 되돌아간다. 비록 스미쓰가 자신의 기본적인 확신이 자연법 이론의 진리성에 기인해 있다고 최종적으로 주장한다 해도, 그는 자연법 이론의 권위를 받아들인 것이 기독교적이었는지를 물어야만 했다. 즉 자연법 이론이 성서적으로 정당화되는 것인지를 물어야만 했다. 결국 성서적 정당성은 항상 필요한 것이다.

당신의 신학을 하라

1. 2장 마지막의 물음들에 대해 대답하면서 당신이 찾았던 판단으로 되돌아가라. 당신이 강하게 느끼는 판단을 골라라. 당신의 판단을 정당화시킨 당신 자신의 방식을 다시 검토해 보라. 당신은 자신의 정당화에 만족하는가? 설명해 보라.
2. 당신이 정당화시킨 방식을 이번 장의 4절에서 설명한 단계들과 관련해서 검토하라. 2장 마지막의 물음들에 대한 대답들은 처음 네 단계들을 다루었다. 이제 당신의 입장을 정당화하는 방식을 더욱 확고하게 다듬을 시간이다. 당신 자신의 도덕적 판단이나,

당신의 정당화에서 중요한 전제를 택하여 다음의 물음들을 검토하라.

a. 당신의 믿음은 어디서 유래한 것인가?
b. 당신의 믿음의 원천은 기독교적인가?
c. 당신의 믿음의 원천은 성서와 어떤 관계를 갖는가?
d. 당신이 성서의 권위에 호소하는 것은 그 권위를 적용할 수 있을 때에는 항상 활용하는 방식인가, 아니면 선택적으로 사용하는 방식인가?
e. 만일 당신이 성서의 권위를 선택적으로 사용한다면, 당신은 그런 방식에 정당성을 부여할 수 있는가?
f. 당신의 방식이 선택적인 방식이 아니라면, 성서의 권위에 대한 당신의 입장을 재정리하여 일관되게 사용할 수 있는가?

◇ 4 장 ◇

성서의 권위

1. 도입

우리는 3장에서 성서의 권위를 강조했다. 성서의 권위와 같은 일반적인 질문에는 기독교인들 사이에 거의 이견이 있을 수 없을 것이다. 그러나 3장에서 언급된 내용은 성서의 권위 문제가 간단한 것이 아님을 명확하게 보여주었다. 우리는 성서가 갖는 권위가 어떤 종류의 권위인지를 직접적으로 배우기 위해 성서로 곧장 갈 수는 없다. 즉 성서의 권위에 대한 정보를 얻기 위해 직접 성서의 권위에 다시 호소할 수는 없다는 말이다. 성서의 권위가 다른 권위의 형태들을 대신할 수 없기 때문이다. 그럼에도 불구하고, 우리는 모든 사례들에서 어떤 입장이 기독교적인 것인지를 확인하는 문제는 그 입장을 성서적으로 정당화시킬 수 있는가 하는 문제이다.

예를 들어, 만일 슈월츠가 경제적 윤리 규범을 받아들이는 것이 기독교인에게 올바른 입장이라고 주장한다면, 그는 최종적으로 성서가 간접적으로 어떻게 그의 입장을 정당화하는지를 제시해야만 한다. 만일 누군가 동성애 행위의 어떤 형태들은 긍정적으로 수용될 수 있다는 점을 입증하려면, 그도 역시 그에 대해 성서적 근거를 제공해야만 한다. 1장에서 여성신학자들은 성서 언어와 그 이미지들, 심지어 예언자들의 가르침에 대해서조차, 예언자적 비판 정신으로 읽어야 할 정당성을 보여줄 필요가 있었다. 우리가 신학적 사고를 할 때에는 아무리 먼길을 돌아가야 할지라도, 성서가 어떤 방식으로 권위를 갖고 있는지 하는 문제를 피할 수 없다. 그러나 우리가 구체적인 문제들과 씨름하지 않는다면, 그리고 각각의 단계에서 우리가 하는 말들을 우리의 실제 믿음과 관련시켜 검토하지 않는다면, 우리는 성서의 권위 문제에 대해 대답할 수 없다.

대부분의 사례들에서, 성서의 권위 문제 가운데 가장 중요한 부분은 성서와 성서 이외의 재료들 사이의 관계이다. 거의 모든 사람들은 우리가 성서 이외의 다른 자료를 활용하는 것을 성서가 적어도 허용하고 있음을 인정한다. 그 이상을 인정하는가? 성서는 성서 이외의 다른 자료들에서도 진리가 발견될 가능성이 있다는 점을 인정하는가? 성서는 성서 이외의 다른 자료들이 성서의 부족한 부분을 보충할 수 있다는 점을 인정하는가, 아니면 그 다른 자료들을 통해 성서를 교정할 수 있으며, 심지어 대체할 수 있는가? 이것은 믿음에 관한 모든 주제들을 다룰 때에 적용할 수 있는 것인가, 아니면 몇몇 한정된 주제들에만 적용할 수 있는 것인가? 만일 성서 이외의 다른 자료들의 권위에 한계가 있다면, 우리는 그 한계들을 어떤 방식으로 결정할 수 있는가? 만일 한계들이 존재하지 않는다면, 성서의 권위를 말한다는 것은 어떤 의미를 갖는가?

2. 성서의 권위와 세속적 권위

성서의 권위를 포기하는 것은 기독교의 정체성을 포기하는 것이거나, 혹은 적어도 기독교의 포괄적 정체성을 포기하는 것이다. 로저 슈월츠의 경우를 통해 이 사실을 명백하게 밝힐 수 있다. 그의 입장은 두 가지 방식으로 해석할 수 있다.

하나는 그가 자신이 기독교의 중요한 윤리적 가르침에 배치될 때조차도 경제학과 경제 윤리의 진리를 기독교인으로서 받아들인다고 믿는 경우이다. 그렇게 믿기 위해서는 그가 성서의 어떤 가르침은 과학 지식을 받아들이고 그 지식으로부터 일관된 결론들을 추론할 필요성을 지적하고 있다는 점을 믿어야만 한다. 이런 방식으로 그는 기독교의 통합적 정체성을 유지할 수 있으며, 어떤 목적을 위해서는 성서를 직접적으로 활용하면서, 여타의 다른 목적을 위해서는 매우 자율적인 자료들을 끌어오는 것에 대한 성서적 정당성을 부여할 경우, 간접적으로 성서를 활용할 수 있다.

그러나 그의 입장은 이것과 매우 다를 수도 있다. 즉 성서가 무엇을 주장하든지 간에, 그는 현대인으로서 경제학의 주제들에 관한 성서의 가르침을 교정하고 대체해야만 한다고 믿을 수도 있다. 그는 자신의 입장을 기독교와 경제학의 종합으로 여길 뿐, 경제적 지식에 의해 변형된 기독교적 입장으로는 여기지 않을 것이다. 이 경우에 그는 기독교의 통합적 정체성을 포기한 것이며, 더 이상 신학적 성찰에 참여하지 않는 것이다. 그의 정체성은 자신의 목적을 위해 기독교의 허울만을 취하는 현대인의 정체성이다. 그의 목적들은 기독교 외부의 입장을 통해 결정된다.

위의 두 번째 방식에서 보듯이, 만일 우리가 우리의 믿음을 기독교와 다른 어떤 분야 사이의 타협으로 받아들이지 않는다면, 교회나 교회 구성원인 우리들을 위해 훨씬 더 건강할 것이다. 만일 우리가 다른 믿음들, 심지어 성서의 가르침의 어떤 측면과 반대되는 믿음들을 통합시키는 것 자체를 기독교적 행동으로 이해한다면, 더욱 좋을 것이다. 따라서 이 두 가지 선택들 가운데 교회는 전자를 지지해야 한다.

이 점은 특히 중요하다. 오늘날 기독교의 대다수의 교회들에서 목격되고 있는 가장 큰 취약점들 가운데 하나는 대다수의 교회 구성원들이 기독교의 정체성을 매우 중요한 것으로 여기지 않고 있거나, 혹은 모든 것을 포괄하는 것으로 이해하지 않는다는 사실이다. 사업가 슈월츠는 자신을 기독교인이며 또한 재계의 헌신적인 사업가라고 생각할 것이며, 이런 두 가지 정체성을 동등한 차원에 올려놓고 있을지 모른다. 그렇다면 그는 자신의 믿음을 두 가지 충성심 사이의 타협으로 이해하려고 하든지, 아니면 자신의 입장을 한 정체성에 대한 직접적 표현이 아니라, 두 정체성의 종합으로 생각할 것이다. 어느 경우가 되었든 이때 기독교적 정체성은 우선권을 상실하고 만다.

많은 사람들이 슈월츠와 같은 방식으로 자신들의 정체성을 분산시켜 버린다. 어떤 사람들은 자신들의 정체성을 교회와 국가 사이에서 분산시키고 있다. 다른 사람들은 자신들을 지식인 계층의 구성원으로서 여기면서 자신들의 삶과 믿음의 어떤 부분들을 기독교와 동일시하고 있다. 또 다른 사람들은 자신을 여성신학자이며 동시에 기독교인으로 생각한다.

이런 방식으로 충성심을 분산하는 사람들은 이 책이 요청하는 의미의 진정한 기독교 신학자일 수 없다. 신학자가 된다는 것은 우리의 삶을 인도하는 모든 믿음들이 기독교적인 것이 되기를 소망하는 것이다. 즉 신학자가 된다는 것은 심지어 우리가 포기할 준비가 되어 있지 않은 어떤 믿음일지라도 기독교적인 믿음으로 정당화할 수 없는 믿음들에 대해서는 만족하지 못하는 존재가 되는 것이다. 예를 들어, 만일 우리가 조국과 하느님을 동일한 지평에 두고 있다는 사실에 대해 불편함을 느끼지 않는다면, 우리의 정체성은 결정적으로 기독교적인 것이 아니다. 즉 우리는 기독교의 몇몇 사상들을 계속 신봉할 수 있으며 교회를 지원할 수도 있겠지만, 그러나 우리는 우리 자신의 신학을 다듬기 위해 씨름하지는 않을 것이다.

신학이 쇠퇴하는 주된 이유들 가운데 하나는 대단히 많은 기독교인들이 자신들의 가장 중요한 믿음들은 기독교적인 믿음이 아니라고 생각하기 때문이다. 그들은 기독교인적인 믿음이 되기 위해서는 자신들의 믿음이 명백하게 성서나 기독교 전통에서 비롯된 믿음이어야만 한다고 생각한다. 그럼에도 불구하고 그들은 성서나 전통과는 매우 다른 원천으로부터 유래한 신념이 없다면 살 수 없는 사람들이다. 결과적으로 그들은 자기들의 신학이 자신들의 실제적인, 삶을 좌우하는 믿음 체계의 한 부분일 따름이라고 이해한다.

예를 들어, 많은 사람들은 심층 심리학의 문헌이나 심리 치료 경험으로부터 자기이해의 많은 부분들을 이끌어낸다. 이런 것들이 그들의 실제 믿음의 많은 부분을 구성하고 있는데, 그 실제 믿음이 그들의 현실 이해와 평가를 형성하고 있다. 그들이 이런 다른 원천에서 유래한 믿음들을 기독교의 전체적 전통 안으로 통합시켜야할 과제가 신학에 있다는 점을 알기까지, 신학은 그들에게 사소하며 주변적인 활동일 뿐이다. 그 결과로 그들의 기독교인으로서의 자기 정체성은 종속적인 성격을 띨 수밖에 없다. 이런 사람들로 가득찬 교회는 미적지근할 수밖에 없다.

기독교인으로서의 정체성이 자신의 근본적이며 포괄적인 정체성이 되기 위해서는 우리가 다른 원천들에서 비롯된 믿음들을 포함시키는 이유들을 찾아야만 한다. 우리는 이런 이유들을 성서와 기독교 전통 안에서 찾아야만 한다. 따라서 우리들 각자의 신학적 과제의 핵심 부분은 성서와 기독교 전통이 그 자체를 넘어 더욱 폭넓은 진리를 가리키는 방식들을 분별하는 일이다.

3. 성서의 모델과 역사적 모델

새로운 지식과 이해를 끌어들여 기독교 신앙 안으로 통합하는 방식들을 모색하기 위해, 우리는 성서 자체 내에 반영되어 있는 역사적 사건들을 검토할 수 있다. 이스라엘은 계속해서 다른 민족들의 지혜를 흡수하여, 가나안인들, 이집트인들, 바빌로니아인들, 페르시아인들, 그리스인들, 로마인들의 믿음들을 유대적 요소 속에 통합시켰다. 천 년에 걸쳐 이처럼 타민족들의 지혜를 흡수했음에도 불구하고, 이스라엘 자신의 정체성을 여전히 유지하였다.

이런 유대교로부터 태동한 기독교는 유대교보다 더욱 철저하게 그리스인들의 지혜에 자신을 개방하였다. 현대 과학이 대두했을 때의 약간의 갈등에도 불구하고, 기독교는 과학들도 자신의 비전에 통합시켰다. 현대의 역사 의식과 심리학은 기독교에 심오한 영향을 끼쳤다. 현재도 대단히 예민한 많은 기독교의 영적 지도자들은 동양의 영성을 자신들의 정체성에 마찬가지로 통합하고 있다.

기독교의 정체성이 손상되지 않는 한, 이런 통합은 건강한 것이며 교회의 활력을 위협하지 않는다. 오히려 이런 통합은 교회의 활력을 표현하는 것이다. 이처럼 다른 사람들로부터 불가피하게 배워 통합시키는 과정이 중지되는 순간은 교회가 그럴 용기를 상실할 때뿐이다. 따라서 통합시키지 않을 것이냐, 아니면 통합하여 새로운 기독교를 만들 것이냐 하는 문제만 있을 뿐이다. 나는 세상적 삶의 진정한 기초로서 기능할 수 있는 기독교의 통합적 비전을 새롭게 해 볼 소망을 가지고 이 책을 집필하고 있다.

물론 이질적인 요소들을 기독교 속에 통합시키는 일은 항상 위험하며 때로는 치명적이다. 그래서 통합은 심사숙고해서 이루어져야 한다. 그리스의 사상적 진수를 기독교 속에 통합시킨 일은 초대교회와 중세 교회에서 반성적으로 이루어졌다. 이 통합을 통해 기독교는 고대 세계에서 성공할 수 있었다. 그러나 이 통합으로 말미암아 그리스 전통의 어떤 요소들은 부당한 권위를 갖게 되기도 하였다.

후대의 상황에서, 기독교 전통에 흡수되었던 그리스 사상의 어떤 요소들은 진정한 기독교의 장애가 되었다. 우리는 이런 역사로부터, 모든 통합이란 임시적이고 상대적인 것으로서, 그것이 당시에 할 수 있었던 최선일 뿐이라는 점을 배워야만 한다. 따라서 통합의 결과로 인해 생긴 기독교 전통은 절대적인 권위를 갖는 것이 아니다.

나는 앞에서 자연법 이론과 관련하여 이 점을 사례를 통해 설명하였다. 자연법 이론은 현대에도 여전히 매우 영향력 있는 이론이다. 이 이론은 실증주의(positivism)에 대한 한 대안으로서, 현대 세계에도 가치 있는 힘을 행사해왔다. 그러나 자연법 이론이 곧 기독교적 사유방식이라는 주장은 잘못된 주장이며, 특히 성(性) 문제와 관련하여,

자연법 이론에 입각한 정책들은 오늘날 많은 사람들이 옳지 않은 것으로 판단하고 있다. 중세 시대에 성서의 사상과 그리스 사상을 통합시켜 이 이론을 발전시킨 것은 잘못이 아니었다. 그러나 오늘날 이 이론에 궁극적 권위를 부여하자고 주장하는 것은 잘못이다.

4. 웨슬리의 네 가지 권위

때때로 특히 웨슬리 전통에 서있는 학자들은 네 가지의 권위를 말하면서 이것을 "사중구조"(quadrilateral)라 부른다. 네 가지 권위에 대한 이런 표현 자체가 권위적인 것이 되어, 마치 신학자들이 반드시 이 네 종류의 외적인 심판관들에게 차례로 자신의 사상을 복종시켜야 하는 것처럼 생각할 가능성은 항상 있다. 그러나 이것은 이 권위들이 실제로 어떻게 작용하는지를 오해한 것에 불과하다.

네 가지 권위의 핵심은 오히려 요컨대 신뢰할 수 있는 신학 작업이란 성서, 전통, 경험, 그리고 이성을 언제나 다루어야 한다는 사실이다. 우리 기독교인들에게 있어서 이 네 가지는 모두 외적이거나 부과된 규범이 아니라 내적인 규범이다. 우리는 그 규범들을 먼저 규정하고, 그 후에 어떤 신학에 대해 밖으로부터 그 규범들을 부과할 수는 없다. 즉 어떤 성서가 권위를 갖고 있으며, 어떻게 성서가 권위로서 작용하는가 하는 것은 단지 신학적 작업의 실제 진행 과정에서만 등장한다. 이것은 나머지 세 가지도 마찬가지이다. 이 때문에 나는 이 네 가지 권위들을 먼저 나열하는 것으로 이번 장을 시작하지 않았던 것이다. 하지만 우리가 지금껏 진전시킨 작업을 재음미해 볼 때, 우리는 실제로 이 네 가지 규범이 어떻게 역할을 수행했는지, 어떤 역할을 수행했는지, 그리고 이 물음들을 성찰하는 것이 우리의 신학작업을 증진시킬 수 있는지를 물어볼 수 있다.

네 가지 권위들은 앞에서 열거한 것처럼, 성서가 매우 적절하게 맨 앞자리를 차지한다. 어떤 목적을 위해서는 이런 순서도 괜찮다. 그러나 만일 신학적 사고를 실제로 안내하는 것이 목적이라면, 하나의 권위를 다른 권위들 위에 올려놓는 것, 곧 마치 그 하나가 다른 권위들 위에 군림하는 것처럼 올려놓는 것은 아무 의미가 없다. 즉 이 각각의 권위는 그 나름대로 결정적인 중요성을 갖는다.

우리들 가운데 어떤 사람들은 성서를 우위에 두는 것이 우리가 언제나 성서에서부터 시작해야 한다는 것이라고 생각할지 모른다. 이것은 무슨 의미인가? 아마도 우리는 성서를 뽑아들고 아무 데나 열어서 그 말씀을 읽을 수도 있다. 그러나 우리가 어느 부분을 열어야 할 지에 대해서는 성서 자체로부터 알 수 없다. 성서를 여는 것은 전통에서 배운 교육 때문에 가능한 것이다. 더군다나, 성서는 우리가 질문을 던지기 전에는 우리에게 아무것도 말해 줄 수 없다. 그리고 우리가 던지는 질문들은 각자의 역사적 상황과 개인적 경험, 그리고 비판적 반성에서 제기되는 것이다.

이미 앞의 논의에서 보았듯이 어떤 믿음이 기독교적인지를 결정하려는 노력은 언제나 우리의 믿음과 성서 사이의 관련성을 묻는 데서 끝난다. 바로 이것이 성서의 우위성이 실제적으로 뜻하는 것이다. 각각의 기독교적 확증은 직·간접적으로 우리의 신앙의 원초적인 사건의 특성에 의해서만 정당성을 얻어야 한다. 흔히 우리의 믿음과 성서 사이의 이런 관계는 간접적이고 비판적인 접근을 통해서 정해진다.

그러나 만일 우리가 기독교인으로서 생각하고자 한다면, 우리는 우리의 믿음에 대한 이 최종적 검토를 피할 수 없다.

다음에 이어질 네 부분들은 네 가지 권위에 대한 논의이다. 아래에서 네 가지 권위에 대해 설명한 내용은 3장에서 진행된 작업을 표현하고 있다. 그 설명은 기독교의 규범들이 우리가 자각한 믿음을 검증하고 증진시킬 수 있는 방식들에 대한 보다 일반적이고 추상적인 진술이다.

5. 경험

우리는 경험과 함께 시작할 것이다. 여기서의 경험은 웨슬리가 생각했던 경험은 아니다. 그러나 물론 웨슬리의 의도와 관계가 있는 경험이다. 이 경험은 넓은 의미에서 볼 때 당신의 기독교인으로서의 경험이지만, 그러나 여기서는 우리의 근본적 믿음들이 의식적으로 가장 명확하게 표현되는 경험에 초점을 맞출 것이다.

어떤 의미에서 이 경험은 하나의 자료(datum)이지 권위가 아니다. 그러나 여기서 제기된 방법에서 볼 때, 이 경험은 하나의 권위가 되기도 한다. 당신은 모든 단계들에서 다음과 같은 물음, 즉 "내가 실제로 믿는 것은 무엇인가?"라는 물음으로 되돌아온다. 이 물음은 당신의 믿음에 관해 교회가 당신에게 기대하고 있는 것이라고 당신이 생각하는 것과는 구별된다. 만일 성서와 전통이 특별히 당신에게 확신을 주지 못한다면, 그 두 권위에 대한 호소는 경험의 이름으로 거부된다. 당신이 실제로 믿는 것이 전부이다. 그 이외의 다른 규범들은 우리의 믿음을 더욱 향상시켜 우리들을 더욱 훌륭한 기독교인이 되게 하는 것일 뿐이다. 따라서 목표는 당신이 믿는 것을 변화시키는 것이다. 그런 점에서 경험은 최종적 권위를 갖고 있다. 그러나 우리의 믿음을 변화시키는 일에 성공할 수 있도록 해주는 것은 경험 이외의 다른 권위들, 즉 성서와 전통과 이성이 갖고 있다.

경험은 또 다른 역할들도 한다. 당신이 당신 자신의 개인적 경험에서 시작하여 그 경험만으로 끝난다고 해도, 당신은 다른 모든 사람들의 경험도 매우 진지하게 다뤄야만 한다. 당신은 다른 기독교인들의 경험에 특별한 관심을 가질 수 있지만, 다른 종교전통에서 형성된 종교적 경험에도 관심을 갖는다. 기독교를 종교사의 다른 전통들에서 분리해내던 시대는 지나갔다. 다른 종교전통들로부터도 배워야 할 시대가 도래했다. 근본적으로 다른 종교전통들에서 영양분을 공급받은 경험은 특히 새로운 통찰력을 풍부하게 하는 원천이다.

이와 동등하게 중요한 점은 억압받는 자들의 경험이다. 수세기 동안 북대서양 백인 남성 신학자들은 혜택을 입은 사람들, 즉 억압자들의 경험만을 토로하고 있었음을 깨닫지 못했다. 흑인 신학자들로부터 시작된 해방신학자들이 이 사실을 밝혀내자, 기독교 신학은 원칙적으로 새로운 형태를 취하게 되었다.

백인이고 남성인 우리들은 여전히 우리의 경험에서부터 시작한다. 우리는 다른 출발점을 갖고 있지 않다. 그러나 현재 우리는 이 경험이 백인 남성의 경험이라는 사실을 알고 있다. 그래서 우리는 우리들의 믿음들에 관해 생각하게 될 때, 백인으로서 갖는 한계를 고려해야 한다는 점을 매우 더디게 배우고 있는 중이다. 우리가 백인이고 남성이기 때문에 갖게된 우리의 감정과 사고를 인정하고, 그리고 만약 우리가 백인들의 감정과 사상적 패턴들이 타자-억압적이라는 점을 인정하게 될 때에, 우리는 그러한 우리들의 감정과 생각들이 비록 전통으로부터 물려받은 것이긴 하지만 기독교적인 것이 아니라는 점을 깨닫게 된다. 결국 오랫동안 지배적 전통은 백인과 남성의 것이었다는 말이다.

백인도 아니고 남성도 아닌 사람들도 이제는 해방되어, 특히 자신들의 경험에 대해 백인 남성들이 설명해준 것을 받아들이지 않고, 자신들의 실제 경험에 대해 검토해 볼 수 있게 되었다. 이들은 이전에 알지 못했던 개인적이고 사회적인 다양한 관계들에 눈뜨게 되었다. 기독교 전통과 심지어 성서의 매우 많은 내용들이 가부장적 기원을 가지고 있다는 사실이 확실하게 드러남으로써, 성서와 전통의 권위는 상당히 실추되었다. 경험 자체의 다양성이, 모든 인간의 요구는 단 하나일 뿐이라는 과거의 신학적 일반화 경향에 경종을 울리게 되었다. 따라서 오늘날 신학자가 된다는 것은 전례 없이 매우 다양한 기회와 도전이 되고 있다.

6. 이성

이성은 경험 다음에 등장하거나, 혹은 이미 처음부터 경험과 관련되어 있다. 당신의 실제 믿음, 즉 당신의 삶을 형성하는 믿음이 실제로 무엇인지를 결정하려는 노력은 이성과 관계되어 있다. 이런 믿음들을 자각할수록, 이 믿음들의 상호 관계를 파악하는 일이 바로 이성이 하는 일이다. 이 믿음들의 원천을 탐구하는 것은 답변 과정의 모든 단계와 마찬가지로 이성적 활동이다. 이런 의미에서, 이성은 다른 어떤 것에도 종속될 수 없다. 이성은 성서와 전통에 권위를 부여하는 데 관계되기도 하고, 권위로서의 이 둘이 기능 하는 방식을 결정하는 데에도 관여한다. 이성은 성서와 전통의 내용을 발전시키는 데 엄청난 역할을 해 왔으며, 지금도 여전히 기독교 전통의 보다 지속적인 발전을 위해 큰 역할을 하고 있다. 성서와 전통에 대한 모든 해석은 이성의 활동이다. 어떠한 다른 권위를 이성 위에 올려놓는 것은 무의미하다.

또한 다른 자료 체계, 가령 그리스 철학, 현대 과학, 현대 심리학과 같이 기독교 전통이나 성서의 권위에 호소하지 않는 다른 자료 체계를 취하는 데에도 이성이 작용한다. 이것도 이성 고유의 일임에 틀림없다.

물론 이러한 사상 체계들이 순수 이성을 반영하고 있는 것은 아니다. 이런 사상 체계들도 역시 특정한 경험과 전통의 형태들에 의존할 수밖에 없으며, 특히 현대 과학과 현대 심리학은 이들이 보통 알고 있는 것 이상으로 기독교 성서로부터 많은 영향을 받아 왔다. 따라서 사실상 경험과 전통에 의해 영향받지 않는 이성이란 존재하지 않는다. 이런 의미에서 이성이 그 자체로 권위를 갖고 있는 것이 사실이지만, 이 권위는 물론 이성을 통해 성서에 중심을 둔 전체 속에 통합될 필요가 있다.

이성은 단지 사물들을 본성대로 내버려두지 않는다. 이성은 사상적 창조성이나 독창성의 요소이다. 당신이 두 개의 어떤 사상들이나 통찰력을 통합시키는 방식을 찾게될 때, 당신은 이성의 역할에 희망을 걸 수 있다. 그렇지 않다면, 새로운 것은 발생하지 않는다. 만일 이성이 자신의 역할을 하지 않는다면 두 개의 사상들은 아마도 일관성을 상실한 채 그냥 무관하게 나란히 남게 된다. 수천 년 동안 지속된 유대교와 기독교의 생명력은 이성 안에서 찾아질 수 있다.

그런데 이렇게 많은 역할을 이성에게 부여해야 한다는 사실을 받아들이는 데 주저하는 것은 이성이 신학보다는 철학이나 과학에서 더욱 철저히 구현되어 있다는 생각에서 비롯된 것이다. 이 말은 신학이 신뢰할 수 없는 믿음들을 권위주의적으로 부과할 때에는 타당한 말이 될 것이다. 그러나 이것은 이 책에서 내가 제안하는 신학은 아니다. 이 책의 신학은 철저하게 이성을 통해 다듬어진 신학이다. 이렇게 다듬어진 신학은 오늘날의 대부분의 철학이나 과학보다 훨씬 더 순수하다.

웨슬리 식의 사중구조 속에서 이성의 권위는 논리적 원칙들이나, 기독교 신앙과는 무관하게 발전된 어떤 사상적 구조와의 비교를 통해서 당신이 얻어낸 것을 주로 검증하는 것이 아니다. 그것은 더욱 깊이 있게, 더욱 명료하게, 더욱 폭넓게 이해하는 당신의 창조성이다. 만일 당신이 어떤 철학에서 도움을 받는다면, 그건 좋은 일이다. 그리고 당신이 찾을 수 있는 증거가 무엇이든, 당신은 그 증거에 비추어 당신의 관점을 검토하기를 원한다. 그러나 이성의 가장 위대한 존재 이유는 생각하는 행위 그 자체이다.

7. 전통

전통적(traditional)이라는 형용사는 단지 "관습적"(conventional)이나 심지어 "습관적"(habitual)이라는 말을 의미하게 되었다. 이런 의미는 전적으로 오해를 불러일으키는 것이 아니다. 우리의 삶을 형성시켜 주었던 전통들은 확실히 관습들이나 습관들을 규정해 온 것이 사실이기 때문이다. 그러나 우리가 전통을 신학의 한 규범으로 말할 때, 우리는 특정 공동체의 일반적인 관행 같은 것을 말하려는 것이 아니다. 오히려 우리는 우리 문화를 창조적으로 형성한 성찰적 사상과 실천의 역사를 가리키는 것이다. 기독교 전통은 자체 속의 규범적 요소들을 의식적으로 지적해 왔으며, 이 요소들을 통해 반성없는 관습들과 습관들, 심지어 교회 내의 관습들과 습관들을 비판하여 왔다. 전통에 호소하는 것이 항상 편하고 익숙한 길을 계속 가도록 지지하는 것은 아니다.

우리가 우리의 일반적인 믿음을 얻는 원천이 바로 전통이다. 전통은 좁든 넓든 기독교 전통에 제한되지 않는다. 전통은 문화 전체를 의미한다. 문화는 이런 저런 종류의 전통들을 전수하는 것이다. 기독교 세계에서 살고 있는 대다수의 우리들이 전체 문화 속에서 기독교 전통의 구체적 공헌을 뽑아내는 일은 실제로 매우 어려운 일이다. 이따금씩 그런 구별은 중요하기도 하고 그렇지 않기도 하다.

우리의 경험과 사유는 단순히 전통에서 **생겨나는** 것이 아니다. 그것들 자체가 전통의 일부이다. 경험과 사유가 전통의 일부라는 말은, 과거의 전통이 그대로 전수될 때 사실인 것처럼, 과거의 전통에 대해 비판하거나 새로운 사상을 창출할 때도 사실이다. 과거의 전통이 언어상 아무 변화 없이 전수될 때, 그것은 전통을 생명이 없는 것으로 바꾸어 놓을 수 있다. 가장 생동감이 넘칠 때, 우리는 기독교 전통에 더욱 철저하게 참여하게 되는데, 이것은 우리가 가장 창조적이고 독창적인 순간이다. 이런 의미에서, 경험과 이성이 외부적인 권위가 아니듯이, 전통도 외부적 권위가 아니다.

그러나 이성이 우리에게 아주 객관적인 사상 체계로 존재하는 것에 대해 이름을 붙일 수 있는 것처럼, 전통도 그렇게 할 수 있다. 전통은 과거의 중요한 기독교 사상가들이 가르쳐 주었던 것을 의미할 수도 있다. 만일 그 사상가들 자신들의 작업이 전통에 적극적으로 관여하지 않았다면, 그들은 중요한 사상가들의 반열에 들지 못했을 것이다. 그러나 전통은 후대의 신학자들이 자신의 창조적 생각들과 정직한 확신을 종속시켜야만 한다고 생각할 수 있는 굳어진 사상 체계가 될 위험이 항상 따른다. 이런 의미로 전통은 진정한 신학에 위협적 요소가 될 수 있다.

과거 사상가들의 작업이 올가미와 굳어진 권위로서 작용하게 될 위험이 있다고 해서, 현재의 사상가들이 그 과거의 사상가들에게 매우 실질적인 권위를 부여하지 못할 것은 없다. 과거 사상가들은 당시의 많은 기독교인들의 경험과 이성에 대해 설득력을 지니도록 자신들의 사상들을 다듬었기 때문이다. 이러한 과거의 사상적 작업은 우리들에게도 설득력을 지닐 수 있다. 비록 과거의 이런 사상적 작업이 직접적으로 우리에게 설득력을 갖지 못한다 할지라도, 이것은 우리가 그 과거의 사상들을 버릴 충분한 근거는 아니다. 아마도 과거의 사상들이 대답한 물음들을 아직까지 우리들이 묻지 않은 것일 수도 있다. 만일 우리가 그들의 사상에 대해 개인적인 확신을 갖고 있지 않다면, 그들이 말한 바를 다시 주장할 수 없을 것이다. 비록 그 사상가들에 대해 현재 우리가 반응할 수 있는 유일하고 진정한 반응이 그 사상가들을 명백하게 거부하는 것일지라도, 우리는 잠정적으로 나중에라도 그 사상가들로부터 배울 수 있을 것이라는 가능성을 열어놓아야만 한다. 바로 이것이 과거의 사상가를 권위로서 대접해야 한다는 뜻이다.

우리의 현재 모습과 생각들 모두가 전통을 통해 형성된 것임을 깨닫는 것도 전통에 권위를 부여하는 방식이다. 좋든 싫든 우리는 전통에 빚지고 있다. 심지어 우리가 전통을 비판하는 원칙들도 역시 전통으로부터 온 것이다. 물고기가 물 속에 있는 것처럼 우리는 전통 속에 있고, 전통은 우리 속에 있다. 따라서 전통이 중요하다는 사실은 의심의 여지가 없다.

이제 우리에게 남는 유일한 문제는 전체 전통 가운데 우리에게 특별히 중요한 기독교적 부분에 관한 것이다. (미국의) 기독교인으로서 우리의 삶을 형성시켜 왔던 전체 전통 속에는 기독교적인 독특성을 내포하지 않은 것들도 포함되어 있다. 우리의 삶을 형성시켜 왔던 전체 전통 가운데 기독교적 부분은, 우리가 보다 좋은 신학자가 될수록, 전체 전통으로부터 기독교적인 것을 분별해서 골라낼 것을 우리들에게 요구하고 있다.

이것은 나의 표현이 조금 오해를 불러일으키는 것임을 뜻한다. 우리는 단순히 과거의 산물만은 아니다. 우리는 과거의 산물일 뿐 아니라, 그 과거에 반응하는 주체인데, 그 반응에는 자유의 요소가 내재해 있기 마련이다. 이처럼 반응을 결정하는 순간이 바로 이성이 그 기능을 시작하는 순간이다. 우리는 전체 전통에서 다른 것을 선택함으로써 다른 결정을 내릴 수도 있었을 것이다. 우리는, 예를 들어, 일차적으로 미국인이 되고, 이차적으로 기독교의 유산에 관심을 갖는 사람이 될 수도 있다. 우리가 속해 있는 그 전체 전통은 우리가 기독교인이라는 정체성을 계속 유지하도록 강요하지 않는다. 우리들에게 기독교인의 정체성을 주는 것은 바로 미국의 전체 전통 내에 있는 기독교적 요소를 우리가 결정적인 것으로 선택하는 행위에 의해서이다.

따라서 비록 대부분의 (미국) 기독교인들이 전통에 힘입어 기독교인들이 되었지만, 우리가 의식적으로 기독교인이 되는 것에 동의하지 않는다면 우리는 기독교인이 될 수 없다. 우리들 가운데 어떤 사람들에게는 이런 동의가 매우 의식적인 결정이었다. 그러나 다른 사람들에게는 그렇지 않았다. 일단 그 결정이 내려지면, 그 결정은 계속되는 전통의 일부가 된다. 그러나 결정은 각자의 자유에 맡겨진다. 우리가 신학 작업을 할 때 내려야 하는 수많은 결정들도 역시 자유로운 결정이다. 전통이 없다면 우리가 아무것도 결정할 수 없겠지만, 우리가 그 전통의 어떤 측면을 이용하고, 어떻게 이용하는가 하는 것은 바로 이성의 행위이며, 따라서 자유의 행사가 되는 것이다.

기독교 전통이 우리에게 기독교인의 정체성을 주며, 우리가 기독교인의 정체성을 선택함으로써 기독교 전통을 권위로 간주한다. 기독교 전통이 우리에게 설득력을 갖지 못했다면, 우리는 그 전통을 선택하지 않았을 것이다. 그러나 기독교 전통 전체가 우리에게 설득력을 가질 수 있었던 것은 우리가 그 전통에 대해 어느 정도 알게 있었기 때문이다. 기독교 전통에 대해 선별적이며 창조적인 작업을 통해서만 그 전통은 우리에게 설득력을 지닐 수 있다. 기독교 전통이 우리를 해방시키고 우리에게 새로운 힘을 불어넣는 것이 되는 것은, 기독교 전통이 우리에게 순전히 객관적인 권위를 갖지 않기 때문이다. 전통을 밖에서 객관적으로 본다면 생기 없는 결론들의 굳어 있는 체계로서 멍청함, 실수, 그리고 위험으로 가득 차 있다. 그러나 안으로부터 참여자의 눈으로 본다면 전통은 창조성, 자기비판, 그리고 지혜의 바탕이 된다.

8. 성서

성서는 (기독교) 전통의 일부이다. 이 점에서 가톨릭은 개신교보다 더욱 현명하게 이 사실을 말해왔다. 성서는 기독교의 전체 전통에 걸쳐 각 시대에 주어진다. 후대의 전통을 뛰어넘어 성서가 직접 말하도록 하려는 시도는 자기 기만에 봉착할 따름이다. 이런 시도는 전통의 특정한 측면들로부터 일어나며, 그 전통의 다른 측면들과 분리될 수 없다.

그러나 성서는 독특한 권위를 갖는다. 이런 권위에 대한 확신은 성서 자체로부터 오기보다는 철저히 성서 이외의 나머지 기독교 전통으로부터 온다. 나머지 기독교 전통은 성서의 조명을 받아 스스로를 판단해왔다. 때때로 이런 판단은 엄격하게 비판적이었으며, 철저한 개혁들로 이어졌다. 기독교인의 정체성을 선택하는 것은 계속해서 성서와의 관계 속에서 스스로를 판단하는 전통 속에 들어가겠다는 것을 선택하는 것이다.

그러나 기독교 전통의 특징으로서 성서적 권위에 호소하는 일은 다양한 형태가 있다. 성서의 권위에 대해 논의하는 전통이 있다. 이 전통은 단순히 성서로부터만 도출되지 않는 권위를 지닌다. 우리는 성서의 권위와, 성서에 권위를 부여하고 그 권위가 정확히 무엇이며 어떤 역할을 하는지를 결정하는 그 전통의 권위를 분리시킬 수 없다.

더욱이 성서 자체는 오랜 전통이 다듬어진 것이다. 성서는 거듭된 자기변혁의 창조적 전통이다. 성서는 단지 전통이 가질 수 있는 그런 종류의 권위를 가질 뿐이다. 이 권위는, 내가 보기에 잘못이라고 생각되는, 신조(creed)라고 주장할 수 있는 권위와는 매우 다른 것이다. 신조는 전통의 전체 운동 속의 단지 한 발걸음이라기보다, 복잡한 역사적 과정을 통해 축적되고 발전된 진리에 대한 굳어진 표현이라고 주장할 수 있다. 다행히 성서 안에는 신조를 요약한 것이 없기 때문에, 이런 왜곡의 위험은 없다. 성서는 복잡한 운동들과 비범한 인물들이 등장해 혁명적 방식으로 세상을 이해하고 행동한 것에 대한 풍부한 이야기다.

성서의 권위는 결국 성서가 모든 기독교인의 삶의 터전을 잡아주는 이야기라는 사실이다. 그 역사는 우리의 존재 안으로 들어와 우리의 현재 모습을 만들었다. 성서는 죄와 의로움, 패배와 승리의 이야기이다. 성서가 도덕적 교훈집으로 전락하지 않을 때, 성서의 이야기들은 우리에게 무궁무진한 풍요로움을 제공하면서 삶의 모든 부분에 심오한 빛을 비춰준다. 성서가 자유롭고 창조적인 사유를 차단시키기 위해 의도된 증거 본문(proof texts)으로 전락하지 않을 때, 성서는 계속해서 신학에 새로운 도전과 암시를 줄 수 있다. 만일 신학 작업이 성서로부터 흘러나오지 않는다면, 기독교 전통의 기원이 성서에서 비롯되었기 때문에, 그 신학은 결정적인 시험에서 실패하고 만다. 성서에 기원을 둔 기독교 전통을 지속시키는 일은 성서의 모험, 영(spirit), 용기, 그리고 무엇보다 믿음, 소망, 사랑을 지속시키는 것이다. 이런 일은 성서의 언어만 되풀이한다고 해서 일어나지 않으며, 심지어 특정 믿음만 되풀이한다고 해서 일어날 일도 아니다. 이것은 과거의 사람들을 감동시켰던 영(Spirit), 그리고 계속해서 새로운 진리로 인도하는 영에 의해 감동 받음으로써 일어날 수 있다.

우리 기독교인들은 성서를 "하느님의 말씀"이라고 말한다. 하느님의 말씀은 말의 구술이나 오류가 없다는 것과는 상관이 없다. 더군다나 우리는 경험 속에서 하느님을 만날 수 있을 뿐만 아니라, 성서와 전체 기독교 전통에서도 하느님을 만날 수 있다. 우리가 이성이라고 부르는 우리의 사고의 자유 속에서도 하느님께서는 특별한 방식으로 우리에게 현존하신다. 그러나 우리는 이 모든 것이 결국 성서에 의존되어 있음을 알게 된다. 하느님에 대한 우리의 인식은 성서 속에서, 그리고 성서를 통해서 형성된다. 우리가 아무리 성서의 특정 가르침에 대해 비판적이라 할지라도, 그런 가르침에 대한 판단 근거가 되는 성서 속에서, 그리고 성서를 통해서 우리에게 말씀하시는 하느님을 믿게 된다. 성서는 우리들을 위한 하느님의 말씀이며, 다른 사람들을 위해서도 성서가 하느님의 말씀이 될 수 있다고 우리는 믿는다.

9. 예수 그리스도

네 가지 규범들이나 권위들의 목록에는 대다수 기독교인들에게 결정적인 예수 그리스도라는 권위가 빠져 있다. 물론 사중구조를 사용하는 사람들은 예수 그리스도는 성서 안에 포함되어 있으며, 심지어 성서의 중심이라고까지 주장한다. 이 말은 틀리지 않는다. 그러나 이와 똑같은 방식으로 성서가 전통 안에 포함된다는 점도 사실이다. 성서를 포함하고 있는 전통을 권위로 인정한다고 해서, 성서를 권위에서 생략해도 된다는 것을 뜻하지는 않는다. 이와 마찬가지로 성서를 권위로 확정한다고 해서, 예수 그리스도의 권위를 천명하지 않을 수는 없다. 전체 기독교 전통은 성서가 그 규범임을 증거한다. 그리고 기독교인의 눈으로 읽는 성서 전체는 그리스도를 증거한다.

신학적 사유가 어떻게 발전하고, 그 과정에서 새로운 문제들이 제기되는 것을 보여주기 위해 앞에서 설명한 사례들에서 나는 그리스도에 관해서는 거의 말하지 않았다. 여기에는 한 가지 이유가 있었다. 나는 항상 최종적 판단을 유보하려고 하였다. 내가 지금껏 보여주고자 했던 것은 어떻게 신학적 사유가 전개되며, 어떻게 예전의 논증이 폐기되고, 어떻게 문제를 새롭게 제기할 수 있는가 하는 것이었다. 나는 그 논증들이 오직 나 자신의 결론에만 도달하도록 설명하려고 하지는 않았다는 말이다.

나는 성서 안의 한 중심을 선택하여 다른 모든 성서의 사상들과 가르침들을 그 중심에 비추어 이해할 필요성에 대해 말한 적이 있다. 대다수 기독교인들처럼 내게 있어서 그 중심은 예수 그리스도이시다. 내가 이 말을 하는 즉시 헨리 스미쓰가 씨름했던 문제는 나에게는 자연스럽게 해결된다. 문제는 기독교인들이 동성애자들이 자신들의 감정을 노골적으로 표현하는 것을 정죄할지에 관한 것이었다. 여기에는 서로간에 충실하고 사랑하는 가운데 행하는 성관계도 포함되어 있다. 나는 예수 그리스도의 이름으로 그것을 정죄할 수 없다. 그리고 내게 이것은 결정적으로 중요하다.

사람들에 따라 그리스도에 대해 또 다른 방식으로 호소하여 나와는 반대되는 결론을 내릴 수도 있기 때문에, 나는 여기서 이 문제를 그대로 유보할 수도 있었다. 그러나 그렇게 유보하는 것은 내게 불편한 게임이기 때문에, 나는 그렇게 유보하고 싶지 않다. 나 자신은 친밀감과 육체적 사랑의 기쁨을 누릴 권리를 주장하면서, 동료 인간들에게는 그런 권리를 부정하는 것은 잔인한 일이다. 나는 이런 잔인함을 예수 그리스도와 연결시킬 수 없다.

그렇다고 나의 이 말이 모든 동성애자들과 이성애자들이 성적 파트너를 반드시 가져야 한다는 사실을 뜻하지는 않는다. 일부 사람들은 독신으로 살도록 부름받았다. 그러나 명백히 드러난 증거들과는 매우 다르게, 모든 동성애자들에게 금욕이나 교회의 도덕적 정죄 사이를 선택하라고 강요하는 것은 정말 잔인한 짓이다. 사람들이 법을 위해 만들어진 것이 아니다. 오히려 법이 사람들을 위해 만들어진 것이다.

나는 서술적인 방식이 아닌 고백적인 방식으로 이번 장의 결론을 맺으려 한다. 신학은 최종적으로 고백 행위이기 때문이다. 그래서 신학은 개인의 기독교적 경험에서 시작된다. 또한 그런 고백에서 끝나는 것이 신학이다. 내 자신의 기독교적 경험은 어떤 믿음들은 내게 맞지 않는다는 사실을 분명히 한다. 나는 다른 사람들의 다른 견해들에 대해, 즉 그들의 경험적 고백과 논증 모두에 대해 개방적이려고 노력한다. 다만 그들이 나와 다른 결론들을 가지고 있다고 해서 그들을 경멸하고 싶지 않다. 결국 나는 40년이 넘는 내 자신의 신학적 반성을 통해 형성되고 다시 다듬어진 예수 그리스도에 대한 경험을 넘어설 수 없다. 아마도 내일 더욱 밝은 빛이 출현할지 모르지만, 오늘은 내가 가진 경험으로부터 말해야만 한다.

당신의 신학을 하라

1. 당신은 성서의 권위와 성서 외적인 권위들을 어떻게 연결시키는가? 이것이 3장 끝에 있는 물음 2에 대해 대답하면서 내린 당신의 판단을 정당화시키는 일에 어떤 작용을 하는지 설명하라.
2. 성서와 연관된 당신의 기독교적 사유에서 경험, 이성, 전통이

어떻게 작용하는가? 이번 장에서 주어진 제안들과 비교하면서 그 유사점들과 차이점들을 설명하라. 당신의 이전의 생각에서는 이런 관계에 대한 당신의 견해가 어떻게 작용하였는지를 설명해 보라.

3. 만약 이번 장에서 언급한 문제들에 대한 당신의 반성이 당신의 처음 판단들이나 당신이 그 판단들을 정당화시킨 방법들을 바꾸었다면, 당신의 이전의 입장을 써보고, 그 입장이 왜, 어떻게 달라졌는지 설명해 보라.

◇ 5 장 ◇

기독교인과 유대교인

1. 도입

우리는 2장에서 매우 잠깐 로이스 맥누트를 만났었다. 그녀는 매우 중요한 질문, 즉 "기독교인들에게는 유대교인들을 개종시켜야할 소명이 있는가?"에 대해 깊은 관심을 표명했었다. 우리는 다른 주제들을 보다 치밀하게 숙고하면서 권위와 방법론의 문제들도 숙고하느라 2장에서는 이 주제를 다루지 못했다. 이제 맥누트와 몇몇 신학교 교수들 사이의 대화를 통해 이 주제로 돌아가 보자.

이 주제에 대한 논의는 두 가지 목적에 기여하게 될 것이다. 첫째로 이 논의는 당신을 자극하는 또 다른 신학적 반성의 사례가 된다. 둘째로 이 논의는 당신이 좋은 신학자가 되는 데 있어서 전문 신학자들이 할 수 있는 일과 할 수 없는 일이 무엇인지를 제시하게 될 것이다. 6장에서는 이 두 번째 문제를 직접 논의할 것이다.

로이스 맥누트는 50세의 미망인으로서 교회에서 수년간 헌신적으로 봉사해 왔다. 그녀는 여성 기관의 후원을 받는 연구 모임들에 활발히 참여해 왔다. 그녀는 종교에 관한 책을 누구보다 많이 읽었으며 개교회적 차원을 넘어서 기독교계 전체의 상황에 대해서도 알고 있다. 그녀는 현재 남편이 물려준 재산으로 안정된 생활을 하고 있기 때문에, 많은 시간을 자원해서 교회와 사회에서 봉사할 수 있다. 그녀는 사회 활동을 통해 유대인 친구들을 만나게 되었다. 이 친구들은 그녀에게 매우 중요한 존재들이다. 그녀는 친구들의 믿음을 어떻게 생각해야 좋을지 난처함을 느끼는데, 이 문제를 더욱 연구해 볼 수 있는 시간과 정열, 그리고 경험을 갖고 있다.

그녀에게 중요하게 된 문제는 그녀가 교회에서 배운 것, 즉 예수 그리스도를 통한 구원과, 그녀의 강한 느낌, 즉 그녀 자신의 믿음을 통해 얻은 것의 상당부분을 그 유대인 친구들 역시 그들 나름의 믿음을 통해서 얻었다는 강한 느낌을 어떻게 조화시킬 것인가 하는 문제이다. 그녀는 예수 그리스도의 중요성에 대해 의심하지 않는다. 그녀 자신의 믿음은 예수 그리스도와 직결되어 있는데, 이것은 구원이 예수 그리스도에 대한 믿음을 통해서만 가능하다는 배타적인 주장, 즉 그녀가 성서에서 읽었고, 예배에서 보았으며 때때로 설교를 통해 들었던 구원에 관한 배타적인 주장을 뜻하는 것이 아닌가?

그녀가 사는 도시의 신학교는 그녀가 속한 교단의 신학교는 아니지만, 그녀는 여러 교수들의 강연을 들을 기회가 있었다. 그녀는 심지어 저명한 객원교수의 강연을 듣기 위해 그 신학교에 두 번 간 적도 있다. 그래서 그녀는 평신도 친구들이나 자신의 목회자와 대화하는 대신에 그 신학교 교수들 가운데 한 사람과 만나기로 작정했다.

그녀는 교수들 중에 누구와 만나야 할까? 그녀는 학교로 가서 요람(catalog)을 훑어본다. 거기에는 기독교-유대교 관계에 대한 교과 과정은 없지만, 선교와 전도를 가르치는 교수가 있다. 그녀는 자신의 문제가 그 교과목과 관계가 있음을 알게 된다. 기독교인들이 개종시켜야만 하는 사람들 가운데 유대인들도 포함되는가? 레슬리 슈미트 박사는 "에큐메니칼 선교"(ecumenics) 과목들을 가르친다. 이 과목들은 반대편으로부터 그녀의 문제에 접근하는 것 같았다. 로이스는 "기독교-유대교 미국협의회"가 있다는 사실도 알게 되었다. 그리고 각 교단 협의회가 많은 개신교회들을 포함하고 있는 것처럼, 기독교-유대교 미국협의회 역시 유대교인과 기독교인을 포괄하는 단체인 것 같았다. 슈미트 박사는 기독교인들과 유대인들의 적절한 관계 방식과 그 근거에 대해 확실히 말해줄 수 있을 것이다.

2. 슈미트 교수 – 에큐메니즘과 선교

로이스는 슈미트 박사를 전화해서 자신의 관심을 매우 간명하게 설명하고 대화할 약속시간을 요청했다. 슈미트 박사도 흔쾌히 응했다. 평신도가 이런 도움을 요청한다는 사실은 정말로 매우 드문 경우였다. 이들은 다음 주 화요일 오후에 만나기로 하였다.

맥누트 여사와 슈미트 박사는 악수를 하고 앉은 후에 맥누트는 자신의 관심을 좀 상세하게 말하면서 슈미트에게 그의 견해는 무엇인지 물었다. 슈미트 교수는 다음과 같이 대답했다.

"의심할 바 없이 비기독교인과 기독교인의 관계를 이해하는 출발점은 예수의 선포에 있습니다. 신약성서의 가르침 가운데 마태복음 이상으로 우리에게 더 분명한 가르침을 주는 구절들은 없습니다. 즉 '그러므로 너희는 가서 모든 족속으로 제자를 삼아 아버지와 아들과 성령의 이름으로 세례를 주고 내가 너희에게 분부한 모든 것을 가르쳐 지키게 하라. 볼지어다 내가 세상 끝날 까지 너희와 항상 함께 있으리라 하시니라'(마 28:19-20)는 말씀이 그것입니다. 저는 이 '선교 명령'(宣敎 命令)이 나의 이전 해외 선교와 글로벌 선교의 출발점이라고 생각합니다. 이 헌장은 어떠한 예외의 여지도 우리에게 주지 않는 것 같습니다.

"그러나 기독교인들은 근래에 모든 일에는 적절한 시기와 장소가 있다고 배웠습니다. 우리는 비둘기처럼 온유하고 뱀처럼 지혜로워야 할 필요가 있습니다. 특정 시기와 장소에 따라 어떤 선교는 득보다는 해가 되는 경우가 종종 있는 것 같습니다. 예를 들어 이슬람 지역에 직접 복음을 전하는 것은 거의 성공하지 못하며 나쁜 감정만 일으킵니다. 그래서 이슬람 국가들을 마태복음의 대헌장에 직접 복종시키기보다는 교육이나 사회 봉사와 같은 도움을 그들에게 제공하는 편이 훨씬 더 낫습니다. 아마도 언젠가는 기독교의 이런 봉사가 이슬람권을 복음화하는 방법이었구나 하는 사실이 판명날 것입니다.

"저는 여사님이 이슬람보다는 유대인에 대한 말을 원하고 계신 줄 압니다. 저는 그 동안 현대 선교에 대해 가르치면서 모든 비기독교인들을 똑같이 다룰 수는 없다는 점을 강조합니다. 현재 저는 다만 이슬람권을 한 예로서 사용하고 있는데, 우리는 우리의 선교가 각각의 경우에 어떻게 이뤄져야 할지를 결정해야만 합니다. 이따금 복음을 직접 전할 수도 있습니다. 또한, 가끔은 냉수 한 그릇을 예수의 이름으로 주는 것입니다. 그런데 오늘날의 유대인의 경우에는 가장 어려운 과제로서, 그냥 내버려두라고 말할 정도입니다.

"물론, 이것은 과장된 말입니다. 유대인들은 기독교인들의 개종

압력을 싫어합니다. 그리고 그들은 자비도 원하지 않습니다. 결국 그들은 기독교인들이 간섭하는 것을 싫어합니다. 그들은 기독교인들이 자신들을 이해해 주기를 원하고 있습니다. 가끔은 자기들을 지지해 주기를 바라고도 있구요."

맥누트는 슈미트 박사의 말에 다소 안심은 되지만, 슈미트의 말이 자신의 문제에 답이 되는지는 조금도 확신할 수가 없다. "박사님! 박사님은 유대인들에 대해 말할 때, 그들이 무엇을 원하느냐 만을 강조하고 있습니다. 선교 명령은 사람들이 무엇을 원하는지를 묻고, 그것을 주라고 말하지 않습니다. 히틀러는 세계 지배를 원했지만 그에게 순응하는 것이 기독교인의 과제라고 생각한 사람은 아무도 없습니다. 저는 박사님의 말씀은 이런 뜻이 아니라는 점을 알긴 압니다만, 저는 그 이상의 도움이 필요합니다."

"물론 여사님 말씀은 옳습니다." 슈미트는 대답했다. "제가 말은 안 하고 있지만 사실 저는 많은 것을 전제하고 말하는 것입니다. 우리는 다만 다른 종교 공동체들을 편하게만 하려고 하지 않습니다. 우리는 우리 자신의 생각도 가지고 있습니다. 그러나 선교가 사람들의 요구를 무시해도 되는 유일한 때는 정복 전쟁이나 식민 통치와 밀접한 관계를 가질 때뿐입니다. 이런 상황에서는 그들이 원하든, 원하지 않든 사람들이 개종할 수밖에 없는 극단적인 경우들이 있습니다. 혹은 사람들은 끔찍한 선택을 강요받게 될 때에 개종할 수밖에 없는 경우가 더러 있습니다. 오늘날 이 모델이 좋다고 말하는 사람들은 아무도 없습니다.

"우리는 사람들이 기독교인이 되기를 원하기를 바랍니다. 그래서 우리는 사람들에게 기독교를 매력적인 것으로 보여주기를 원합니다.

우리는 그들이 복음을 기쁜 소식으로 듣기를 원합니다. 우리는 남들이 우리의 말을 매력적인 것으로 들리지 않는다는 사실을 알게 될 때에는 새로운 다른 말을 준비하게 됩니다. 간혹 우리는 그들과 함께 있는 것만으로, 그리고 그들이 원하는 일을 하는 것만으로 만족해야 할 때가 있습니다. 물론 이것은 단지 우리의 행동이 예수 그리스도에 대한 충성스런 봉사가 될 때뿐이겠지요.

"우리가 할 수 있는 일은 종종 우리의 과거 역사에 달려 있습니다. 특별히 유대인들의 경우에 그렇습니다. 유대인들에 대한 우리의 과거 역사는 거의 믿을 수 없을 만큼 끔찍한 것이었습니다! 우리들은 대부분 유대인 대학살(Holocaust)에 대한 연구 결과를 통해 그 일이 얼마나 끔찍한 것이었는지 알게 됩니다. 이제 우리 기독교인들은 오랜 세기에 걸쳐 유대인들을 박해해왔으며, 심지어 유대인을 학살한 나치의 범죄에 많은 죄를 안고 있다는 사실도 알게 되었습니다. 우리는 과거를 회개하지 않고서는 이 역사를 연구할 수 없습니다. 그 회개, 즉 방향 전환은 이제 유대인들에 더 이상 많은 말을 할 것이 아니라, 그들에게서 들어야만 한다는 점을 의미합니다. 제 말은 유대인들의 바램을 우리가 정할 수는 없다는 뜻합니다. 우리는 그들에게 물어야만 합니다."

"저도 유대인들에 대한 학살이나 기독교인들의 잔학 행위들에 대해서는 좀 읽어보았습니다." 맥누트가 말했다. "그래서 저는 박사님을 이해합니다. 아마도 문제들은 제가 느끼고 있던 것보다 더욱 심했던 것 같습니다. 저는 바로 지금이 유대인들에게 예수 그리스도를 증거할 좋은 때라고는 정말 보지 않습니다. 그런데 이것은 전략상의 문제입니까, 아니면 그 외의 다른 문제입니까? 저는 박사님께서 이슬람권에 대해서는 부드러운 접근이 전략적인 것이라고 말씀하신 것으로 이해합니다. 우리는 그들이 언젠가는 기독교인들이 될 것을 여전히 희망할 수 있을 것입니다. 다만 유대인들은 잠시 그냥 두고 보자는 것입니까? 그래서 상황이 변화하면 복음전도의 과제로 돌아가자는 것입니까?"

"대단히 훌륭한 질문입니다, 맥누트 여사! 저도 그 해답을 찾고 있습니다. 사실 저는 매우 실제적인 사람입니다. 저는 오랜 선교 역사와 에큐메니칼 운동사를 알고 있으며, 여사님께 최근의 논의들에서 생겨난 많은 선언문들과 정책 선언들을 말씀드릴 수 있습니다. 그 대부분은, 매우 보수적인 군소교단들에서 나온 것들만 제외하고, 직접적인 복음전도를 철회하고 있습니다. 저도 이것을 지지합니다. 그러나 저는 50년 후에 기독교의 최선의 선교 정책은 무엇이 될 수 있을지 알지 못합니다. 저는 이 과제를 후학들에게 남기고 싶습니다."

로이스 맥누트는 슈미트 박사에게 진심으로 감사를 표했다. 그녀는 진심으로 감사함을 느꼈다. 그녀는 전에는 그렇게 실제적이고 역사적으로 상대적인 관점에서 "선교 명령"에 대해 생각해 보지 못했었다. 그러나 선교 명령은 일리 있는 것이었다. 그녀는 상황이나 예측 가능한 결과들과는 상관없이 계명들에 대해 맹목적으로 복종하는 것이 선량한 기독교인의 모습이라고는 생각하지 않았다. 그녀는 대부분의 교회들이 오랫동안 현명한 전략의 중요성을 인식해왔다는 사실을 알았으며, 자신의 이전 생각들은 고백적 믿음들을 실천하는 데 있어서의 그녀 자신의 비일관성이나 실패였음을 많이 느끼게 되었다.

그럼에도 불구하고 그녀는 만족할 수 없었다. 슈미트 박사의 말 가운데 어떤 것도 자신의 유대인 친구들의 최후의 운명에 관한 그녀의 질문에 대해 대답을 주지 않았기 때문이다. 그들은 그들의 믿음을 통해 구원을 받을 것이며, 그래서 그들에게는 그리스도가 필요 없는 것일까? 아니면, 그들도 그리스도를 필요로 하지만, 유대인들에 대한 기독교인들의 과거의 죄 때문에, 기독교인들이 지금은 그리스도를 전하지 못하는 것인가?

슈미트 교수는 이런 질문에 대해서 많이 생각하지 않았다. 그러나 그녀가 자리를 뜨려할 때, 슈미트 교수는 최근 동료가 된 로라 마오 윌킨스 교수가 머리에 떠올랐는데, 그녀는 박사학위 논문으로 크리소스톰(Chrysostom) 시대에 안디옥에서의 유대교-기독교의 관계에 대해 썼다. 맥누트는 당연히 그녀와 얘기하고 싶어했다. 맥누트가 슈미트 박사의 제안에 동의하자, 슈미트는 윌킨스에게 전화를 걸어 맥누트와의 만남을 주선했다. 그래서 그들은 목요일 아침에 만나기로 하였다.

3. 윌킨스 교수 - 교회사가

로이스 맥누트는 윌킨스와의 만남이 어떠할지 알 수 없었다. 우선, 그녀는 신학교 교수들에 대한 자신의 이미지가 결정적으로 남성적임을 느꼈다. 이 때문에 그녀는 여성 신학자를 만난다고 생각하니 조금은 흥분되었다. 더구나 유대교와 기독교의 관계에 주목하고 있는 사람과 대화할 예정이 아닌가.

그녀는 성인 크리소스톰이 그리스도와 유대인들 사이의 관계에 대한 자신의 질문을 파고들 수 있는 방법이 될 줄은 정말 몰랐다. 실제로 그녀는 전에 크리소스톰에 관해 들어 본적이 있는지도 기억할 수 없었다. 그래서 그녀는 백과사전에서 그를 찾아보았다. 크리소스톰이 기독교 역사의 가장 위대한 설교자들 중에 하나였다는 점과 그의 설교들이 지금도 여전히 연구되고 있다는 점을 알 수 있게 되었다. 그는 4세기 후반 안디옥에서 살면서 유대인들에 반대한 설교를 하였다! 이 사실이 맥누트에게는 크리소스톰에 대한 신뢰성을 깎는 것 같았지만 그녀는 열린 마음으로 윌킨스 교수의 말을 듣기 위해 가기로 했다.

윌킨스 교수 역시 매우 흥분되어 있었다. 윌킨스는 막 신학교 교수가 되었고, 작년에 박사학위 논문을 마쳤다. 그녀는 지금 그 논문을 책으로 출간할 준비를 하고 있다. 그녀는 학계라는 제한된 범위 내에서는 자신의 사상에 흥미를 느끼는 사람들을 만나보았지만, 학계 밖의 누군가와 이런 만남을 갖는 것은 이번이 처음이었다. 윌킨스는 교회와 유대인들의 관계가 크게 잘못되었다는 진정한 관심 때문에 이 주제를 택해 논문을 썼다. 기독교와 유대교의 관계에 대해 관심을 갖고 있는 평신도와 대화할 기회는 참신한 것이었다.

이들이 서로 만났을 때 맥누트는 자신의 그 동안의 난처함을 표현했다. "왜 박사님은 반셈족주의자인 기독교인에 대해 논문을 쓰셨습니까?"

윌킨스 교수는 미소를 지어 보였다. "슈미트 교수님이 저의 논문에 대해 너무 간단히 말씀하셔서 여사님께 나쁜 인상을 주신 것이 아닌가 염려됩니다. 저는 교회사가이자 사회 역사가입니다. 우리는 저명한 사람들의 특정 사상에 관심을 갖기보다는, 교회와 사회 전체에서 무슨 일이 벌어지는지에 대해 관심을 갖습니다. 4세기 후반 안디옥에서 유대교와 기독교의 관계를 위해 가장 좋은 자료들은 크리소스톰의 설교들입니다. 유대교에 대한 크리소스톰의 공격을 통해 우리는 당시

사정에 대해 많은 것을 알 수 있습니다. 우리는 그의 설교 내용을 다른 자료들과 관련시킬 수도 있으며, 꽤 믿을 만한 전체 그림을 그릴 수도 있습니다."

이번에는 맥누트가 웃을 차례였다. "사실, 제가 두려운 것은 박사님과 같은 학자들이 하시는 연구에 관해 제가 아는 것이 거의 없다는 것입니다. 저는 확실히 잘못된 결론으로 비약했었나 봅니다. 어쨌든 간에 저는 박사님의 연구에서 뭔가 배우기를 원합니다. 유대교와 기독교의 관계가 크리소스톰 시대에는 어떠했습니까?"

윌킨스는 열의를 갖고 답했다. "분명한 것은 안디옥의 많은 사람들은 유대교인들과 기독교인들을 그렇게 날카롭게 구별하지 않았다는 사실입니다. 이들은 모든 이교도들이 볼 때에 똑같은 사람들이었습니다. 심지어 유대교인들과 기독교인들 사이에서도 그런 구별은 매우 분명한 것이 아니었습니다. 그들은 서로 자유롭게 섞여 살았으며 심지어 그들 가운데 일부는 예배조차 구분하지 않고 참석하기도 했습니다."

맥누트가 말했다. "그렇게 옛날에는 기독교인들이 아직 유대인들을 박해하지 않았던 시절이 있었다는 말씀이시군요. 듣기 좋군요."

윌킨스 박사가 말했다. "사실이 그랬습니다. 지역마다 상황은 매우 달랐지만, 기독교인들은 자신들의 위치가 확고해지기 전까지는 유대인들에 대한 박해를 시작하지 않았습니다. 그러나 박해의 씨앗은 이미 자라고 있었지요. 당시의 황제들은 기독교인들이었고, 기독교가 제국에 통합해 주기를 원했습니다. 그런데 이것이 반대자들에게 문제가 되었습니다. 그리고 더욱 중요한 것은 교회의 반유대적 설교와 가르침의 전통이 당시에 이미 존재하고 있었다는 것입니다. 크리소스톰은 바로 이 전통에 서 있었는데, 그에게 평신도 기독교인들과 유대인들 사이의 좋은 관계는 오히려 근심의 원인이었지요. 크리소스톰은 기독교인들이 유대교인들을 경멸하기를 원했는데, 그는 매우 큰 영향력을 행사했습니다."

"다른 사람들에게 그토록 많은 적개심을 가진 사람을 우리가 성인이라고 불러야 한다는 사실이 괴롭습니다." 맥누트가 한 마디 했다. "성인에 대한 저의 견해는 매우 달라요. 사랑이 성인을 규정하는 주된 요소가 되어야할 것 같아요."

"저도 괴롭습니다." 윌킨스 박사는 말했다. "그러나 크리소스톰이 반유대주의를 설교했다고 해서 그가 천박하거나 잔인한 사람이었다는 뜻은 아닙니다. 우리가 역사를 통해 거듭 알게 되는 것은 자신의 공동체에 많은 애정을 가진 사람들일수록 흔히 타자들을 경멸하는데 매우 심하다는 거지요. 이것은 특별히 다른 공동체가 자신들을 위협할 때 그렇습니다. 안디옥에 있던 유대교는 많은 선량한 기독교인들에게 매우 매력적인 것이었지요. 크리소스톰은 교회를 방어할 목적으로 기독교인들에게 유대교의 유혹을 무시하도록 설득하기를 원했으며, 그 최선책이 유대인들을 나쁘게 묘사하는 것이었습니다. 확실히, 크리소스톰도 자신은 사랑을 따라 행동한다고 생각한 거예요. 아마도 그랬을 겁니다."

"사회적 경쟁관계가 반유대주의적 가르침의 근거로 작용했다는 뜻인가요?" 맥누트가 물었다. "신학에 문제가 있었던 것이 아닌가요?"

"우리 사회사가들은 그런 딱 부러진 구별은 하지 않습니다." 윌킨스는 대답했다. "확실히 유대인들을 억압했던 많은 주장들은 신학적인 것이었습니다. 저의 입장은 그 주장들이 사회학적 목적을 위해 이용되었다는 거예요. 한 집단이 다른 집단에 의해 위협을 느낄 때에는 그 다른 집단에 대해 심하게 말하게 되리라는 점을 예측할 수 있겠죠. 우리가 그 집단의 믿음체계에 대해 충분히 알게 될 경우에는 그들이 무슨 말을 할지를 짐작할 수 있습니다. 그러나 말은 경쟁관계보다 덜 중요한 것 같습니다. 사태는 주로 경쟁에서 비롯되지요."

맥누트 여사는 한 가지 질문을 더 하기로 했다. "박사님은 당시에 유대교가 평신도 기독교인들에게 매력적이었다고 말씀하셨습니다. 여기서 거듭되는 문제가 그 경쟁관계뿐이었습니까, 아니면 기독교에 특별히 위협이 되는 뭔가가 유대교에 있었습니까?"

"유대교는 본질적으로 다른 사회 집단들보다 더 위협이 된 것 같습니다." 윌킨스 교수가 대답했다. "다른 집단들은 아직 개종하지 않은 사람들로 볼 수 있었지요. 여기서 전제는 예수 그리스도의 복음에는 모든 사람이 굴복할 수밖에 없도록 강력히 확신시키는 힘이 있다는 것입니다. 그러나 유대인들이 그 힘에 굴복하기는 어려운 일이었지요. 기독교는 유대인들 사이에서 생겼기 때문에, 유대인들은 틀림없이 기독교를 잘 이해했을 것이지만, 기독교를 경멸적으로 거부했습니다.

"그렇게 계속된 거부는 확신시키는 힘이 있는 기독교의 능력을 위협하는 것으로 간주되었고, 기독교인들은 자신들의 체면이 손상되지 않는 방식으로 그 거부를 스스로 설명해야만 했습니다. 그 유일한 방식이 거친 색조, 실제로는 악마적인 색조로 유대인들의 거부를 묘사하는 것이었습니다. 즉 유대인들은 자신들의 메시아를 거부했고, 메시아를 십자가에 처형한 책임이 있다고 멸시한 것이에요. 그들은 어떤 벌도 받아 마땅하다는 것입니다. 어떤 점에서는 유대인 대학살로 이어진 유대인에 대한 끔찍한 가르침들은, 당시 기독교인들의 필요성, 즉 유대인들이 예수를 거부한 것은 결코 정당화될 수 없다고 기독교인들이 믿어야만 했던 필요성을 생각할 때, 불가피한 것이었습니다. 가슴

아픈 일이었지요."

맥누트는 자리에서 일어나면서 그것은 정말 가슴아픈 일이라고 생각했다. 그녀는 자신의 교회 생활의 경험에서 유대인들에 대해 그렇게 사악한 공격을 들었던 기억이 없다. 그렇다. 유대인들은 예수를 거부했다는 점에서 잘못이었던 것으로 설명되었다. 맥누트는 그런 생각에 자신을 동화시키고 있었다. 이제 우리 기독교인들이 아무리 존경심을 갖고 유대인들을 대한다고 해도, 우리는 유대인들이 자기들을 위해 목숨을 바친 예수를 거부하고 계속해서 자기들의 방식을 고집하는 잘못을 범했다는 느낌을 필연적으로 떨칠 수 없다고 맥누트는 생각했다. 맥누트는 유대인이라는 말이 그녀 안에서 어떤 부정적인 느낌을 일으키고 있음을 느낀다. 비록 그녀가 개인적으로는 유대인들을 매우 좋아한다 해도 말이다. 기독교 공동체의 일원이 된다는 것은 유대인들을 "타자"로 만들었으며, 그녀와 그녀 자신의 공동체와는 본래 부정적 관계였던 "타자"로 만들었던 것이다. 아마도 사회학적 접근은 제대로 접어든 길 같았다.

4. 어트워터 교수: 신약성서

로이스 맥누트는 집으로 가면서 윌킨스 교수와의 대화를 생각해 보았다. 그러나 그녀는 여전히 만족할 수 없었다. 그녀는 자신의 믿음이 사회학적 언어만으로는 이해되지 않는 것임을 안다. 맥누트는 정말 예수 그리스도께서 자신을 구원하신 주님이라는 사실은 믿는다. 그리고 그녀는 예수께서도 자신이 모든 사람들을 구원하는 주님이시길

원하실 거라고 생각한다. 그러나 여전히 그녀는 알기를 원한다. 즉 예수께서는 동족인 유대인을 배제하시는가? 확실히 이것은 신약성서가 가르치는 것이 아니다!

그 신학교에는 신약성서 교수가 두 사람이 있다. 그런데 맥누트는 그들의 교과 과정만으로는 누굴 만나야 할지 알 수가 없었다. 그러나 둘 중 누구든지 자신이 생각하는 문제에 도움을 줄 것이라고 확신했다. 이제까지 그녀는 유대인에 대한 기독교인의 범죄의 범위와 그에 대한 기독교인들의 회개 노력, 그리고 이런 범죄가 어떻게 일어날 수 있었느지에 대해 많이 배울 수 있었다. 그러나 예수께서 유일한 구세주인지, 아닌지는 두 교수와의 대화에서 결론 내릴 수 있는 문제는 아닐 것 같았다. 다만 그녀는 신약성서 학자에게 신약성서의 핵심적 본문의 의미를 단도직입적으로 물으려고 했다.

맥누트는 존슨 교수에게 전화를 걸었지만 통화가 되지 않아, 대신에 어트워터 교수에게 전화를 걸었다. 그와는 통화가 되었고 둘은 만나기로 약속했다. 어트워터 교수 연구실 문을 열었을 때, 로이스는 그가 흑인이라는 데에 내심 놀랐다. 즉 그녀는 선입견을 갖고 있었던 것이었다! 흑인이라고 신약성서 교수가 되지 말라는 법이 있나! 맥누트는 혼자 중얼거렸다. 그녀는 어트워터 교수에게 자신의 고민, 그리고 슈미트 교수와 윌킨스 교수와 만난 얘기를 했다.

맥누트가 준비한 질문 기회를 잡기도 전에 어트워터 교수가 먼저 물었다. "당신은 기독교와 유대교 사이의 경쟁이 신약성서 안의 몇 가지를 설명해준다는 것을 알고 계십니까? 특히 적어도 요한복음은 유대인들에 의해 많은 위협을 받던 기독교의 한 소종파에 의해 당당히 기록되었습니다. 분명한 것은 예수가 유대인들에 대해 요한복음의 방식으로는 결코 말하지 않았다는 것입니다. 요한복음이 예수의 입에 넣은 어떤 말씀은 실제로 매우 충격적인 것입니다. 예수께서 진짜로 유대인들을 악마의 자식이라고 말했다고 상상해 보십시오! 만일 역사적인 결과가 그렇게 끔찍하지만 않았다면, 이 요한복음의 언급은 우스개 소리가 되었을 것입니다."

맥누트는 놀랐다. 그녀는 학자들이 신약성서의 모든 기록을 전적인 사실로 보지 않는다는 점을 알고 있었다. 심지어 맥누트는 복음서들을 그 평행 본문들을 통해 공부한 바 있고, 동일한 사건들이 각 복음서들에서 상이하게 보도되는 방식을 이해하고 있었다. 그녀는 요한복음이 예수의 실제 말씀에 대한 보도라기보다는 예수에 대한 명상에 더욱 가깝다는 점도 알고 있었다. 그러나 어트워터 박사의 어조는 훨씬 더 강한 것이었다. 그는 요한복음을 결점 투성이인 것으로 통박하고 있는 것 같았다.

"저는 요한복음의 말씀에 곤란한 점이 있다는 데에는 동의합니다." 그녀는 천천히 대답했다. "그러나 박사님께서 말씀하시는 방식은 박사님께서 성서의 권위를 어떻게 이해하고 계신지 저를 난처하게 하네요."

"제가 조금 급했나요! 실제로 저는 요한복음서가 그렇게 많은 권위를 갖고 있지 않았다면, 이렇게까지 말하지는 않았을 것입니다. 알다시피, 요한복음은 가장 인기 있는 복음서이고, 종종 그것이 기독교 진리의 요약인 것처럼 한 권의 책으로 출판되기도 하지요. 그러나 제 생각에 요한복음이 실제로 쓰여진 상황과 역사적 예수에 대해 우리가 알고있는 상황의 빛에서 읽힌다면, 득보다는 실이 더욱 많을 수 있다는 겁니다."

맥누트 여사는 구원을 오직 예수에게만 연결시키고 있는 몇몇 신약성서 구절들을 준비해 두고 있었다. 그렇다. 요한복음은 자기 몫 이상의 역할을 해왔다. 맥누트는 어트워터 교수가 자신이 제시한 요한복음의 몇몇 구절을 매우 간단하게 처리할 것 같았다. 그녀는 잽싸게 자신이 준비한 목록을 보고 마태복음의 한 구절(11:27)을 골랐다. "제가 박사님께 가장 묻고 싶은 질문은 예수를 믿지 않고는 구원받을 수 없다는 점을 분명히 말함으로써 예수 그리스도를 배타적으로 강력하게 증거하는 신약성서 구절들을 어떻게 이해해야 하는지의 문제입니다. 예를 들어 마태복음의 한 구절을 보면, 예수께서는 다음과 같이 말씀하십니다. '내 아버지께서 모든 것을 내게 주셨으니 아버지 외에는 아들을 아는 자가 없고 아들과 또 아들의 소원대로 계시를 받는 자 외에는 아버지를 아는 자가 없느니라.' 박사님은 이 구절을 어떻게 생각하십니까?"

어트워터 박사는 진지하게 대답했다. "우리가 물을 필요가 있는 첫 번째 질문은 누가 그 구절을 말했느냐는 것입니다. 그러나 그것도 성경 안에 있는 것이기 때문에, 우리의 답이 무엇이 되었든 우리는 이를 진지하게 취급해야 할 것입니다. 그러나 본래적 상황은 우리의 해석뿐만 아니라 본래의 의미에도 영향을 주겠지요. 심지어 제가 심하게 말했던 요한복음의 구절도 만일 우리가 억압받던 소수의 사람들(기독교인들)이 억압자(유대인)에 대해 사용한 표현이라는 사실을 안다면 그 구절이 그렇게 공격적이라고 느끼지는 않을 것입니다. 저의 몇몇 흑인 동료들은 백인들을 '하얀 악마들'이라고 합니다. 저는 그것에 찬성하지는 않지만, 저의 동료들을 이해할 수는 있습니다.

"심지어 공관복음서(마태, 마가, 누가복음)에서조차 우리는 권위 있는 예수 자신의 말씀과 초대교회의 말씀 사이를 구별해야 합니다. 많은 경우에 이 작업은 매우 어렵습니다. 학자들은 상당히 많은 본문들에 대해 합의점에 도달하고는 있지만, 다른 본문들과 관련해서 논쟁은 계속되고 있습니다. 이 모든 작업의 최악의 결과는 이것이 책임적인 성서 해석에서 평신도들을 배제시킨다는 사실입니다!

"그럼에도 불구하고, 저는 평신도들도 유용한 판단을 내릴 수 있으며, 심지어 이런 식의 전문적인 학문에 관해서도 판단할 수 있다고 생각합니다. 당신이 읽은 말씀을 유심히 살펴봅시다. 그 구절들 사이에는 하나의 변화가 있습니다. 즉 처음 부분에서 예수께서는 1인칭(내, 내게)으로 말씀하십니다. 그 다음 그는 자신에 관해 아주 객관적으로 말합니다. 아들과 아버지에 대한 이런 언어는 자신과 그의 아버지에 대해 말하는 갈릴리 교사(예수)의 어법일 가능성은 극히 희박합니다. 그것은 예수와 하느님에 대한 교회의 언어일 가능성이 매우 높습니다."

"그럴 듯 하네요." 맥누트가 대답했다. "그런데 저는 박사님께서 신약성서학의 문제를 주의 깊게 다룬 것에 대해 정말 고맙게 생각합니다. 그러나 박사님께서는 예수의 말씀만이 기독교 공동체 내에서 권위를 갖는 신약성서의 말씀은 아니라는 점에 이미 동의하셨습니다. 제가 제시한 어떤 구절들은 심지어 예수께서 하신 말씀이 아닌 것이라고 하셨지요. 바울 역시 상당히 강하게 표현했습니다."

"맞습니다. 누가, 무엇을, 언제 말했는가 하는 문제는 신약성서 학자들을 완전히 사로잡고 있습니다. 그러나 교회는 그 문제를 사소한 것으로 간주합니다. 어떤 신학자들은 아무래도 상관없다고 말합니다. 이들의 말에 따르면, 성서는 그리스도에 대한 증언이고, 이런 증언 자체로서 이미 성서는 권위를 갖는다고 합니다. 대다수의 우리 성서학자들은 이런 식의 생각이 중요한 문제들을 지나치게 단순하게 만든다고 생각합니다. 즉 우리는 모든 성서 구절들을 실제로 모두 다루어야 합니다. 그런데 성서의 많은 구절들이 마치 그리스도 이외에는 다른 구원의 길이 없다는 듯이 말하고 있습니다."

"우리 기독교인들은 그 판단에 매여 있는가요?" 이것은 맥누트가 진짜 궁금한 것이었다. 그리고 맥누트는 마침내 대화가 무르익었다는 생각에 기뻤다.

"그것은 실제로 우리 신약성서 학자들이 대답할 문제는 아닙니다." 어트워터 박사는 대답했다. "그것은 교회가 답할 문제일 뿐입니다. 교회는 정경(正經)을 정했습니다. 교회는 자신이 바라는 권위가 무엇이든 그것을 정경화한 본문들에서 비롯된 것으로 돌립니다. 그러나 우리 신약성서 학자들도 공헌을 하고는 있습니다. 우리는 초대교회에는 많은 목소리들이 있었다는 사실 그 자체, 즉 초대교회는 모두 동일한 목소리를 갖고 있지 않았다는 사실 그 자체를 계속해서 지적합니다. 성서의 권위를 주장한다고 해서 그것이 단지 우리가 어떤 것을 꼭 믿어야 한다는 것을 말해주는 것은 아닙니다.

"저의 입장에서 볼 때, 저는 부정적인 진술보다는 긍정적인 진술의 권위를 훨씬 더 믿습니다. 무슨 말이냐 하면, 저는 바울이 예수 그리스도를 통해 자신이 변화되었다는 점을 의심하지 않습니다. 저는 이런 변화 경험이 많은 초대교회 기독교인들의 경험이었음을 의심하지 않습니다. 또한, 사람들을 변화시키는 그리스도의 능력이 한 집단의 사람들에게만 제한되지 않는다는 점을 그들 역시 알고 있었다고 저는 분명히 믿습니다. 그리스도는 유대인과 기독교인, 노예와 자유인, 그리고 남자와 여자를 모두 구원합니다. 초대교회 기독교인들은 그리스도가 모든 사람들을 구원할 수 있다고 확신했습니다.

"그러나 때로 그들이 그리스도의 구원 능력은 강하게 주장하면서, 그들이 사용한 언어는 부정적인 표현들이었습니다. 즉 '다른 이름을 주신 바 없다'고 부정적으로 말합니다. 그리스도를 영접하지 않은 자들은 저주받을 것이라고 말합니다. 이것은 동일한 사항에 대한 또 다른 진술 방식인 것 같지만, 저는 그렇게 생각하지 않습니다. 그래서 저는 일어날 수 없는 점을 말하는 구절들을 읽게 되면, 그것들을 믿지 않습니다. 저는 당시 사람들이 오늘날 우리처럼, 올바른 열정에서 시작해서, 자신들에게 그토록 기쁜 소식이었던 것 이외에는 다른 어떤 기쁜 소식이 없다는 식의 부정으로 잘못 빠져들었다고 생각합니다. 제가 지금 신약학자가 아니라, 마치 조직신학자처럼 말하는 것 같군요."

"아닙니다. 대단히 좋은 말씀입니다." 맥누트 여사는 그를 안심시켰다. "박사님의 말씀은 감동적입니다. 앞으로 제가 이런 교리 문제에 대해 과거와는 다르게 생각할 수 있을 것 같아요. 박사님, 유대인에 관한 신약성서의 가르침에 관해 제게 더 하실 말씀이 있으신가요?"

"우리는 로마서 9-11장에 대해 전혀 말하지 않았습니다." 어트워터 박사가 대답했다. "로마서 9-11장은 바로 지금까지의 우리의 논의의 전거(*locus classicus*)가 됩니다. 바울은 유대인들과 개종하지 않은 이방인들을 총괄해서 비기독교인으로 묶지 않았습니다. 그러나 몇몇 사람들은 후대에 그들을 비기독교인으로 총괄했습니다. 유대교와 기독교의 관계는 매우 특별한 것입니다. 바울에게는 이것이 단지 기독교가 유대교에서 나왔기 때문만은 아닙니다. 유대교와 기독교가 결국 하나가 될 운명이라는 사실을 의미하는 것입니다. 바울은 대다수 유대인들이 당분간 그리스도를 받아들이지 않을 것이라는 점을 인정했습니다. 바울은 이런 유대인들과의 관계에서 이방 기독교인들이 우월감을 갖는 것을 반대했던 것입니다."

"박사님, 감사합니다. 저는 그리스도가 유일한 구원자가 되는지의 문제에 너무 몰두한 나머지, 유대인에 대한 바울 자신의 성찰에 대해서는 생각해보지 못했었습니다. 저는 바울의 성찰들이 제게 어떤 의미를 주는지 지금은 확실히 알지 못하지만, 제가 문제를 매우 단순하게 보는 데서 자유로워졌다는 의미에서 저를 한 단계 이끄는 것 같습니다. 박사님은 제게 매우 귀중한 도움을 주셨습니다."

5. 레이놀즈 교수: 조직신학

집으로 오면서 맥누트는 별안간 어트워터 교수가 조직신학에 대해 말한 것이 생각났다. 아마도 그녀가 궁금해 하는 문제가 모두 조직신학의 문제로 직접 연결되는 듯했다. 그녀는 조직신학이란 말에 마음이 켕겼지만, 어트워터 교수가 마치 조직신학자처럼 말한다고 했던 말이 좋게 생각되었다. 그녀는 집에 와서 그 신학교의 조직신학자인 제임스 레이놀즈 교수에게 전화를 걸었다. 그 역시 그녀를 기꺼이 만나자고 하면서 밝은 목소리로 응해주었다.

어트워터 교수가 성서의 권위에 대해 말하면서 자신이 조직신학자처럼 말한다고 했던 말을 맥누트가 꺼내자, 레이놀즈 교수는 미소를 지었다. 그는 자기 동료들이 신학적으로 중요한 말을 많이 하면서도, 엄밀한 신학적 주제에 대해 책임 있는 입장을 밝히기를 꺼려하는 경향이 있다는 사실을 잘 알고 있었다.

레이놀즈 교수가 맥누트에게 말했다. "제가 가장 존경하는 신학자 가운데 한 분이 조금 다르긴 하지만 어트워터 박사와 비슷한 말을 했지요. 리차드 니버(H. R. Niebuhr)는 『계시의 의미』라는 놀랍도록 얇은 책에서, 기독교인으로서의 우리의 과제는 예수 그리스도의 의미를 고백하는 것이라고 말했지요. 어트워터 박사의 경우처럼 그것은 전적으로 적극적인 것이지요. 우리의 고백은 다른 사람들이 그들 자신들의 방식으로는 찾을 수 없는 것이나 찾지 못한 것에 대해서는 아무것도 말하지 않지요. 우리 기독교인들은 그들에게 우리의 고백을 들어보도록 요구하긴 하지만, 우리 역시 그들의 말을 들을 필요가 있습니다.

"저는 니버의 방식이 비기독교인에게 접근하는 좋은 방법이라고 생각해요. 우리는 그들이 구원받느냐, 받지 못하느냐에 대해 말하지 않습니다. 그들은 우리에게 자신들이 누군지, 어떤 생각을 하는지 말해줍니다. 그러나 우리는 예수 그리스도의 구원능력을 증언할 뿐이지요. 우리는 기독교인의 삶 속에서 살아 역사하시는 그리스도의 능력을 알기 때문에, 확신과 신뢰감으로 그 능력을 증언할 수 있지요. 우리는 그리스도를 다른 사람들에게 권합니다. 그러나 우리는 그들이 우리와 함께 나누는 이야기도 역시 들어야 합니다."

"박사님의 말씀은 제가 유대인 친구들에게 그리스도에 대해 말해야만 된다는 뜻입니까?" 로이스 맥누트는 그것을 알기를 원했다.

"이상적으로는 그래야 한다고 저는 생각합니다." 레이놀즈가 응답했다. "그러나 저는 기독교 주류교단들이 어떻게 유대인들에 대한 모든 선교 형태들을 포기하게 되었는지에 관해 말했다고 확신합니다. 문제는 유대인들이 기독교인들로부터 너무 오랫동안 많은 압력을 받았기 때문에, 우리 기독교인들이 그리스도에 대해 어떤 증언을 하든

간에 그들에게는 그것이 하나의 위협으로 느껴진다는 사실입니다. 저는 실제적인 조언으로서, 당신이 유대교가 그들에게 어떤 의미가 있는지 말해보도록 그들을 격려하고, 당신은 아주 개방적이고 감사하듯이 그들의 말을 들어볼 것을 제안합니다. 만일 이야기 도중에 그 친구들이 기독교가 당신에게 어떤 의미가 있는지 알기를 원한다면, 주저하진 마시되, 그것이 당신의 개인적 경험에 대한 고백적 진술이 되도록 매우 유념해야 합니다. 제 생각에, 당신의 고백을 통해 그들이 그들의 회당을 떠나 교회로 오도록 만들고 싶어한다면 당신은 실수를 저지르는 것입니다. 6백만 명의 유대인들을 히틀러에게 잃고 난 다음, 유대 공동체는 교회에 의한 더 이상의 피해를 두려워하고 있습니다."

"그러나 그 경우, 그리스도를 조금이라도 증언한다는 것, 혹은 박사님이 말한 대로 고백한다는 것은 무슨 의미가 있습니까?" 맥누트가 물었다.

"제 자신의 답을 말한다면, 그 핵심은 로마서 9-11장에 대한 제 자신의 성찰에서 발전된 것입니다." 레이놀즈 교수는 천천히 말했다. "저는 바울이 유대인과 이방인이 언젠가는 다시 하나가 될 것이라고 소망했음을 공감합니다. 유대인이 그리스도에게 가는 길은 우리가 그리스도에게 가는 길과는 다릅니다. 유대인에게는 유대인의 길이 있습니다. 우리가 그들로부터 뺏어온 그리스도를 그들이 언젠가 다시 찾게 되는 것은 그들 자신의 전통에 대한 그들 자신의 성찰을 통해서만 가능할 것입니다. 우리가 이 과정에서 할 수 있는 주된 공헌은 그들을 그냥 놔두는 것입니다. 그러나 저는 우정으로 맺어진 상황에서, 그리고 그런 우정의 한 표현으로서 그들이 그들 자신의 역사 속에서 예수라는 가장 걸출한 인물을 배출한 것에 감사하도록 도울 수 있다고 생각합니다. 그 동안 예수에의 충성은 유대인들에 대한 박해를 정당화하는 슬로건으로 이용되었습니다. 박해 이후에 유대인들이 예수를 개방적으로 바라본다는 것은 어렵습니다. 그러나 유대인들이 예수의 가장 심오한 의미가 세계를 위해 매우 긍정적이라는 점을 이해하게 된다면, 그들은 자신들을 위해서도 예수를 되찾는 일에 관심을 보이게 될 것입니다. 유대인으로서의 자신들의 정체성은 포기하진 않겠지만, 유대인들이 예수를 되찾게 되면 그들의 유대교는 완성을 이룰 것입니다."

로이스 맥누트는 그 말에 마음이 움직였다. 그녀는 그 동안의 고심이 거의 해결되었다고 느꼈다. 그녀는 그녀의 유대교인 친구들을 있는 그대로의 모습으로 완전히 받아들이는 고결한 마음을 잃지 않으면서 예수 그리스도의 보편성을 계속 믿을 수 있을 것 같았다. 하지만 그녀는 레이놀즈 박사가 제안한 위협이 되지 않는 방식으로 그리스도에 대한 자신의 믿음을 고백할 수 있을지는 확신할 수 없었다.

"대단한 말씀이십니다." 그녀는 계속 말했다. "그러나 한 가지가 저를 불안하게 하네요. 박사님은 유대인들이 예수를 받아들이는 것에 대해 말씀하셨지만, 예수를 하느님으로 받아들이라는 말보다는 그를 역사적 인물로만 받아들이라는 말로 들리네요. 저는 유대인 친구들에게 공격적인 언어를 사용하지 않고는 예수 그리스도께서 저에게 의미하는 바를 고백할 수 있다고 생각하지 않습니다. 제가 그렇게 하지 않으려고 열심히 노력한다 해도 말입니다. 이 문제가 최종적인 문제가 아닐까요. 즉 예수는 하느님이었는가, 아니었는가? 만일 유대인들이 예수가 하느님이었다는 점에 동의한다면, 그들은 여전히 유대교인일 수 있습니까?"

"제 생각에는 사실 당신이 방금 사용한 언어를 저는 과히 좋아하지 않습니다. 제게 그 언어는 제가 신약성서에서 배운 것과는 매우 다른 것 같아요. 그리고 그 언어는 예수를 이미 매우 높여서 부른 표현이구요. 어떤 신조들은 예수를 높여서 그 비슷하게 말했지만, 적어도 그처럼 일방적인 방식으로만 높이는 것은 실제로 피했습니다. 만일 당신이 정통주의자가 되기를 원한다면, 당신은 예수가 하느님이라고 말한 다음에 곧바로 예수가 틀림없이 완전한 사람이었다고 말해야만 합니다. 우리는 예수께서 하느님과 완전히 동일하다고 말할 수는 없기 때문에 이 점이 예수를 하느님으로부터 구별하게 되는 것이지요.

"제가 선호하는 언어는 다른 것입니다. 우리 기독교인들은 예수 안에서 하느님이 정말로 성육하셨다고 고백합니다. 이 점은 신약성서가 여러 방식으로 지지하는 것으로서, 요한복음 1장 서두에서 시작된 것이기도 합니다. 그러나 요한복음 1장은 예수께서 하느님이신 말씀이 현존하는 유일한 장소는 아니라는 점을 분명히 하고 있습니다. 의심할 바 없이 육신이 되셨다함은 생명과 사상 안에 현존하심과는 다릅니다. 그것들이 정확히 서로 어떻게 다른지는 요한복음에도 나타나 있지 않습니다. 그러나 그 방식들은 각기 동일하게 계속되고 있는 것입니다.

"결국 우리는 리차드 니버와 함께 시작한 곳으로 돌아가게 됩니다. 우리는 하느님께서 예수 그리스도 안에 성육하신다고 고백할 수 있습니다. 그러나 하느님이 다른 사람들에게는 어떻게 부재(不在)하는지에 대해 부정적으로 말하는 것은 우리의 일이 아닙니다. 우리는 우리 입장에서 그리스도께서 어떠한 방식으로든 모든 만물 속에 현존하신다고 말할 수 있습니다. 그러나 우리는 예수 안에 성육하시고 우리에게 현존하시는 하느님과, 구약성서의 유대인들과 그 후의 유대인들에게 말씀과 영 속에 현존하신 하느님 사이의 차이가 무엇인지를 우리는 말할 수 없습니다. 저는 유대인들을 신뢰합니다, 그리고 그들이 예수를 되찾게 될 때 그들은 우리들에게 뭔가 이 문제에 대해 새로운 가르침을 줄 수 있을 것이라고 확신합니다."

레이놀즈 교수의 말은 맥누트가 받아들일 준비가 된 것 이상이었다. 그녀는 어떠한 기독교 교리라도 심오하게 탐구하면, 처음의 투박한 단순성을 벗어나게 된다는 사실을 느낄 수 있었다. 즉 어떤 교리에 직면할 때, 기독교인을 불안하게 했던 이것이냐/저것이냐 식의 양자택일에서 벗어나 보다 섬세한 견해, 즉 마음을 반드시 혼란스럽게 하지는 않는 섬세한 입장에 서게 된다. 성서학자들은 이것을 그들의 고유의 방식으로 수행하고 있으며, 많은 다른 신학자들도 자신들의 고유한 방식으로 이 작업을 수행한다. 맥누트 역시 이제 자신만의 방식으로 이 과제를 수행할 것이다.

당신의 신학을 하라

1. 맥누트를 괴롭혔던 문제에 대해 당신의 입장은 무엇인가? 당신은 그 문제에 대해 어떻게 주장할 수 있는가?
2. 네 사람의 교수들이 그 문제를 분명하게 하거나, 당신이 결론을 내리는 일에 도와주었는가? 자세하게 설명하십시오.
3. 4장에서 논의한 웨슬리의 사중구조와의 관계에서 이번 장에서 등장한 네 학자들의 입장을 분석해 보십시오.

◇ 6 장 ◇

전문가들의 도움과 방해

1. 전문가는 무엇을 돕는가

1장에서 4장까지 사례들을 들어가며 설명한 신학적 작업을 한 개인이 혼자서 하기에는 거의 불가능하다. 우리는 관련된 사항에 대해 철저히 말하고, 제안들을 받고, 문제의 범위를 조정하여 버릴 것은 버리고, 그 외의 다른 방법도 찾을 필요가 있다. 모든 가능성들을 혼자 고려하고 검증하는 것은 대다수의 우리들이 스스로에게 기대할 수 있는 것 이상으로 힘겨운 작업이다. 이 말은 비록 이런 작업에 흥미를 갖는 다른 사람들이 없다고 해도, 우리가 혼자서라도 매우 많은 일을 할 수 없다는 뜻은 아니다. 그러나 우리가 다른 사람들과 함께 공조한다면, 그 재미는 더할 것이며 좋은 결과를 얻을 수 있는 전망은 높아질 것이다. 결국 기독교는 공동체 운동일 수밖에 없다. 우리는 서로를 필요로 한다.

5장은 다른 종류의 도움, 즉 전문가들의 도움을 보여주었다. 전문가란 더욱 나은 신학을 탐구하는 데 우리와 공동의 구도자가 될 것이다. 이러한 공동 노력은 좋을 것이다. 그러나 5장은 도움을 얻기 위해 전문가에게 기꺼이 갈 수 있었던 한 여성을 묘사했는데, 그녀는 전문가들이 줄 수 있는 도움에 대해 충분히 알고 있었다. 이제 1장에서 말했던 당신 자신의 건강에 대한 책임과 신학을 위한 책임을 비교했던 방식을 기억해 보라. 당신은 자신의 건강을 스스로 다각도로 돌아볼 수 있지만, 전문가의 도움 역시 필요한 것이다. 당신에게는 누구의 도움이 필요한지, 그리고 언제 그런 도움이 필요한지에 대해 적절한 판단을 할 수 있는 전문가들에 관해 충분히 알 필요가 있다. 당신의 신학적 건강도 이와 동일한 방식으로 고려되어야 한다.

당신은 왜 전문가의 도움이 조금이라도 필요한 것인가? 이에 대한 근본적인 대답은, 비록 좋은 신학 작업이 객관적 지식에 의존하는 것이 아닐지라도, 그런 객관적 지식이 없다면 당신이 할 수 있는 작업에는 한계가 있을 것이다. 물론 당신은 어느 정도 당신 자신의 연구를 할 수 있다. 예를 들어, 당신은 성서를 혼자 읽을 수 있다. 그러나 그 과정에서 생기는 많은 문제들이 전문가라면 쉽게 대답할 수 있는 것들이지만, 비전문가들은 거의 대답할 수 없는 문제들이기 때문이다.

그렇다고 이 말이 지금까지 말한 어떤 것을 철회하는 것은 아니다. 즉 전문가의 도움을 강조하는 것은 당신을 위해 당신 자신의 작업을 전문가가 해주도록 요구할 것을 주장하는 것이 아니다. 당신은 당신이 믿는 바를 찾아내야만 한다. 이것이 근본이다. 그러나 당신은 당신이 얻을 수 있는 가능한 모든 도움을 얻지 않을 이유도 없다. 즉 다른 사람에게서 도움을 받는 것이 당신 자신의 생각들을 명료하게 하는 데 도와줄 것이다.

2장에서 헨리 스미쓰는 동성애 행위가 언제나 잘못이라는 자신의 입장에 대해 몇 가지 정당성을 제시하였지만, 나는 그가 생각하지 못했던 몇 가지 논증을 이론적으로 덧붙였다. 예를 들어, 나는 그에게 자연법 이론과의 상관성을 인식하고 탐구하도록 했으며, 인류학적이고 심리학적인 통찰도 제시하였다.

한편, 많은 평신도들은 실제로 자연법 이론, 인류학, 그리고 심리학에 관한 정보를 가지고 있다. 이것들은 모두 대중적 숙지사항이지 전문적인 신학적 정보는 아니다. 이런 분야에 대해 어떤 평신도들은 나 자신이나 일반 신학자들보다 훨씬 더 전문적 지식을 가지고 있다. 교회에서 "평신도"가 된다는 것이 모든 다른 전문 분야들에서조차 평신도라는 뜻은 아니기 때문이다. 평신도들의 사유를 검토할 때, 이런 종류의 정보를 포함하는 것이 특별히 인위적인 것은 아니다.

당신들 가운데 많은 사람들은 대학을 졸업했을 것이다. 당신들은 많은 분야들에서 전문가들의 견해를 들어왔다. 당신들은 사회학자들과 화학자들, 그리고 심리학자들이 무슨 내용을 말할 것인지를 예측할 수 있다. 당신들은 자신이 궁금해하는 것들에 대해 대답해줄 사람은 누군지, 누구와 이야기해야 하는지를 알고 있다. 당신들은 도서관 이용법을 알고 있으며, 사서에게서 도움을 받을 줄도 안다. 1장에서 4장까지에서 제시된 사례들은 당신이 정상적인 방식으로 접근할 수 있는 정보만을 활용한 것이었다. 이번 장은 그런 종류의 전문가의 도움에 관한 것이 아니다.

그러나 많은 대학 졸업생들, 심지어 기독교인 대학 졸업생들조차 전문 신학자들이 어떤 작업을 하는 사람들인지, 그들은 어떤 도움을 줄 수 있는지를 모르고 있다. 평신도들이 전문 신학자들로부터 기대할 수 있는 도움에는 두 가지 형태가 있다.

첫째로, 전문 신학자들은 신학의 역사에 대한 폭넓은 배경 지식을 갖고 있다. 따라서 그들은 오늘날 교회에서 대중적 어법으로 사용하는 "신학"이란 말의 의미에 매어 있지 않다. 또한 신학자들은 자신의 신학사상과는 별도로, 신학계에서 현재 어떤 논의가 벌어지고 있는지에 대해서도 말할 수 있는 사람들이다.

둘째로, 전문 신학자들은 정보와 통찰력에서도 당신에게 도움을 줄 수 있다. 5장이 이것을 보여주었다. 맥누트와 대화했던 교수들은 기독교의 반유대주의에 대한 역사적 정보를 제공했다. 그들은 또한 기독교인들이 자신들의 믿음과 유대교에 관해 생각할 수 있는 방법들을 제시하기도 했다. 교수들이 이런 일을 할 수 있었던 것은 그들이 전문 지식과 경험을 가졌기 때문이었다. 그들 가운데 어떤 사람들은 그 문제를 다른 여러 사상가들이 다루어온 접근방식들에 정통하며, 또한 어떤 접근방식들이 효과적인 것인지를 판단할 수 있는데, 이런 판단은 비전문가들로서는 할 수 없는 것들이다.

비록 전문가들이 평신도들과는 다르게 전문 지식과 경험을 가지고 있는 것이 보통이지만, 이 두 그룹 사이의 고정된 경계는 존재하지 않는다. 즉 의학이든, 심리학이든, 생물학이든, 신학이든, 전문가 집단이 이해한 것들은 평신도들도 논의할 수 있다. 이 책이 강조하는 문제점 가운데 하나는 최근에 신학자들의 작업 가운데, 전통교단들의 교회에서 평신도들이 논의한 것은 거의 없었다는 점이다. 모든 기독교인들이 자신들의 신학에 대해 책임지기만 한다면, 현재의 이런 상황은 바뀔 것이다. 희망은 평신도와 전문가들 사이의 경계가 변해서, 현실적으로 오늘날 단지 전문가들에게만 속한 많은 논의들이 평신도들의 신학적 논의가 되는 것이다.

내가 3장에서 표명한 확신들 가운데 하나는 '신학함'에 대한 신학적 논의에는 중도(中道)가 없다는 것이었다. 4장에서 나는 경험, 이성, 전통, 그리고 성서가 모두 근본적으로 상호 연결되어 있다고 주장했다. 당신은 그 모두를 염두에 두지 않은 채 어느 하나에만 호소할 수는 없다. 나는 만일 당신이 신학에 대해 진지해진다면, 이런 진리를 스스로 발견할 것이라고 믿지만, 전문가에게서 미리 예상되는 것을 배우게 된다면, 당신의 신학을 다듬어나가는 데 나타날 장애물들이 제거될 것이라고 믿는다.

그러나 예상할 수 없는 것이 하나 있다. 당신은 전문가들이 당신의 질문에 대한 대답을 알고 있다고 예상할 수는 없다. 어떤 전문가들은 자신들을 위해서 잠정적인 대답들을 찾아냈을 것이지만, 어떤 사람들은 그렇지 못하다. 자신만의 대답을 찾은 사람들은 그 대답을 나눌 수 있는데, 이것은 모든 기독교인이 할 수 있는 일이다. 그 대답은 거듭거듭 고려되고 검증받은 것일 수 있다. 만약 그렇다면, 그 대답은 일정한 권위를 지니고 있다. 하지만 모든 전문가들이 모두 그 대답에 동의하지는 않는다. 즉 당신은 또 다른 전문가가 똑같이 많은 정보들을 검토하였고 자기의 생각에 대해 책임을 지고 씨름하였지만, 전혀 다른 입장을 취하고 있는 것을 보게 될 것이다. 전문가의 권위가 당신을 대신해서 결정을 해 줄 수는 없다는 말이다.

2. 대학과 신학교 교수들

좋은 신학자가 되고자 할 때 생기는 진짜 문제는 당신 스스로, 혹은 다른 평신도들과의 토론을 통해, 당신이 무엇을 할 수 있는가

하는 문제가 아니다. 진짜 목표는 어디서든 도움을 받아, 가능한 한 좋은 신학자가 되는 것이다. 전문 신학자들은 우리에게 도움을 줄 수 있는 중요한 원천이며 우리가 접근할 수 있는 원천이다. 당신은 전문 신학자들이 어떤 사람들이며, 그들이 도울 수 없는 것뿐 아니라 어떻게 도울 수 있는지도 알 필요가 있다.

대다수 전문 신학자들은 신학교 교수들이다. 신학교는 신학자들이 월급을 받는 거의 유일한 장소이다. 이번 장은 이런 교수들에게 초점을 맞출 것이다. 그러나 다른 사람들, 가령 목회자들과 종교학부 교수들도 당신에게 유익한 정보를 제공할 수 있다.

목회자들은 신학교 교수들과 어느 정도의 시간을 함께 보냈고 그 교수들에 대해 많이 안다. 목회자들은 신학교 교수들이 공헌할 수 있는 것과 할 수 없는 것이 무엇인지 알고 있다. 목회자들은 신학교 교수들이 쓴 책에서 무엇을 기대할 수 있는지, 그리고 어디서 그 책들을 찾을 수 있는지 알고 있다.

더군다나, 목회자들은 전문가들이다. 이들은 연구를 본업으로 하지 않고, 바쁜 생활 가운데 거의 그럴 시간도 없다. 그러나 목회자들은 한정된 범위 내에서 문제들을 공부했으며, 학자와 평신도 사이의 가교 역할을 할 수 있을 것으로 기대된다. 따라서 당신이 전문가의 도움을 구할 때, 당신의 목회자에게서부터 시작하라. 당신은 당신의 목회자가 특정한 문제에 대해 얼마나 많은 도움을 줄 수 있을지를 곧 알게 될 것이다.

신학적 문제에 대해 전문가들의 도움을 받을 수 있는 또 한 군데는 일반대학의 문과대학, 특히 종교학부이다. 오늘날 단과대학과 종합대학에서 가르치는 많은 사람들의 작업은 신학교 교수들의 그것과 매우 비슷하다.

　신학교 교수들과 일반대학의 종교학부 교수들 사이의 주된 차이는 신학교 교수들이 기독교 신학과 교회의 관계, 특히 목회자들의 직무와 관련해서 생각하도록 요청 받는다는 점에 있다. 즉 일반대학에서 이런 문제들을 다루는 사람들은 교회와 관련한 문제들을 제기할 가능성이 신학교 교수들보다 낮다. 심지어 어떤 교수들은 의식적으로 이런 문제를 피해간다. 그들은 자신들의 작업이 철저하게 상아탑 속에서 학문적 객관성을 유지하기를 원한다.

　때때로 당신은 신학교 교수들뿐만 아니라, 일반대학의 학자들이 제공할 수 있는 정보를 찾을지 모른다. 그러나 때때로 신학교 교수들이 더 좋은 정보를 줄 수 있다. 신학교 교수들은 기독교인들이 자신의 믿음에 관한 생각하는 것을 다루도록 기대되는 사람들이다. 종교 학부의 교수들은 이것을 다루는 사람들도 있고, 그렇지 않은 사람들도 있다.

　이제껏 모든 신학 교수들은 한 그룹으로 묶여져 간주되어 왔다. 그러나 실제로는 그들이 다양한 전공들로 구분되어 있다. 심지어 그들의 전공분야 안에는 세부 전공들이 있다. 당신의 어떤 문제에 대해서는 거의 모든 신학교 교수들이 해결할 수 있다. 그러나 많은 경우에, 한 교수에게 많은 질문을 던지면, 그는 동료 교수들을 추천할 것이다.

　신학교 내에서 당신이 가장 많이 찾을 전공분야는 구약학, 신약학, 교회사, 조직신학, 기독교 윤리, 에큐메니즘, 그리고 선교학 등이다. 당신이 종교사 교수를 찾기 위해서는 일반대학에 가야만 할 것이다. 때때로 설교학 교수, 목회 상담학 교수, 혹은 기독교 교육학 교수가 당신의 질문에 대해 대답해 줄 것이다.

당신이 신학교 교수들에게서 얻을 수 있는 대부분의 도움은 그들이 쓴 책을 통해서이다. 종종 당신의 목회자는 당신에게 적절한 책을 추천해 줄 수 있다. 만약 교회의 한 그룹이 전체적으로 좋은 신학자들이 되고자 한다면, 당신들은 다양한 도서들과 논문들을 읽고, 그 결과들에 대해 서로 자기 생각을 나눌 수 있다. 그러나 이런 목적을 위해서조차, 당신이 그 신학교 교수들이 어떤 사람들이며, 그들이 어떻게 생각하는지를 조금 더 이해하면, 훨씬 나을 것이다. 따라서 5장에서 한 평신도가 신학교 교수들과 대담했던 이야기는 당신이 교수들의 책이나 강의, 혹은 개인적인 대화에서 무엇을 기대할 수 있는지를 암시해 준다.

3. 교수들에 대한 평가

5장의 이야기에서 우리는 네 사람의 교수, 즉 상상 속의 인물들이지만 전형적이라고 말할 수 있는 네 사람의 교수를 만났다. 그들은 각각 뭔가를 공헌할 수 있었다. 에큐메니즘과 선교학 교수인 슈미트는 교회 선교와 그것에 관한 성찰에 전념해 왔다. 그는 몇몇 교단들의 실천뿐만 아니라, 공식적 입장들도 잘 알고 있다. 그러나 그가 자신의 명확한 신학적 입장을 갖고 있는지, 아닌지에 대해, 그는 말하지 않았다. 만일 그 대화가 아마도 또 다른 맥락에서, 즉 그가 자기의 전문가적 역량을 드러내지 않아도 좋을 분위기였다면, 자신이 그 문제를 이해하기 위해 씨름했던 이야기를 나누었을 것이다. 그러나 우리가 이런 가정을 할 수는 없다. 많은 성직자들과 평신도들이 자신들의 명확한 신학적 입장을 갖지 못하는 것과 마찬가지로, 신학교의 많은 교수들도 사정은 마찬가지이다. 즉 신학교 교수들 중 많은 사람들은 단지 교회와 그 믿음과 실천에 대한 전문적 지식 때문에 고용된 사람들이다. 즉 전문 지식은 교수들 자신의 확신에 대한 성찰을 요구하지는 않는다는 말이다.

사회사가인 윌킨스 교수는 명확한 확신들을 가지고 있었다. 그녀는 우리의 전통의 공동 유산을 이해하는 것이 중요하다고 확신하고 있었다. 중요한 기독교의 유산이 제도권의 역사와 몇몇 지도자들의 사상과 행위에 제한되는 것이 아니라는 점도 그녀는 믿고 있었다. 또한 그녀는 유대인들에 대한 기독교의 역사적인 자세는 개탄할 만한 것으로서, 교회의 이런 어두운 측면이 어떻게 발생했으며, 그것이 지금까지 어떻게 계속될 수 있었는지를 이해할 필요가 있다고 확신했다. 그러나 윌킨스 교수는 현재 기독교가 어떻게 가르쳐야 하는지에 대해 탐구하는 것을 자신의 책임으로 삼지는 않았다. 또한 이런 확신들이 예수 그리스도에 대한 개인적 체험에서 생긴 것인지, 만일 그렇다면 어떻게 생긴 것인지를 검토할 필요도 느끼지 않았다. 여기서도 만일 그녀가 다른 상황에서 이런 문제들에 대해 기꺼이 성찰할 상황이었다면, 그녀는 자신의 신학적 씨름을 솔직히 이야기했을 것이다. 그러나 그녀는 이러한 자세가 자신의 학위 논문에서나 수업 시간에는 해당하지 않는 것으로 간주했으며, 맥누트와의 대화 속에서도 이런 자세가 아무 역할도 하지 않았던 것이다.

어트워터 교수와 같은 신약성서 학자들로서는 이처럼 신학으로부터 거리를 유지하는 것이 사실상 더 어렵다. 신약성서에 대한 해석은 즉각적인 신학적 함의를 갖는다. 본문들의 권위는 모든 성서학자들이 회피할 수 없는 문제이다. 성서에 대한 이들의 연구 방법론은 성서의 본질과 권위에 대한 어떤 견해들과 이미 긴장 관계에 있는 전제들을 갖고 있다. 그러나 여기에도 전형적인 선이 그어져 있다. 즉 신약성서 교수들과 같이, 학자들은 오늘날의 신앙인들이 역사 비판적 연구나 문헌 연구의 결과들을 어떻게 취급해야만 할지를 결정하는 것에 대해 책임을 회피하는 경향이 짙다. 어떤 점에서 이들은 동료 조직신학 교수들에게 이 책임을 미루려고 한다. 비록 조직신학자들 역시 이런 성서학자들의 견해에 동의하지 않으며, 이렇게 책임을 미루는 것이 성서학의 정보가 불충분하기 때문이라고 생각하지만 말이다.

신학적 물음에 대해 직접적으로 대답하는 것은 조직신학의 특수한 과제이다. 이상적으로는 이런 대답들이 교수단 전체의 실천적이고 이론적인 지식을 알고 난 다음에 말해야 할 대답들이다. 그러나 실제로는 조직신학 교수들이 동료 교수들이 가르치는 많은 내용들에 대해 고작해야 평신도 수준의 이해에 머물고 있을 따름이다. 조직신학 교수들 자신의 전문적 지식이란 일차적으로 다른 신학자들이 가르쳤거나, 현재 가르치는 내용들이기 쉽다. 실제로 어떤 조직신학 교수들은 자신의 개인적 성찰을 통해 얻은 결론을 갖고 맥누트에게 답하려고 하지 않았을 것이다. 그들은 그녀에게 칼 바르트, 폴 틸리히, 볼프하르트 판넨버그, 위르겐 몰트만이 그 해당 주제에 관해 했던 말들을 해주려고 했을 것이다. 만일 그들 자신의 입장을 말해 달라는 압력을 받으면, 이들은 아마도 그들이 설명한 이런 저런 신학자들에 대한 비판적 언급을 했을 것이다.

맥누트와의 대담에서, 조직신학자 레이놀즈 교수는 맥누트와 대화한 마지막 학자였다. 그럼에도 불구하고, 그들의 대화 결과는 미해

결로 남겨졌다. 예수가 하느님이라는 교리에 대한 레이놀즈 교수의 비판은 성서와 교회사, 특히 위대한 신조들의 가르침의 입장에 토대를 둔 것이었다. 레이놀즈 교수의 생각은 그 분야들의 학자들과의 더욱 치밀한 논의를 통해 검증될 수 있다. 맥누트는 자신의 신학을 발전시키는 과정에서, 어떤 조직신학자의 입장이라도 그것을 규범적이거나 결정적인 것으로 받아들일 이유는 없다. 맥누트는 그 학자들의 입장을 그녀의 믿음에 대한 검토 작업, 즉 역사적 정보와 관련시켜 검토하는 것과 그녀 자신의 깊은 확신과 관련시켜 검토하는 작업을 위한 제안들이나 학설 정도로 취급해야 한다.

그 이야기에서 레이놀즈 교수는 자신이 그 문제를 이해하기 위해 씨름했던 경험을 이야기했다. 그는 다른 사람들의 도움을 받아 자신이 그런 결론에 도달하게 되었다고 말했다. 맥누트는 그에게 다른 학설을 주장하는 신학자를 소개해달라고 요청할 수도 있었다. 즉 다른 학자들이 많은 정보를 갖고 치밀하게 생각하여 탐구한 방식들에 대해 더욱 많이 알게 될수록, 그녀는 자신의 확신을 자유롭게 발전시킬 기회가 그만큼 많아지게 된다는 말이다.

한편, 학자들을 만나게 되면, 여러 가지로 압도당할 위험이 있다. 즉 우리의 물음과 관련해서 참조할 역사가 얼마나 많은지, 현대 사상가들이 이 문제들을 다루는 방법들은 또 얼마나 많고 복잡한지를 알게 되면, 우리는 어떠한 의견도 제시할 수 없다고 자포자기하기 쉽다는 말이다. 이것은 이해할 수는 있지만, 불행한 일이다.

이런 일은 신학 교수들 자신에게도 해로운 일이 되어 왔다. 비록 우리가 이들을 "신학교 교수들"이라 부르지만, 우리가 알 듯이 사실은 그들이 자신의 신학에 대한 전문가로서의 책임을 대부분 거절하고 있는 집단이다. 교수단의 각 구성원은 대부분의 경우에 특별한 주제에 대한 전공분야를 갖고 있을 뿐이다. 학자 집단은 이런 특정 분야를 위한 방법론을 개발해 왔다. 이런 방법론을 특정 분야에 적용시키는 것이 그들의 학문이다.

물론 목회자를 양성하기 위해 어떤 분야를 가르쳐야 하는가에 따라 교수들을 선택하게 된다. 그러나 교수들의 연구와 그 과목들의 강의 방식은 그 학문 분과의 다소 자율적인 발전들에 의해 주로 결정된다. 이런 발전은 점점 더 전문화로 빠져든다. 예를 들어, 초대교회 사회사는 이런 식의 전문화를 보여준다. 즉 초대교회 사회사에 대해 매우 통달한 사람이 종교 개혁시대 사회사나 초대교회의 지도적 사상가들이 발전시킨 철학적 신학에 관해서는 거의 알지 못하기도 한다. 어떤 조직신학자는 20세기 중부 유럽의 신학적 발전에 관해서는 매우 잘 알고 있지만, 미국에서 등장한 흑인 신학이나 페미니즘 신학에 관해서는 거의 아무것도 모를 수 있다.

그 결과 작은 규모의 교수진으로서는 장래의 목회자들에게 성서, 기독교 역사, 그리고 신학에 대해 전체적으로 바라볼 수 있는 시각을 제공해 주기가 어렵다. 또한 그렇게 배운 것을 실제 목회에 적용하는 작업의 중요성이 종종 모호해진다. 결과적으로 신학교 교육이 장래의 목회자들을 좋은 신학자가 되도록 격려하지 못하고, 그들로 하여금 신학과 목회의 이질감에만 시달리게 한다. 대부분의 신학교 교수들은 자신들이 신학자라고 주장하지 않는다. 그래서 우리가 받는 인상은 책임 있는 신학적 작업을 위해서는 교수단 전체가 제공하는 정보를 모두 취할 필요가 있으며, 그 밖에도 또 다른 많은 정보를 얻어야만 한다고 생각하게 된다. 하지만 교수단은 학생들이 요구하는 통합 모델이 되지 못하고 있다. 좋은 신학자가 되고자 진지하게 노력하는 목회자가 매우 드문 한 가지 이유는 그 일이 자신들에게 불가능한 과제처럼 보이기 때문이다. 필경 그들의 이런 자세는 그대로 평신도들에게 전해지고 만다.

나는 이런 흐름을 돌려놓기 위해 이 책을 집필하였다. 우리들 모두, 즉 평신도, 목회자, 그리고 교수는 단지 기독교인으로서 신학자들이다. 우리의 과제는 더 좋은 신학자가 되는 것이다. 우리가 이 과제를 위해 투자하는 시간과 노력에도 불구하고, 우리들 가운데 아무도, 심지어 전문 조직신학자들조차도 최종적 결론에는 도달하지 못할 것이다. 하지만 우리가 최종적인 결론에 도달하지 못한 채 기껏해야 계속적인 탐구만 할 수 있을 뿐이라는 사실이 이런 탐구의 가치를 떨어뜨리는 것은 아니다. 즉 우리는 우리들의 확신들을 분명하게 만들고, 순수하게 다듬고 더욱 깊은 확신이 되도록 만들 수 있다.

4. 조언

5장과 6장의 실제적 목적은 당신이 평신도 신학자로서 전문 학자들, 특별히 신학교 교수들에게서 무엇을 얻을 수 있는지를 설명하는 것이었다. 그러나 만일 그 제안들을 너무 직설적으로 받아들인다면, 매우 실제적이지는 못할 것이다. 독자들 대다수는 5장에서 등장한 네 사람의 신학자들과 대화할 기회를 갖지 못할 것이기 때문이다. 만약 독자들이 한꺼번에 어떤 신앙적 물음에 대해 급작스런 관심을 표현한다면, 해당 분야의 교수들은 순식간에 압도될 것이다.

진짜 요점은 책들을 통해 얻을 수 있는 것이 무엇인지를 제시하는 것이다. 당신을 위한 가장 실제적 방법은 당신이 당신의 목사님을 만나, 당신이 가장 관심을 갖고 있는 문제를 풀어나가는 데 도움을 줄 수 있는 책들이 무엇인지에 대해 대화를 나누는 방법이다.

그러나 당신의 관심을 혼자 탐구하는 것보다 훨씬 더 좋은 방법은 당신의 목사님과 함께 공부하는 스터디 그룹(study group)에 참여하는 것이다. 그러면 관련 자료들을 함께 읽을 수 있을 뿐만 아니라, 당신 마음에 떠오르는 생각들을 다듬어 조리 있게 말하고 그에 대한 남들의 생각도 들음으로써 당신은 성숙할 수 있을 것이다.

이런 스터디 그룹을 통해, 당신은 유대교에 대한 기독교의 입장을 공부하면서 앞의 5장에서 나왔던 내용들을 배우고 공통의 확신을 찾기 위한 토대를 발견할 수 있을 것이다. 만일 그룹의 참가자들이 일치된 결론에 도달하지 못한다 해도, 이들은 적어도 상호간의 차이점과 그 차이점의 근거를 명확히 알 수 있게 될 것이다. 이런 과정을 거쳐 평신도들은 성숙한 신학자들이 되는 것이다.

혹은 또 다른 한 그룹은 페미니즘이 기독교 신학에 끼친 의미를 공부하면서 그와 관련된 글들을 읽을 수 있을 것이다. 그들은 1장에서 소개된 것처럼, 예배에서 여성적 이미지들을 사용하는 것에 대한 실제적 문제부터 시작할 수 있다. 거듭 말하자면 상호간에 일치된 의견에 이를 수 없을지 모르지만, 확실히 그들은 자신들이 일치하지 못하는 이유에 대해 책임적으로 분석하는 방향으로 나아갈 수 있을 것이다. 이런 과정을 통해 모든 구성원들은 신학의 많은 근본 문제들에 대해 숙고하게 될 것이다. 이 평신도들 역시 진지한 신학자들이 되고 있는 것이다.

비록 평신도들 각자가 네 사람의 전문가들과 만나는 것이 현실적으로는 어렵지만, 스터디 그룹을 통해 진지한 신학적 성찰을 하는 모임에서 그런 교수들을 초청하여 이야기 나누는 것은 현실적으로 어려운 일이 아니다. 교수들은 그런 기회를 환영할 것이기 때문이다. 이런 만남은 공동 작업이 발전된 단계들에서 가장 귀한 만남이 될 것이다.

개교회 평신도들과 신학교 교수들 사이의 이런 파트너쉽(partnership)은 전통교단들에게 획기적인 전기가 될 것이다. 평신도 신학자의 수가 증가할수록, 목회자의 역할에 대한 이해는 변할 것이고, 이런 변화는 신학교의 자기이해에도 분명히 영향을 미칠 것이다. 그러나 무엇보다도, 교회의 평신도 지도력은 책임적인 방식으로 철저히 새로워질 것이며, 교회는 다시 기독교적인 성찰에 근거해서 어떤 결정을 할 수 있게 된다.

평신도 신학의 강력한 출현에 대한 부정적인 측면은 그로 인해 심각한 신학적 차이만 더 두드러져서 그것들만이 예민하게 느껴질지 모른다는 점이다. 예를 들어, 유대인들에 대한 복음주의적 선교를 중지시킨 것에 대해 묵인해왔던 사람들 가운데 일부는 이제 새롭게 전도를 시작해야 한다고 확신할 수도 있다. 반면에 다른 사람들은 기독교인이 유대인 개인을 그들의 회당으로부터 나와서 기독교로 개종시키려고 노력할 이유는 없다고 강하게 느낄 수도 있다. 하느님에 대해 여성적인 호칭을 사용하는 것에 대해서는 더욱 의견이 분분할 것이다.

일반적으로 많은 사람들은 자신들과 가장 일치하는 사람들이 대부분 다른 교단의 사람이라는 점을 발견할 수도 있다. 교단들의 경계가 교단들의 발생 초기의 문제들 때문이 아니라, 현재의 신학적 문제들에 대한 입장에 따라 재편성하려는 경향이 나타날 수도 있다. 교단적인 충성심에 호소하는 일은 이제 그 효과가 떨어질 것이다. 교단을 책임지고 있는 사람들에게서 진지한 평신도 신학을 부흥시키려는 열정이 왜 부족한지를 이해하는 것은 어렵지 않다.

그러나 이러한 평신도 신학의 부흥에 수반되는 부정적 결과들은 어차피 현재 벌어지고 있는 일을 무르익도록 만들 따름이다. 예전의 문제들에 입각한 교단 중심의 충성심은 이미 약화되었다. 현재 각 교단들이 별다른 의미가 없기 때문에, 진지하게 헌신하고자 하는 사람들은 자신들이 친교를 찾을 수 있는 곳이면 어디든 찾아다닌다. 국가적 차원의 조직들도 이런 문제들로 인해 많이 쇠퇴되었다.

평신도 신학이 교단적 분열을 종식시킬 것이라는 점은 확신할 수 없다. 그러나 이런 문제들을 기독교인으로서 진지하게 연구하는 우리들이 서로를 현재보다 더욱 잘 이해할 수 있게 될 가능성은 충분하다. 우리는 열심히 공부하고 깊이 생각하는 평신도들에 대해 교단이 열정적으로 지지함으로써 무엇을 할 수 있는지를 정할 수 있을 것이다. 만일 교회의 새로운 재편성이 피할 수 없는 일이라면, 평신도 신학이 적의와 상호 경멸 없이 이런 재편성이 가능하도록 할 수 있을 것이다.

어쨌건, 현실적으로 우리는 다른 기독교적 대안을 갖지 못하고 있다. 교회중심주의와 교단중심주의로 치닫는 것은, 그 과정에서 대부분의 기독교인들이 무엇을 잃게 되는지를 이해하지 못하기 때문에, 바람직한 선택이 아니다. 그리스도를 믿는다는 것은 그 믿음이 무엇을 뜻하는지를 이해하려고 노력할 것을 요구한다. 이것은 불가능한 과제가 아니다. 우리는 노력해야만 한다.

당신의 신학을 하라

1. 이 책의 처음 장들에 대한 당신의 반응에서, 당신은 당신의 생각을 확고하게 하고, 명료하게 하며, 수정하고, 발전시키기 위해, 당신이 쉽게 얻을 수 없는 정보나 사상들을 필요로 하였는가? 그러한 정보나 사상들이 구체적으로 무엇인지 약간만 말해 보라. 그런 것이 만일 있다면, 어느 경우에 전문 신학자가 그것에 대해 당신에게 도움을 줄 수 있는가? 어떤 분야의 학자가 당신에게 가장 도움이 될 수 있는가를 말해 보라.

2. 당신이 필요한 정보를 제공해 줄 학자들에 의해 집필된 논문이나 책들을 당신 스스로 찾을 수 있는가? 만일 찾을 수 없다면, 당신의 목회자나 그 외의 다른 누군가가 당신을 도울 수 있는가? 당신이 이제껏 읽어본 관련 논문들과 책들을 지적하고, 그것들에 대해 평가해 보라. 당신이 필요로 하는 도움을 받은 후, 당신의 주장을 다시 논증해 보라. 당신이 내린 결론들은 기독교 밖의 일반 자료들로부터 관련 정보를 얻음으로써 영향을 받았는가?

◇ 7 장 ◇

기독교의 반격

1. 오랜 후퇴

만일 우리가 신학의 지나간 역사를 살펴본다면, 신학적 주제의 폭이 협소해져 왔음에 짐짓 놀라지 않을 수 없을 것이다. 예전의 기독교 지도자들, 가령 성 어거스틴이나 토마스 아퀴나스에게는 그들의 성찰에서 배제된 주제들이 없었다. 이들은 모든 것을 기독교적 입장에서 보는 방식이 있다고 생각하였다. 이들은 정치학이나 경제학은 물론 세계사와 우주론에 관해서도 말하였다.

이들에게는 이 모든 것들이 어떤 의미에서 하느님에 관해 말하는 것이었고, 하느님께서 예수 그리스도 안에서 성육하신 방식을 말하는 것이었다. 그 이유는 하느님께서 모든 것 속에 적극적으로 개입되어 있기 때문이다. 예수 그리스도에게서 그 정점에 이른 하느님의 창조적이고 구속적인 활동을 통해, 우리는 인생을 어떻게 살아야만 하며, 자연과 역사를 어떻게 이해해야 하는지에 대한 통찰력을 얻을 수 있기 때문이다.

이것은 기독교인이 필요한 모든 정보를 성서에서 뽑아낼 수 있다는 뜻이 아니었다. 어거스틴과 토마스 아퀴나스는 둘 다 그리스인들이 쌓아올린 지식을 광범위하게 사용하였다. 그러나 그들이 그리스인들의 지식을 해석하고 활용한 것은 기독교적 확신들이었다.

어거스틴도 토마스 아퀴나스도 인간정신의 사유능력과 이해능력을 얕보지 않았다. 그들은 모두 탁월한 사유와 논증을 전개하였다. 그들은 신학의 역사뿐만 아니라 철학의 역사에서도 깊게 연구되었다. 그러나 그들 중 누구도 기독교적 사유가 배제된 순수한 세속적 사상의 영역이 있다고는 생각하지 않았다. 하느님은 모든 만물의 창조주와 주인이 되시기 때문에, 하느님에 대한 믿음은 신앙인들을 만물과 관계시키는 일이 된다. 이와 마찬가지로 기독교인의 사고와 실천은 만물과 관계된다.

종교 개혁자 루터와 칼빈은 이런 전통을 지속시켰다. 실제로, 이들은 선대의 신학자들이 그리스 철학을 신학 속에 통합시키면서 세속적 사고에 너무 많은 것을 양보했다고 생각하였다. 이들은 교회나 일반 사회에서 직면하는 문제들이 무엇이든, 그것을 이해하기 위한 원천으로서 성서에 더 배타적으로 호소하였다.

그럼에도 불구하고, 그들로 인해 서양의 기독교 세계의 통일성이 깨어짐으로써, 세속주의의 태동을 위한 길을 열어주었다. 특히, 종교적 박해와 종교 전쟁은 사려 깊고 예민한 감각의 소유자들에게 종교영역은 한정되어야 한다는 믿음을 갖게 하였다. 즉 어떤 신학이 각각 자기의 신학만이 옳다는 식의 전체주의적인 주장을 펼치는 한, 그와 다른 신학을 믿는 사람들은 평화롭게 살 수 없는 것처럼 보였기 때문이다. 따라서 다른 믿음에 대해 관용적인 믿음과 그렇지 못한 믿음을 구별하는 것이 반드시 필요하게 되었다. 이것은 시민들에게 종교의 다양성을 허용하는 세속국가를 세움으로써 가능하게 되었다.

정치적으로 그리고 사회적으로, 이러한 자유주의적인 정치적 해결은 그 기능을 잘 발휘하였다. 미국에서도 우리는 이것을 당연시하고 있다. 우리 기독교인들도 이것을 강력하게 지지한다. 우리는 단지 하나의 신학에만 충성하는 어떠한 기관이 우리들의 공적인 생활을 통제하는 것을 원하지 않는다.

교회가 지배하던 사회에서 세속사회로의 이런 정치적 전이는 교회자체에도 유익을 가져다주었다. 교회가 막대한 정치력을 행사하면서 사회적 특권을 누릴 때, 교회의 지도자 위치는 권력과 특권에 굶주린 사람들의 입맛을 다시게 만든다. 이런 사람들도 대다수가 신실한 기독교인들이지만, 지도자가 되고자 하는 동기들이 불순하기 쉽다. 심지어 교회 지도자들이 권력과 특권을 훨씬 덜 행사할 때조차도, 지도자가 되고자 하는 자들의 동기는 불순하다. 우리는 우리의 죄성(罪性)을 사회적 구조가 극복해 주지 못한다는 점을 알고 있다. 그러나 세속적 보상이 적을 때, 그리스도에 대한 충성은 더욱 큰 역할을 하게 마련이다.

교회가 지배권력을 갖지 않을 때, 기독교적 관점에서 행하는 사람들을 비판하는 것은 더욱 좋은 입지에 놓이게 된다. 그러나 물론 이런 비판이 무책임하게 이루어질 수도 있고, 교회가 그리스도의 부르심이 무엇인지에 관해 잘못 판단할 수도 있다. 교회는 예언자적 역할에 종종 실패해서, 교회 안에서 가장 영향력이 많은 사람들의 이해관계와 편견을 옹호하는 발언을 하기도 한다. 하지만 이 모든 모호함에도 불구하고, 공식적 문제들에 관한 교회의 에큐메니칼 선언에 대한 그동안의 이력은 우리가 긍지를 가질 만한 것이다.

그러나 세속 사회로의 전이에는 이득뿐만 아니라 심각한 손실도 있어왔다. 즉 기독교인들은 기독교적인 것이라고 생각했던 주제들의 범위를 점차 축소시켜 왔던 것이다. 새로운 학문들이 생겨날 때마다, 그것들은 각각의 자율성을 선언했다. 전체적으로, 기독교인들은 이런 자율성을 허락해왔다. 이런 일이 있을 때마다, 사상의 영역 가운데 또 한 부분에 대해 신학이 접근할 수 없다고 선언되었다. 세계에 대한 기독교인들의 사고방식은 점점 더 이런 자율적 학문들의 발견들을 통해 영향을 받게 되었으며, 독특한 기독교적 관점의 영향은 점점 더 축소되어 왔다.

보수적 기독교인들은 신학의 이런 후퇴에 대해 저항해 왔다. 19세기 후반에 이 문제가 전면에 부각된 것은 세계와 특히 인류의 등장에 대한 진화론과 관련해서였다. 보수적 기독교의 논점은 종종 협소한 성서 지상주의로 빠져들어, 창세기 1장이 세상의 기원에 대한 우리의 생각의 안내자가 되어야만 한다고 주장하였다. 그러나 그 이상의 문제가 관련되어 있었다. 즉 진화론은 세계관에 대한 철저한 변화와 관계되었으며, 이 철저한 변화는 기독교의 어떠한 영향력도 거부하는 자율적 과학들에 의해 기독교인들에게 강요되었다.

진보적인 기독교인들은 이 위기를 두 가지 방식으로 대처했다. 어떤 사람들은 자신들의 유신론적 신앙을 바탕으로 해서 진화론을 지지하는 증거들을 해석하려고 했다. 즉 이들은 진화론은 일단 받아들였지만, 그에 대한 기독교적 해석을 제시했던 것이다. 그러나 다른 사람들은 이원론적인 입장을 택했다. 이들은 인간 세계와 자연 세계에는 깊고 근본적인 차이가 있다고 주장했다. 이들은 신학이 단지 인간 세계에만 속한다고 말했다. 자연 세계에 대한 이론은 중요하지 않을 뿐만 아니라 관심도 없다는 것이었다.

만일 기독교적 사유에 이런 한계가 있다는 것을 받아들이는 것이 단지 자연과학들만을 빼버리는 것이라면, 기독교 신앙에는 별로 심각한 영향을 주지 못할 것이다. 그러나 경계선은 그렇게 그어질 수 없었다. 앞장들에서 우리는 사회과학들이 자신들의 자율성을 어떻게 선언해 왔는지를 살펴 본 바 있다. 이것은 심리학이나 역사학에도 해당한다. 즉 기독교인들이 기독교인으로서 자유롭게 말할 수 있는 영역은 매우 크게 움츠러들었다. 결과적으로 기독교인의 사회적 행동을 가르치는 것은 기독교 신앙에 대한 이해보다는, 자율적 과학들을 통해서 우리에게 주어지는 세계에 대한 이해가 더욱 크게 되었다.

이런 상황에서는 신학이 다른 학문 분야들 옆에 있는 하나의 학문 분야가 될 뿐이다. 신학의 중요한 주제는 성서 해석과 교회사 연구, 그리고 하느님, 그리스도, 교회, 기독교인의 경험과 도덕성 등을 적절하게 표현하려는 노력이다. 달리 말해서, 신학은 세계와 삶의 모든 문제들을 신앙의 관점에서 연구하는 대신에, 기독교 자체만을 위한 연구로 제한된다. 또한 신학의 많은 부분은 결국 신학적 작업의 내용과 그 작업의 정당성을 명료하게 밝히는 일에 바쳐진다. 이 모든 작업에서 신학은 세속 학문들의 관점과 방법을 차용한다. 그 결과, 교회 공동체에 대해서는 단지 사소한 관심만을 갖게 된다.

따라서 기독교 신앙은 전체적으로 사회 속에서 (예전의 중심으로부터) 주변으로 밀려나게 되었고, 신학도 결국 기독교인들 사이에서 주변으로 밀려나게 되었다. 앞장들에서 나는 기독교인들 사이에서 이런 신학의 주변부화를 어떻게 끝낼 수 있는지를 설명한 바 있다. 즉 우리 모두가 이미 신학자들이며 더 좋은 신학자들이 될 수 있다는 점을 알 수 있다. 우리가 기독교와 다른 권위들 사이에서 우리의 헌신을 분산시키는 동안에는 좋은 신학자가 될 수 있는 길이 요원해짐을 알 수 있다. 만일 우리가 기독교인으로서의 자기 정체성을 가장 우선적인 정체성으로 삼지 않는다면, 우리는 좋은 신학자들이 될 수 없다.

이것은 성서 본문들의 직접적인 권위와 자율적인 과학들의 연구 성과가 상충하게 될 때에, 그 과학들에 반대하는 것이 옳다는 뜻인가? 우리 모두는 진화론의 가르침에 반대하는 "창조론자들"을 지지해야만 하는가? 나는 그렇게 생각하지 않는다. 나의 지금까지의 제안은 우리가 기독교 신앙의 테두리 내에서 자율적 과학들이 밝혀주는 증거를 받아들일 수 있는 포괄적인 근거를 찾자는 것이었다. 기독교 신앙은 이 증거들을 정당하게 대접해야만 한다. 편견이 없는 사람들 가운데 '창조과학'이 과학적 증거들을 정당하게 대접하고 있다고 믿는 사람들은 별로 없다. 성서 자료에서 생물학, 물리학, 천문학, 혹은 심리학을 이끌어내려는 시도는 무익하고 잘못된 과제일 뿐이다. 성서가 자연 세계에 대한 정보를 주기 위한 책은 아니라고 주장한 이원론자들의 주장은 옳았다.

2. 다시 세계에 관여하라

우리 기독교인들은 자율적 과학에 반대하여 성서의 명백한 문자적 가르침을 옹호하거나, 그렇지 않으면 과학적 주제들에 대한 기독교인의 사고방식은 자율적 과학에게 맡기거나 둘 중의 하나를 선택할 수밖에 없다고 생각한다. 사실상, 대부분의 경우에 우리는 후자를 선택해 왔다. 이로 인해 신앙이 우리의 삶을 형성하는 데 직접적인 역할을 제대로 하지 못하도록 제한시키게 되었다.

우리는 3장에서 신앙의 직접적 역할이 어떻게 간접적 역할에 의해 보완될 수 있는지에 대해 설명했었다. 경제 문제에 대한 목사의 설교에 분개했던 사업가 로저 슈월츠는 현대 경제 이론에 대한 자신의 확신을 기독교의 책임적 헌신으로 믿었을 것이다. 이런 방식으로 슈월츠는 부의 추구에 대한 성서의 많은 경고들을 거부하면서도 자신의 기독교적 성실성을 유지할 수 있었다.

우리의 전통교단들의 입장도 일반적으로 이런 식인 듯 싶다. 즉 전통교단들은 경제 이론의 권위를 논박하지 않기 때문이다. 결과적으로 전통교단들은 경제생활에서의 자기이익이 담당하는 적극적인 역할을 받아들이고 있음에 틀림없다. 전통교단들은 경제에 대한 자신들의 선언을 공공정책의 문제에만 국한시키는데, 이런 문제는 경제학자들조차 의견이 일치하지 않는다. 즉 어떤 경제학자들은 생산성의 증가와 그에 따른 시장경제 활동을 촉진시키는 데에 우리가 모든 노력을 경주한다면, 가난한 사람들은 한동안 고통스럽겠지만, 결국 사회는 부유해진다고 주장한다. 그러나 다른 학자들은 정부가 경쟁에서 낙오한 사람들에 대해 관심을 갖고, 이들의 필요를 충족시키기 위해, 비록 시장의 성장을 둔화시킨다 하더라도 최선을 다해야 한다고 주장한다. 비록 많은 기독교인들이 이런 정부의 정책에 동의하지는 않아도, 전통교단들은 일반적으로는 후자의 편에 선다. 그러나 실제로, 보수적인 기독교인들은 가난한 자들이 고통을 받더라도 정부는 최소한의 개입만을 하기를 원한다. 그들은 가난한 사람들의 필요를 충족시키는 일은 단지 사적인 동정심에 맡기려는 경향이 있다.

이것은 중요한 논쟁거리이다. 현재나 미래나 많은 사람들의 삶의 질은 이 논쟁의 결과에 달려 있기 때문이다. 그러나 이것이 기독교인들이 경제 논의에 관여하는 유일한 방식인가?

19세기 후반과 20세기 초반에 경제학자들 사이에서는 또 다른 더욱 근본적인 논쟁이 있었다. 이 논쟁은 자본주의와 사회주의의 장단점에 관한 논쟁이었다. 기독교인들도 마찬가지로 이 논쟁에 끼어 들었다. 경제학자들과 마찬가지로 기독교인들도 이 논쟁에서 분열되었다. 즉 사회주의 사상은 자본주의 체제에서 극심한 고통을 당하고 있는 가난한 자들에 대한 관심을 표현하기 때문에 기독교인들에게 호소력이 있었다. 또한 사회주의는 사람들에게 순수한 사적 이해관계를 위해 일하지 말고, 전체 공동체의 이득을 위해 일하도록 요청했기 때문에 매력적이었다.

그러나 사회주의적 실천이 개인의 자유와 책임을 제한시키는 한, 대다수의 기독교인들은 사회주의를 반대했다. 또한 생산 수단을 정부가 소유하는 것이 자원의 효율적 사용으로 이어질 것인지에 대한 문제도 있었다. 대다수의 경제학자들과 기독교인들은 이것을 의심했으며, 현실 사회주의는 이 의심이 옳았음을 실증했다. 결과적으로 사회주의적 동기가 호소력을 지님에도 불구하고, 오늘날 미국에서 사회주의 이론을 지지하는 사람은 거의 없다.

한때 사회주의를 지지했던 기독교인들이 대부분 이 사회주의 이념을 포기했다는 사실 때문에, 기독교인들이 경제문제를 이론적 차원에서 다루는 경향을 더욱 약화시켰다. 자유 시장 경제사상의 승리는 거의 완벽한 것처럼 보인다. 정통 전문가들의 입장이 옳았던 것으로 확인되었다. 기독교인들은 경제문제에 개입할 때 경제학 이론에는 이의를 제기하지 않고 정책에만 국한해서 개입해야 한다고 생각한다. 그러나 이런 생각을 고수하는 한, 기독교인들이 치러야 할 대가는 매우 크다. 그 대가는 기독교인들이 기독교의 윤리적 입장과 일치되지 않는 원칙들에 근거한 많은 공공생활들을 바람직한 것으로 받아들여만 한다는 점이다.

이런 현실에서 볼 수 있는 기독교의 오랜 후퇴와 평신도 신학이 거의 사라진 것 사이에는 분명히 관계가 있다. 평신도 기독교인들은 그들의 삶의 대부분을 종교 기관으로서의 교회 밖에서 생활한다. 이들은 자신들의 세속 직업과 관련되어 있는 문제들만 주로 생각한다. 이런 기독교인들의 생각이 기독교 신앙과 분명히 관련되던 시절이 있었다. 하지만 우리는 이런 관련성이 점차 축소되어 온 과정을 목도하여 왔다.

나는 앞장들에서 평신도 기독교인들이 여전히 신학적 확신들과 관련해서 흥미를 갖고 있는 많은 문제들이 많이 있다는 사실을 보여주었다. 그러나 평신도들의 직업과 관련된 문제를 기독교 신앙으로부터 배제시키는 것은 기독교 신앙을 크게 제한시키는 것이다. 이렇게 배제시키는 길 이외에는 다른 길이 없는가?

나는 그렇지도 않고 그래서도 안 된다고 확신한다. 즉 우리는 한편에서는 성서의 사상을 과학 위에 올려놓으려 하거나, 다른 한편에서는 단지 각각의 과학을 권위 있는 것으로 받아들이려고 하는 것 중에 하나를 선택해서는 안 된다. 그 보다 더 좋은 선택이 있다. 우리가 좋은 신학자가 되고자 할 때 우리는 과학들에 대해서도 비판적인 사고를 해야 한다.

이처럼 과학에 대한 비판적 사고는 그 과학을 잘 이해하는 사람들이 가장 잘 수행할 수 있다. 그러나 그 해당 학문에만 완전히 동화된 사람들은 그 해당 학문에 대해 가장 비판적인 사고를 할 수 없다. 예를 들어, 단지 사회학자로서만 사고하는 사회학자는 사회학 전체에 대해서 비판할 수 있는 최상의 입지에 있지 않다는 말이다.

즉 사회학이나 사회학의 결론들과 관계하면서도 자신들의 기독교 신앙으로부터 가치와 사상들을 끌어낸 기독교인들만이 그 분야를 비판할 수 있는 가장 좋은 입장에 있다는 말이다. 만일 이들이 내가 이 책에서 논의해 왔던 방식을 따라 자신들의 믿음을 비판하도록 배운다면, 이들은 사회학자들이 일반적으로 믿는 믿음에 대해서도 비판적일 수 있다. 비판은 언제나 반대만을 의미하지는 않는다. 비판은 간혹 재 긍정으로 인도한다. 그러나 언제나 그런 것은 아니다. 전제들을 비판한 결과 다른 전제들을 받아들여 사회학적 이론과 연구를 위한 새로운 함축적 의미를 갖게 되기도 한다.

나는 이런 접근방법을 기독교의 '반격'이라고 부른다. 수세기 동안에 걸쳐, 자율적인 세속적 학문들이 일어나 신학이 후퇴해왔지만, 이제는 평신도 기독교인들이 그 세속적 학문 밑에 깔려 있는 전제들을 비판해야 할 때라고 믿는다. 기독교의 반격의 목적은 세속 학문들을 교회의 권위 밑에 두려는 것이 결코 아니다. 오히려 반대로 세속 학문들로 하여금 그 의도를 더욱 잘 성취하도록 하는 것이다.

그럼에도 불구하고 이런 비판이 세속 학문들의 성격이나 그 학문들 사이의 관계들을 변화시킬 수도 있을 것이다. 기독교인들과 비기독교인들 모두가 대학에서 가르치면서 학문들이 파편화되어 있다는 현실에 개탄하고 있다. 그래서 각각의 학문에서 자율적으로 발전된 전제들을 비판하는 일은 그 학문의 전제들을 기독교의 근본적인 확신들과 양립할 수 있도록 만들어 줄 뿐만 아니라, 더욱 효과적으로 상호간의 관련을 맺도록 도울 수 있을 것이다.

그러나 모든 사람들이 이런 식의 변화를 환영할 가능성은 없어 보인다. 우리 기독교인들은 인간이 갖고 있는 모든 믿음들이 결국 판단을 받아야 하며, 우리의 사고가 왜곡된 피조물이라는 생각에 익숙해 있다. 하느님에게만 최후의 진리가 있다. 그러나 이렇게 인간의 정신을 상대화하는 습관이 학계에서는 그렇게 많은 영향력이 없다. 물론 세속 학문들은 지금도 자신들의 전제와 이론들을 지속적으로 교정하면서 개선하고 있다. 그러나 보다 근본적인 전제들은 거의 재고되지 않고 있다. 그 전제들에 대한 비판은 종종 해당 학문들 자체나 그 학문들의 발전을 위해 헌신하고 있는 사람들에 대한 공격적 행위로 여겨지기도 한다.

3. 제도에 대한 비판

사회의 기본적 제도들이 기독교의 영향력으로부터 벗어난 것은 과학들이나 학문 분야들보다 더 느렸다. 나는 앞에서 국가가 종교적 관용을 유지하기 위해 어떻게 기독교로부터 벗어났는지를 언급했었다. 같은 시기에 시장도 자율성을 획득하였다. 대부분의 의료 체제는 오랫동안 자율적이었다. 법체제도 마찬가지로 자율적 기반을 모색해 왔다. 교육 체제는 이 점에서 복잡한 긴 역사를 지니고 있지만, 오늘날 적어도 미국에서는 매우 자율적이다.

이와 같이 사회의 기본 제도들이 세속화된 과정은 과학들과 학문 분야들의 자율성에 의해 영향을 받아온 것이 사실이지만, 그 이론적 전제는 상대적으로 덜 명확하였다. 그럼에도 불구하고 각각의 제도들의 실제적인 관행은 이론적 전제를 드러낸다. 이것은 특히 법체제에서 분명한데, 법체제에서는 기본적인 결정을 내리기 위해 논증이 불가피하기 때문이다.

예를 들어, 대법원의 결정들을 위해 펼친 논증들을 분석해 보면, 종종 그 결정을 내리도록 했던 전제들을 분명히 알 수 있게 해준다. 이런 전제들은 판사와 법정에 따라 다르다. 어떤 전제들은 기독교인들이 선뜻 받아들일 수 있는 것이지만, 그렇지 못한 것들도 있다. 기독교인들은 이런 전제들에 대한 논의에 관여할 수 있고, 반드시 관여해야만 한다.

우리의 법체제 내에서 작용하는 또 다른 차원의 전제들이 있는데, 이런 전제들은 밝혀지는 경우가 더욱 희박하다. 이 전제는 법정과 교도소 전체 제도의 바탕에 깔려 있는 것이다. 이 전제는 배심원 제도, 민법과 형법의 구분, 변호와 기소에서의 변호사와 검사 사이의 대결구도, 범죄 피해자의 대우, 범법자 처리, 집행 유예 제도, 그리고 다른 많은 법 체계들에서 드러내고 있다. 그러나 이런 과정에서 작용하는 전제들이 항상 명확하거나 일관되는 것은 아니다. 나는 지금 그 전제들을 기독교적 관점에서 수용할 수 있는지 하는 문제를 판단하는 것이 아니다. 다만 나는 이 전제들을 밝혀내고 평가하는 것이 기독교가 우리 사회 전체에 크게 공헌할 수 있다는 사실을 주장하는 것이다.

제도들에 대한 비판은 학문 분야들에 대한 비판과 밀접한 관련을 맺고 있다. 예를 들어, 법리학과 교도 행정학이란 학문은 모두 법체제 내에서 벌어지는 일을 기술하고 정당화시킨다. 이 학문 분야에서는 그 전제들에 대한 약간의 설명과 비판이 이미 일어나고 있다.

이런 학문들은 그 나름의 고유한 전제들을 갖고 있다. 이 전제들은 법체제의 바탕에 있는 실제적인 전제들과 동일하지 않을 수도 있다. 이런 관계를 구별해내는 것도 가치 있는 과제이다.

기독교인들이 이런 비판에 관여할 권리를 얻는 것은 먼저 기독교인들 자신의 제도, 즉 교회와 교회생활의 토대가 되는 전제들을 비판함으로써 가능하다. 그런데 사실상 교회에 대한 비판은 이미 유별나게 많이 진행되어 있다. 기독교인들은 자기비판의 전통을 이미 보유하고 있기 때문에, 다른 제도들과 사상들을 비판할 역량과 자격을 갖추고 있다.

내가 지금 요청하는 사회제도의 전제들에 대한 비판은 평신도 신학이 해야할 핵심적 역할이며, 또한 평신도 신학은 응당 그런 역할을 해야 한다. 이 과제를 위해 필요한 지도력을 제공하기에는 전문 신학자들이 대체로 다른 제도들에 대해 부적절하게 빠져 있으며 타학문에 대해 아는 것이 불충분하다. 당신이 교회와 당신의 도덕적 판단들 속에 자리잡고 있는 전제들을 분석하고 개선하는데 능숙해질수록, 당신은 기독교 신앙의 상관성을 크게 제한시켜 왔던 세속주의에 대해 반격할 준비를 갖추는 것이다.

4. 사례들의 선별

지금까지의 논의는 매우 추상적이었다. 나는 어떻게 전제들에 대해 비판할 수 있는지를 사례를 통해 설명함으로써 추상적 논의를 넘어서고자 한다. 그러나 사례들은 매우 신중하게 선별되어야 한다.

나는 주된 사례로서 경제학을 선택했다. 다른 사례를 선택할 수도 있지만, 나는 경제학이야말로 오늘날 우리에게 매우 중요하다고 믿는다. 현재 사회과학들 가운데 경제학이 가장 큰 위세를 떨치고 있다. 실제로 경제학의 방법론들은 그 탁월한 성공 때문에 현재 다른 사회과학들로 확대되고 있는 중이다. 경제학자들의 작업은 사업가들과 공공정책의 자기이해에 직접적인 영향을 끼치고 있다. 경제학자들의 영향력과 기독교적 가치 사이의 긴장은 현재 매우 날카롭다. 더군다나 세계적 관점에서 말한다면, 경제적 고려는 국내정치와 국제정치에서 다른 모든 분야들보다 우선시 되고 있다.

전제 비판으로서 경제학을 선택하는 것은 우리에게 또 다른 이점이 있다. 경제학은 그 전제들을 밝히는 것이 어렵지 않기 때문이다. 즉 경제학의 전제들은 경제학 기초과목에서 이미 명확히 드러난다. 우리의 과제는 단지 이 전제들을 취해서 평가하는 것이다. 이런 작업은 이 책처럼 얇은 책에서도 간단히 논의할 수 있다.

끝으로, 경제학을 사례로 선택함으로써 우리는 2장에서 시작해서 3장과 4장에서 더 논의했던 로저 슈왈츠의 이야기를 계속할 수도 있다.

제도의 사례로, 나는 고등교육을 선택했다. 미국에서 고등교육 제도는 지난 50년 동안 철저히 세속화되었다. 그러나 그 결과들은 장단점이 있다. 그 결과들을 성찰하고, 그 결과들이 드러낸 기본 전제들을 분석하는 일은 충분히 가치 있는 일이다.

나는 대학이 우리 사회에서 가장 중요한 제도라고 주장하지는 않겠다. 내가 대학을 선택한 보다 중요한 이유는 개인적으로 내가 대학에 친숙하기 때문이다. 그럼에도 불구하고, 대학은 중요하다. 다양한 문제들에 관한 우리 사회의 사고 방식들은 상당부분 대학의 구조에 의해 영향을 받는다. 즉 대학은 사회의 모든 분야에서 일하게 될 전문가들을 양성하며, 그들에게 사회적 역할에 대한 이해를 심어준다. 대학에서 이루어지는 연구는 사업과 산업, 군대에서 필요로 하는 많은 정보를 제공하고 있다.

또한 대학의 전제들과 경제학 이론의 전제들 사이에도 밀접한 관련성이 존재하는데, 이 관련성이 다음 장에서 로저 슈월츠의 이야기를 계속하도록 해준다. 8장에서는 경제학을 다루면서 로저의 이야기를 계속하고, 9장에서는 대학에 대한 논의를 계속할 것이다.

당신의 신학을 하라

1. 당신은 기독교 신앙이 현대 세계에서 주변으로 밀려나고 있다는 주장에 동의하는가? 당신은 이런 신학의 주변부화를 이점으로 보는가, 아니면 손실로 보는가, 아니면 두 가지 모두라고 보는가? 당신은 지금이 세속적 세계를 기독교적 시각에서 비판할 때라고 생각하는가? 왜 그런가, 아니면 왜 그렇지 않은가?
2. 당신과 가장 관련이 깊거나 당신이 가장 익숙한 학문 분야와 제도가 무엇인지를 찾아 보라. 당신은 그것들이 문제 있는 전제들을 가지고 있다고 생각하는가? 당신은 그 전제들을 비판해 왔는가? 만일 비판해 왔다면, 당신의 비판은 기독교적인 것이었는가?
3. 당신은 그 학문분야와 제도들에서 작용하고 있는 전제들 가운데 논의할 가치가 있는 것들을 찾아낼 수 있는가? 그것은 무엇인가? 당신은 기독교적 관점에서 그 전제들에 관해 무엇을 말하겠는가?

◇ 8 장 ◇

경제학 비판

1. 로저 슈월츠와 필립 스튜어트 목사

 로저 슈월츠는 자신의 믿음에 대해 진지한 사람이다. 그는 자신의 목사 필립 스튜어트가 경제생활에 관해 했던 설교에 대해 이야기하기 위해 그를 만날 약속을 했다. 약속시간이 될 때까지 슈월츠는 마음을 가라앉혔다. 그는 스튜어트 목사가 사업을 하는 사람들의 현실에 대해 거의 아는 바가 없고, 단지 성서에만 많은 시간을 쏟아왔다고 느꼈다.
 인사를 나누고 나서 슈월츠는 말을 꺼냈다. "목사님, 제가 만나자고 한 것은 지난 주일 목사님의 설교가 마음에 걸렸기 때문입니다. 사실 목사님의 설교가 저를 매우 화나게 했지요. 목사님은 기독교인들이 사업을 하면서 이윤을 추구하지 말아야 하며, 성공보다는 고용인과 피고용인들의 갈등 현실에 더욱 관심을 가져야 한다고 말씀하셨던 것 같은데, 그런 설교는 확실히 실패할 수밖에 없는 설교일 뿐입니다. 만약 누군가 기독교인이 되기 위해서 목사님이 말씀하신 윤리를 선택해야 한다면, 기독교인은 절대로 사업을 할 수 없을 것입니다."
 "슈월츠 씨, 저의 설교에 대해 그렇게 솔직하게 말씀해 주시니 정말 고맙습니다. 제 설교를 매우 심각하게 들으셨군요. 아마도 지나치게 심각하게 말입니다. 제가 제 자신의 수사에 매우 도취되었었나 봅니다. 저는 지난 주간에 사업적인 무자비함 때문에 자신의 삶이 파괴되었다고 생각하는 한 여성과 상담하고 있었습니다. 그 사람의 얘기를 들어보니, 그녀의 사장이 그녀의 상황을 거의 재고하지 않았기 때문에, 저는 그 사장의 야박함에 매우 화가 나 있었습니다. 그런 심정이 제 설교에 표현된 것이 아닌가 생각됩니다. 저는 그녀를 희생양으로 만든 그 경우가 제대로 된 사업적 관행인지 의심이 갑니다."

"그렇다면, 목사님은 사업에 성공하기 위해 필요한 열정적이고 단순한 이윤 추구가 실제로는 잘못이 아니라고 생각하시는 겁니까?" 슈월츠가 물었다. "저는, 만일 우리 모두가 이윤을 추구한다면, 상처받는 사람들도 한동안 있겠지만, 경제는 더욱 효율적으로 발전하게 되며 결국 전체 사회에 이득이 돌아간다고 배웠습니다. 이처럼 분명한 이기심을 저의 부모나 교회학교 선생님들로부터 배운 진리와 화해시키는 것이 한동안 문제가 되었지만, 그러나 저는 제가 경영 대학원에서 배운 것을 아주 충실하게 실천하는 것 이외에는 달리 방도가 없다고 생각했습니다. 생각해 보니 목사님의 설교가 저를 화나게 했던 이유는 제가 더 이상 생각하지 않기로 결정했던 문제를 목사님께서 다시 들추어내셔서 고통스런 감정이 재발되었던 것이 아닌가 하는 생각이 듭니다."

"이건 정말 다루기 힘든 문제인데요, 어떻게 생각해야 할지 모르니 난감합니다." 스튜어트 목사가 대답했다. "수년 전에 저는 사회주의에 매료된 적이 있었지요. 우리가 개인의 이익보다는 사회 공동의 이익을 위해서 일해야 한다는 사회주의 사상이 저를 더 좋은 기독교인이 되게 할 것 같아서였어요. 그러나 사회주의 국가의 현실들에 대해 꼭 많이 읽어보지 않더라도, 현실은 그렇지 않다는 사실을 알 수 있었습니다. 그렇긴 해도, 저는 자본주의도 역시 기능을 잘하고 있다고는 생각하지 않습니다. 저는 미국 자본이 멕시코의 리오 그란데 지역에 건설한 공장들의 상황에 대해 읽은 적이 있습니다. 그때 저는 섬뜩한 감정이 들었어요. 동시에 저는 이 나라의 공장들이 폐쇄되고 있다는 기사도 역시 읽었는데, 이런 공장 폐쇄가 수없이 많은 가정들에 끼칠 영향을 생각하니 또 한번 섬뜩한 심정이었어요. 사업가들이 당신이 말하는 경영 기법대로 가능한 한 최대의 이윤을 추구한다면, 그 때문에 미국이나 멕시코가 더욱 나아지리라고는 생각하지 않습니다."

"경제학자들은 이윤이 가장 높은 방식으로 투자하면 생산성은 증가하게 되고, 또한 이렇게 증가된 생산성은 더욱 낮은 가격으로 상품을 구매할 수 있게 된다고 우리를 안심시켜줍니다." 슈월츠는 대답했다. "비록 몇몇 사람들에게는 파탄이 없을 수 없겠지만, 그러나 사회 전체에는 이익이 됩니다. 전체적인 생활수준도 상승할 거구요."

"아마 그럴 수도 있겠죠." 스튜어트 목사는 그에 대해 완전한 확신을 가질 수 없다는 듯 대답했다. "경제학이 저의 전문 분야는 아닙니다만, 상처받는 사람들을 너무 많이 보기 때문입니다. 그리고 지난 20년 동안 우리의 국민 총생산(Gross National Product)이 많이 상승했다고 말들은 하지만, 한 국가의 국민으로서 우리들은 상처받은 사람들에 대해 더욱 무감각해지고, 그들을 모른 체 하려는 경향이 더욱 심해지는 것 같아요. 심지어 우리는 우리 아이들을 적절히 교육시킬 만한 충분한 돈도 가지고 있지 않지 않습니까? 경제학자들은 우리 생활이 훨씬 많이 나아졌으며, 더욱 좋은 장치들을 갖고 있다고 말하지만, 우리는 더욱 많이 굶주리는 집 없는 사람들과, 더욱 많은 범죄, 그리고 더욱 많은 결손 가정을 갖게 되었지요. 희망도 줄어들고 있어요. 제가 볼 때에 경제학자들의 '진보' 측정 방식에 무슨 잘못이 있는 것이 아닐까요."

"저도 그 점은 좀 걱정이 됩니다." 슈왈츠도 인정했다. "저 역시 우리 아이들에게 남겨질 세상이 좋은 세상일 것이라고는 느끼고 있지 않지만, 그런데 그것이 우리 사업가들의 잘못이라고는 생각하지 않습니다. 저는 한때 우리가 사회 전체를 발전시키고 있다고 생각했던 자신감을 이제는 가질 수가 없어요. 뭔가 잘못이 있긴 있어요."

"슈월츠 씨! 만일 당신이 이 문제에 대해 진지하게 생각하고 계시다면, 저는 당신이 다른 몇몇 기독교인들과 함께 이 문제를 연구하면 좋겠다고 생각합니다. 저는 기독교인들이 풀어야할 문제들 가운데 이보다 더욱 시급한 문제는 없다고 생각합니다. 우리 설교자들은 일반적으로 이에 대해 많은 공헌을 할 수가 없지요. 당신과 같은 평신도들이 이런 생각에 있어 교회를 안내할 필요가 있습니다. 그리고 저 역시 그 모임에 참여하기를 원하고요."

슈월츠는 진지했다. 그리고 필립 스튜어트 목사의 도움으로, 그런 모임을 만들었다. 그 모임에는 우리가 2장에서 언급한 바 있는 여성 사업가 페기 레이와 시에러 클럽(Sierra Club—미국의 자연환경 보호 단체—역자주)에서 활발한 활동을 하고 있는 생물학자 마가렛 윌리암슨 박사가 포함되었다. 이들은 경제학자가 필요하다는 점에 동의하고는 있었지만, 교회에는 경제학자가 없었다. 이들은 근처 대학에서 역사 경제학을 가르치면서 인문학에 높은 관심을 가진 것으로 유명한 하비 핀켈슈타인 교수를 초빙하기로 결정했다. 다섯 사람이 모두 만날 시간을 찾는 일이 다소 어려웠지만, 마침내 그들은 모두 만나게 되었다.

2. 인간중심주의

로저 슈월츠는 자신이 왜 이런 모임을 결성하는 데에 많은 관심을 갖게 되었는지를 설명하면서 말문을 열었다. "이기심을 없애고 관대하게 살아야 한다는 기독교 신앙과 사업의 성공에 필수적인 행동들 사이에 조화를 꾀하는 것은 그 동안 저에게 결코 쉬운 일이 아니었습니다. 저는 이 둘 사이의 긴장을 해결하기 위해, 우리 각자가 사적인 이익을 추구하면 사회 전체가 유익을 얻게 된다는 경제학자들의 주장이 옳다고 생각했습니다. 물론 성서의 저자들은 이런 일에 대해서는 결코 알 수도 없었을 테니까요. 성서 저자들 역시 사회의 전체적인 복지를 틀림없이 원했을 것으로 저는 믿기 때문에, 저는 기독교인으로서 훌륭한 사업적 행동 원칙들을 따르고, 정부의 간섭에는 반대하는 것이 옳다고 여겨왔습니다.

"제가 30년 넘게 사업을 하면서 현실적으로 느낀 것은 이 나라와 세계 각국의 경제가 경제학자들이 바라고 예측한 대로 많은 발전을 이룩했다는 것입니다. 그러나 제가 주위를 둘러보고 신문들을 읽어볼 때에 만족스럽지는 않습니다. 우리들 가운데 많은 사람들은 더욱 많은 것을 소유하게 되었지만, 가난도 더욱 심각해지는 면이 있는 것 같아요. 가정들은 점점 파탄에 이르고, 많은 사람들은 마약에 손을 댑니다. 범죄도 더욱 많아지구요. 학교들도 부실해지는 것 같습니다. 무엇이 잘못되어서 그럴까요?

"몇몇 경제학자들은 우리에게 필요한 것은 더욱 성장하는 것이며, 그래야만 우리는 이 모든 문제들을 다룰 수 있는 재원을 얻게 될 거라고 말하고 있습니다. 저도 오랫동안 이런 확신을 가져왔습니다. 그러나 이제 의문이 생깁니다. 사회적 문제들이 경제적 재원보다 더욱 빠르게 증가하고 있는 것 같습니다. 그리고 도덕적 풍토 역시 저를 괴롭히고 있습니다. 즉 사람들은 이제 사회적 문제들을 해결하는 데에는 관심이 없는 듯 합니다. 단지 자신들만 그런 문제의 피해를 입지 않고, 자기 아이들만 고통받지 않기를 바라는 것 같습니다. 수년 전에 저는 시장에서 저의 사적인 이익을 위해 행동하고, 다른 상황에서는 기독교인으로서 정의를 위해 일할 수 있을 것이라고 생각했었습니다. 그런데 이제는 사적인 이익이 점점 우리의 삶을 지배하게 되는 것 같습니다. 아마 우리의 생활을 이렇게 두 갈래로 나누는 것이 쉽지 않겠지만 말이에요.

"저의 바램은 우리가 이런 모임을 통해 경제학에 대해 매우 진지하게 대화하는 것입니다. 지금까지 저는 경제학이 학문으로서 진실하다고 생각해 왔습니다. 이제는 의문이 생깁니다. 아마도 경제학은 완전히 정확하지는 않은, 세계의 특정한 그림만 갖고 작업해 왔던 것 같습니다. 아마도 기독교 신앙에는 경제학자들이 배울 필요가 있는 어떤 지혜가 있는 듯 합니다. 오랫동안 저 같은 기독교인들은 학자들이 우리들에게 말하는 것을 무조건 받아들이려 했습니다. 이제 기독교인들은 그들에게 문제를 제기할 필요가 있는 것 같습니다."

윌리암슨 박사도 찬성했다. "경제 이론에 문제를 제기하기 전에 우리들 주위에서 발생하고 있는, 저에게는 매우 중요한 어떤 요소들이 있지요. 그리고 저는 이 요소들이 모든 사람들에게도 매우 중요한 요소들이라고 생각합니다. 경제가 성장할수록, 생태계는 파괴되기 마련이지요. 우리가 경제의 규모를 증대시키기 위해 할 수 있는 거의 모든 일들이 우리의 천연 자원을 더욱 고갈시키고, 환경을 오염시키며, 그리고 미개척지를 파괴하게 됩니다. 저는 현장 생태학자입니다. 매우 울적한 직업이지요. 어디를 가도 생명권이 파괴되고 있는 것을 목격하게 됩니다."

핀켈슈타인 교수는 조금씩 격앙되어 가고 있었다. "확실히 문제가 많아요. 그러나 그 이유들 가운데는 우리의 기대감이 그 기대감을 성취하기 위한 우리의 능력보다 더 빠르게 커가기 때문이라는 점입니다. 만일 우리가 장기적인 관점에서 본다면, 우리가 엄청난 발전을 이룩했음을 알 수 있어요. 심지어 이 나라에서 가난한 사람들로 간주되는 많은 사람들조차도 백년 전이라면 왕자들도 누릴 수 없던 풍요를 누리고 있어요. 우리 모두는 부자가 되려고 안달을 합니다. 한동안 그럴 겁니다. 그러나 우리가 모든 문제들을 아직 해결하지 못했다고 해서 이런 진보를 가져다준 체제를 포기해서는 안 됩니다."

"핀켈슈타인 교수님! 저 역시 우리가 부자가 되려고 안달하고 있다고 생각하며, 현재의 풍요를 너무도 당연하게 생각하고 있다고 봅니다." 스튜어트 목사가 말했다. "그러나 참으로, 우리가 현재 누리고 있는 이런 풍요는 세계의 다른 많은 지역들에서는 매우 드물지 않습니까. 그래서 우리는 현재의 고통에 대해 슬퍼하기보다는, 지금까지의 눈부신 성취에 대해서만 감사하고 있다는 느낌이 들어요. 그러나 저 역시 현재 우리가 직면한 많은 문제들은 현재의 방향을 그대로 지속할 경우 해결되지 않을 거라고 생각합니다. 이 문제들은 경제를 성장시켜서 해결할 수 있는 문제들이 아닙니다. 오히려 이 문제들은 성장의 부산물이거나, 더 정확히 말하면, 성장을 촉진하기 위해 우리가 채택한 정책에서 나왔다고 볼 수 있습니다.

"이 사실은 마가렛이 우리에게 환기시킨 생태계 문제에서 가장 명확해집니다. 경제성장은 우리의 자원을 더욱 빠르게 소진시키면서 환경을 더욱 오염시킨다는 것을 의미합니다. 사람들이 환경 보호를 주장하면, 경제학자들은 그것이 경제성장을 둔화시킨다고 종종 반대합니다. 진짜 문제가 여기에 있지 않겠습니까?"

"그렇습니다, 맞습니다." 핀켈슈타인이 대답했다. "최근까지는 자원 경제학과 환경 경제학이라는 것이 없었습니다. 외부적인 요인들, 즉 제3자에게 돌아가는 비용과 이윤이 상품 가격에 첨부되어야 한다는 인식이 있었습니다만, 그러나 이런 점을 고려하고 경제학을 전개한 학자들은 거의 없었습니다. 경제학은 자신의 직무를 적절히 해내기 위해 상당한 '미(微) 조정'(fine-tuning, 보조적인 금융·재정 수단을 세밀히 활용하여 총수요 변동을 억제하고 거시 경제 정책의 목표 달성에 노력하는 정책 - 역자주)을 할 필요가 있습니다. 다른 모든 사람들처럼 우리 경제학자들도 가장 중요한 문제들에 매달리게 됩니다. 그리고 최근까지 이 문제들에는 환경 문제들이 포함되지 않았습니다.

"한편, 우리는 자연에 대해 낭만적인 견해만을 가진 사람들을 경계해야 할 필요가 있는데, 이들은 자연을 전체적으로 있는 그대로 보존하기 위해 진보를 중단시키기를 원합니다. 진보는 우리들의 환경을 다시 가꾸는 데 달려 있습니다. 우리는 여러 형태의 자연 경치도 보존할 수 있습니다. 경제학자들은 심지어 이런 보존이 다른 용도들로 사용할 때의 가치와 비교하여 얼마나 가치 있는 것인지를 결정함으로써 그 보존 과정에 합리적인 안내를 해줄 수도 있어요. 경제학자들은 자연의 보존에 영향받는 사람들을 조사하고, 그것을 보존하기 위해 자신들이 얼마만큼의 재원을 지불해야 할지도 결정할 수 있습니다. 경제학자들의 이런 연구는 사람들이 시장에서 실제로 지불하는 가격

만큼 믿을 만한 측정치는 아니지만, 그들의 연구는 대략적이고 준비된 비교치를 가능하게 해줍니다. 즉 진보를 지향하는 제도는 자원들을 가장 가치 있게 사용하도록 할당하는 것입니다. 그리고 경제학은 이런 효율적인 자원 할당이 어떻게 가능할지를 보여주도록 구성됩니다. 이러한 자원 할당은 시장의 구매력이 작용하도록 허용함으로써 주로 가능한 일이지만, 또한 시장 판매를 목적으로 하지 않는 다른 사물들(가령, 자연경치)에 가치를 책정함으로써도 가능합니다."

윌리암슨 박사는 이것을 받아들일 수 없었다. "제가 이해하기로는, 우리 모임이 원하는 일들 가운데 하나는 경제 이론과 그 실천의 바탕에 깔린 전제들을 확인하는 것 아닙니까? 이것들을 확인할 때에 우리는 이 이론과 그 현실적인 장·단점들을 논의할 수 있겠죠. 그중 한 가지 전제가 핀켈슈타인 교수님의 말씀에서 확연히 드러났습니다. 그리고 제 생각에는 교수님의 말씀이 경제학의 이론을 나름대로 정확히 반영하고 있다고 생각합니다.

"그 전제는 모든 것의 실제 가치는 사람들이 그것을 위해 기꺼이 지불하려는 돈의 가치라는 점입니다. 이것은 완전히 인간중심주의적 발상입니다. 이것은 수백만 년을 거쳐 진화해 온 생태계나 그 종자들이 사람에게 유익하거나, 혹은 사람들이 그것을 보존하기를 원하기 이전에는 무가치하다는 뜻입니다. 저는 이 전제를 받아들일 수 없습니다.

"어쨌든, 사람들은 사물의 적절한 값을 매기기에는 그 사물의 유용성에 대해 충분히 알지 못합니다. 사람들은 보통 그 사물의 대부분을 파괴시키고 난 이후에 그것의 진정한 가치를 깨닫기 시작합니다. 공교롭게도 습지대 생태학이 저의 전공인데요, 최근까지 습지대가 인간에게 제공하는 엄청난 이익을 어느 누구도 평가하지 않고 있었습니다.

이것은 습지대가 담고 있는 경이적인 생태계와는 별도의 가치입니다. 현재, 우리는 전체 습지대의 절반을 파괴했기 때문에, 이제 그 손실이 얼마나 큰지, 그리고 그것의 대체물을 공급하는 데 드는 비용을 깨닫기 시작했습니다. 심지어 조지 부시 대통령조차 이 습지대의 조직적 손실에 종지부를 찍겠다고 약속한 바 있습니다. 그러나 불행히도, 부시는 습지대에 대한 개념을 바꿈으로써 그 약속을 지켰고, 그래서 더욱 많은 습지대가 개발되거나 농지로 전용되어 버렸습니다. 경제적 속셈들이 활개치는 한, 우리는 근시안적 정책들만 되풀이할 것입니다."

"경제가 인간중심주의적이라는 당신 말은 옳습니다." 핀켈슈타인 교수가 말을 이었다. "가치란 인간을 위한 가치라는 것이 경제학의 전제들 가운데 하나입니다. 저는 이 전제가 어떻게 해야 바뀔 수 있을지, 그리고 바뀐다면 어떤 경제 이론이 등장할 수 있을지 상상할 수 없습니다. 이것을 우리가 검토할 전제로 잡은 것은 분명히 잘한 일입니다. 그러나 인간의 진보를 가로막고자 하는 낭만적 자연주의가 유일한 대안은 아니지 않습니까? 인간중심주의가 정확히 여러분들이 말하는 전제는 아니지 않습니까? 저는 기독교인은 아니지만, 인간중심주의는 기독교인들도 취하고 있는 것이 아닙니까? 한 사람의 경제사가로서, 제 생각에는 경제학이 인간중심주의를 그 기독교적 맥락에서 어떠한 반성도 없이 끌어온 전제라고 생각합니다. 인간중심주의에 문제를 제기했던 사람은 거의 없었으니까요.

"당신이 말한 다른 요점이 저에게는 더욱 중요한 것 같습니다. 우리들은 모든 것을 실제적인 경제적 유익이라는 관점에서 그 가치를 평가해야만 합니다. 우리는 당신이 말하는 그런 환경적 이익을 종종 무시해 왔습니다. 최근까지도 경제학자들은 이것을 무시하는 경향이 있었습니다. 이것은 잘못입니다. 현재 우리 가운데 어떤 사람들은, 가령 습지대와 같은 천연자원에 대해 달러 가치를 산정하는 데에 매우 열심을 내고 있습니다. 결국 정책의 변화들을 이끌었던 것은 바로 이런 천연자원의 달러 가치화의 부분적인 성공에 있었던 것입니다.

"제 말은 모든 성공이 우리의 노력 때문이었다는 말이 아닙니다. 반대로 당신과 같은 사람들이 우리들에게 습지대의 경제적 가치를 환기시켰다고 봅니다. 우리는 당신 같은 사람들이 우리를 계속 밀어붙일 필요가 있다고 봅니다. 왜냐하면 우리가 속한 집단의 사람들은 시장에서 쉽사리 구매하거나 판매할 수 없는 재화의 가치를 산정하는 것보다는 시장 자체를 연구할 때 더욱 편안한 기분을 갖기 때문입니다."

스튜어트 목사는 경제학 이론과 그 실제에 대한 전제들 가운데 하나가 아주 명확히 확인된 점이 기뻤다. "핀켈슈타인 교수님! 경제학 이론이 태동한 기독교가 인간중심주의적이라는 교수님의 말씀은 아마도 옳다고 봅니다. 그러나 물론 기독교는 동시에 하느님중심적이기도 한 것이었는데, 창조주로서의 하느님에 대한 서구인들의 믿음은 나머지 피조물들도 그 나름의 가치가 있다고 생각하지 않았던 것이지요. 기독교는 창조 이야기를 모든 피조물들이 인간에게, 특히 인간의 영혼에게 종속되어 있는 것으로 읽었던 것입니다.

"그러나 저는 교수님께서 인간중심적이지 않은 경제이론을 상상할 수 없다는 말씀에 충격을 받았습니다. 저는 인간중심적이지 않은 기독교 신학을 분명히 상상할 수 있기 때문입니다. 실제로 오늘날, 대다수의 기독교 사상가들은 인간중심주의적 신학을 반대하고 있으며, 인간 이외의 나머지 피조물에도 적극적 가치를 두는 방향으로 가고 있습니다. 기독교 사상가들은 성서의 창조 이야기를 다시 읽으면서, 하느님께서는 인간의 편익을 위해서만 다른 피조물들을 선하게 보셨다고 생각하고 있지 않습니다. 나머지 피조물들도 그 자체로서 선합니다. 하느님은 노아에게 모든 생물의 종자들을 구원하라고 하셨지, 단지 사람에게 유익한 종자들만 구원하라고 하지는 않으셨지요.

"세계교회 협의회(The World Council of Churches)는 '평화, 정의, 피조물의 보전'이라는 입장을 표명한 바 있습니다. '피조물의 보전'이 무엇을 의미하는지 그 의견들이 분분하기는 하지만, 그에 대해 토론하는 거의 모든 사람들은 이것이 철저한 인간중심주의를 거부하는 것이라는 점에 대해 일치하고 있습니다. 우리는 현대 기독교의 사유가 경제학 이론의 중요한 한 전제에 대해 비판적인 한 가지 요점을 확인한 것 같습니다."

3. 기술공학에 대한 믿음

페기 레이가 논의에 가담했다. "저를 괴롭히는 경제 이론의 또 다른 특징이 있습니다. 사물에 가치를 매기는 일은 언제나 현재 살아 있는 사람들이 합니다. 대다수의 우리들은 먼 미래를 생각하지 않기 때문에, 현재 그리고 단기간에 우리에게 영향을 주는 관점에서만 사물들에 가치를 매깁니다. 이로 인해 우리는 한정된 자원을 자유롭게 사용할 수 있습니다. 비록 그 자원들이 고갈될 가능성이 있어도 말입니다. 자원들이 현재 풍부하기만 하면, 시장은 그 자원들의 가격을 싸게 책정합니다. 이에 대해 우리의 후손들은 저항할 아무 기회조차 갖지 못합니다."

"그것이 시장이 가격 산정을 하려 할 때에 부딪히는 반대입니다."

핀켈슈타인 교수가 응수했다. "그러나 저는 그 반대가 타당하다고 생각하지 않아요. 미래의 석유 부족을 현재 걱정하는 것은 석유 가격에 별 영향을 주지 못하는 게 사실입니다. 어떤 석유 생산업체들은 석유 부족 현상을 인위적으로 만들어서 가격을 올리려고 하지만, 다행히도 석유수출국기구(OPEC)는 오랫동안 이것에 성공하지 못했습니다. 시장이 그 일을 하도록 놔두는 것이 훨씬 더 좋습니다.

"때가 되면, 석유 공급은 한계에 직면하게 될 것입니다. 그 시기는 새로운 유전의 발견과 기술상의 진보 등으로 미뤄질 수 있습니다. 그러나 그 시기는 오긴 옵니다. 그 때가 임박하게 되면, 사람들은 가격 상승을 대비해 석유를 사재기하고 그 때문에 석유 값은 더욱 빠르게 상승할 겁니다. 석유 가격이 상승하게 되면, 현재 개발할 가치가 없어 보이는 자원들을 다시 찾게 될 것입니다. 소비자들은 석유를 더욱 효율적으로 이용하는 방법들을 찾을 것입니다. 기술공학의 발전과 더불어 대체연료가 발견될 겁니다. 시장의 능력이 다른 형태의 에너지에 기초한 사회로의 완만한 전이를 책임질 겁니다. 재난 예언가들이 말하는 불안 조장은 정당화되지 못할 겁니다."

"저는 교수님 말씀에 동의하지 않습니다." 페기 레이가 말했다. "교수님의 말씀은 단지 석유 공급에만 초점을 둘 때는 맞습니다. 실제로, 대체연료를 개발할 필요성은 석유 부족 때문만은 아닙니다. 왜냐하면 석유의 사용은 지구 온난화와 스모그, 산림 황폐화의 주범이기 때문입니다. 교수님께서 시장 능력을 통해 발생할 것이라던 변화들은 현재 오염을 줄이는 노력을 통해 일어나고 있습니다. 만일 경제학자들이 휘발유의 가격을 전체 사회적 비용이라는 관점에서 책정하도록 한다면, 그런 노력들이 큰 도움을 받을 것입니다.

"그러나 제가 진짜 염려하는 것은 경제학자들이 교수님의 경우처럼 매우 단선적 사고 방식을 갖고 있다는 점입니다. 교수님은 대체에너지 자원이나 이 자원과 관계된 사회·생태학적 비용에 대해서는 거의 숙고하지 않으시고, 시장 능력이 모든 문제들을 해결할 것이라고 말씀하십니다. 그에 대한 한 대안으로 등장한 것이 핵에너지에 관한 것일 겁니다. 그리고 이 에너지를 원하는 사람들도 확실히 있습니다. 그러나 비록 다른 문제들이 없다고는 해도, 핵폐기물의 처리 문제는 이것이 좋은 대안은 아니라고 우리에게 경고하고 있습니다. 석탄은 엄청난 생태계 문제를 발생시키는 미봉책에 불과합니다. 농산품에서 추출한 가소홀(gasohol) 생산이 도움은 되겠지만, 점증하는 인구를 위한 식량 생산에 더욱 필요하게 될 막대한 농지가 요구되고 있습니다. 태양 에너지도 유망하긴 하지만, 이 제안들조차도 그것이 대규모일 때는 환경에 문제가 됩니다. 우리의 식량 생산 방식과 주거 형태, 시장 조직 방식에 큰 변화가 일어나지 않는다면, 태양열 에너지로 미래에 우리의 모든 욕구를 충족시키는 것은 불가능합니다."

핀켈슈타인 교수는 확고했다. "우리의 욕구를 충족시키기 위해 어떤 기술이 발전하게 될지 현재로선 알 수 없다는 사실은 중요하지 않습니다. 기술공학은 과거에 늘 그러했듯이 필요한 만큼 빨리 발전하기 마련입니다. 흔히 그것은 인간의 욕구보다도 앞서는 경우도 있어요. 기술공학의 이런 발전 추세가 미래에는 다를 것이라고 생각할 이유는 없어요. 자연계를 통제하는 인간의 능력은 급속하게 성장해 왔습니다. 기술공학의 발전 속도는 가속이 붙는 경향마저 보이고 있지 않습니까? 우리는 미래에 대해 비관할 필요가 없습니다."

"감사합니다. 핀켈슈타인 교수님!" 페기 레이가 말했다. "교수님은 현재의 경제 이론의 또 다른 전제를 매우 분명히 말씀하고 계시네요. 이 전제를 '기술공학에 대한 믿음'이라고 불러봅시다. 제가 미래에 대해 불안해하는 것은 바로 제가 이런 믿음에 공감할 수 없기 때문이죠. 제 생각에는 기술공학이 문제의 해결보다는 문제만 더 일으키고 있는 새로운 상황으로 우리를 몰아넣고 있습니다. 화학 혁명은 수천 개의 인조 화합물을 환경에 방출하는데, 그 영향은 아직 알려져 있지 않거나 매우 유독합니다. 핵 혁명은 수만 년 동안이나 지속되는 유해한 물질을 만들어내고 있습니다. 저는 시장이 요구하는 생물공학의 혁명도 심각한 문제들을 야기할 것이라고 예상합니다. 저는 지금 기술공학의 진보가 모두 나쁘다고 말하는 것이 아닙니다. 다만 저는 기술공학이 우리의 모든 문제를 해결해 줄 것이라는 믿음은 잘못된 믿음이라는 것을 말하는 것입니다. 알고 보면, 새로운 기술공학은 문제들을 해결하기보다는 종종 문제를 더욱 빠르게 만들어 내고 있을 뿐이에요."

로저 슈월츠가 다시 말했다. "축하합니다. 페기. 저는 당신이 현대 경제학의 두 번째 전제를 명확히 지적했다고 생각합니다. 그 전제는 인간중심주의만큼이나 중요한 경제학의 전제입니다. 경제학자들은 시장 능력이 인간의 발명 능력을 불러일으켰고, 시장 능력이 생김에 따라 문제의 해결책도 발견될 수 있다고 믿습니다. 만약 이것이 사실이 아니라면, 혹은 페기 씨의 제안대로, 해결책들이 해결보다는 문제들을 더욱 발생시킨다면, 경제이론은 상당히 수정될 필요가 있습니다. 현재, 기술공학에 대한 믿음은 지구 표면에서 일어나는 물리적인 변화들을 주로 무시하게 하지요. 만일 경제이론이 이런 믿음을 갖지 않는다면, 경제활동의 물리적 결과를 훨씬 더 신중하게 검토하려고 할 것입니다."

"이제 우리가 물어야 할 질문은 기독교인들이 이 기술공학에 대한 믿음에 공감해야 하는지, 아니면 폐기처럼 적절히 비판해야 하는지입니다. 목사님 생각은 어떠세요?"

"저는 기독교인인 우리들이 폐기가 말한 대로 그 문제를 다룰 필요가 있다고 생각합니다. 이 경우에 제가 갖는 느낌은 기독교도 역시 기술공학에 대한 믿음을 어느 정도 격려했었다는 것입니다. 기독교인들은 자신들의 목적을 위해 땅을 재형성시키는 방식으로 땅에 대한 인간의 정복을 찬양해 왔지요. 우리는 인간의 자유와 능력을 하느님께서 우리에게 주신 위대한 선물로 강조해 왔구요. 또한 우리는 하느님께서 우리를 사랑하신다고, 그리고 우리를 사랑하는 전능한 하느님이 살아 계시는 한, 인간의 미래는 안전하다고 가르쳐 왔지요. 17세기와 18세기 우리가 계몽주의라고 부르는 시기에 하느님의 섭리적 사랑으로부터 유래된 이런 안전감은 인간이 더욱 나은 세상을 만들 수 있다는 자만감이 되고 말았습니다. 기독교인들은 하느님이 우리를 통해 역사하신다는 점을 강조하면서 자신들의 희망을 이렇게 세속화하는 것을 종종 무분별하게 따라가기만 했습니다. 기독교인들은, 특히 우리 개신교도들은 이런 저런 방식으로 기술공학에 대한 믿음을 많이 지지해 왔습니다. 아마도 대다수의 우리들이 현재도 그 믿음에 동조하고 있으며, 아니면 적어도 아주 최근까지 이에 동조해 왔습니다.

"그러나 물론 이것도 기독교의 가르침을 일방적으로 읽은 결과에서 비롯된 것이지요. 기독교인들은 또한 인간의 유한성과 죄도 강조해 왔습니다. 인간은 큰 힘을 맡길 존재가 아니라는 점을 우리는 알고 있습니다. 심지어 최선의 의도를 갖고 있어도, 무지 때문에 그 의도를 남용하기 쉽습니다. 실제로 우리는 우리 자신의 의도를 의심합니다. 우리는 또 다른 사람들에게 뿐만 아니라, 심지어 우리 스스로에게조차도 위선적인 존재가 될 수 있으며, 우리의 의도나 목적이 그 자체보다 더욱 선한 것처럼 말하고 행동합니다. 인간의 이런 내적인 상태를 단기적인 사적 이익에 토대를 두고 있는 시장 능력에 적용시킬 때, 우리의 능력이 현명하고 유익하게 사용되리라고 기대할 수 있는 근거는 없습니다.

"따라서 저는 일반적으로 기독교 신앙이 우리들에게 기술공학에 대한 믿음을 갖게 한다고 생각하지는 않습니다. 기독교가 기술공학에 반대하지는 않지만, 이 기술공학의 발전이 정치 권력과 마찬가지로 견제와 균형에 종속되어, 단지 시장 능력의 통제만을 받지 않도록 해야한다고 제안합니다. 이런 견제와 균형이 없다면, 기술공학은 악마적인 것이 될 가능성이 높습니다. 기술공학이 사회의 공동선을 위해 사용되는 것이 아니라, 사회를 무모하게 바꿀지 모릅니다. 그래서는 안되지요. 우리는 기술공학을 믿을 수 없습니다."

이 모임에 참석한 사람들은 다음의 사실에 대해 일치했다. 즉 현대 경제학에는 기독교인들이 비판해야 한다고 느끼는 두 번째 전제가 있었다는 말이다.

4. 최우선적 목표: 경제성장

로저 슈월츠는 이 논의를 자신의 본래 관심에로 되돌렸다. "지금까지 우리는 제가 처음에 언급했던 사회적 문제들에는 초점을 두지 않고 마가렛이 제기했던 생태계와 환경 문제에만 초점을 맞춰왔어요. 저는 사회적 문제들이 이것들을 다루는 우리의 능력보다 더욱 빠르게 발생

한다는 저의 염려를 말씀드렸는데, 스튜어트 목사님은 우리의 경제성장, 혹은 경제성장을 지지하는 정책들이 이런 문제들을 더욱 증가시키고 있는지에 대해 문제를 제기하셨습니다. 만일 그렇다면, 그런 문제들을 해결하기 위해서 자원을 더욱 빠르게 충분히 확보하려는 노력은 별 효과가 없을 것입니다. 교수님 생각은 어떤가요?"

"이 문제 역시 다른 많은 문제들과 마찬가지로 결코 단순한 문제가 아닙니다." 핀켈슈타인 교수가 말하기 시작했다. "경제성장을 촉진하는 산업화 과정에서 어느 정도의 비용을 지불해야 한다는 것은 사실이에요. 주로 이러한 비용이 발생하는 것은 산업화가 도시화를 요구하고 도시들은 복잡한 기본 시설을 요구하기 때문이지요. 또한 도시 생활은 시골 생활보다 전체적으로 건강에 좋지 않은 것 같으며, 범죄 비율도 도시에서 더욱 높은 것 같습니다. 국민 총생산도 성장에 필요한 이런 비용을 고려하지 않았기 때문에 적법한 비판을 받을 수밖에 없습니다. 그러나 그렇기는 해도, 이것이 경제성장 증가율에 대한 계산에는 다만 근소하게만 영향을 미칠 뿐입니다.

"그럼에도 불구하고, 당신은 제가 볼 때 경제성장의 부산물이 아닌 온갖 종류의 문제들, 가령 교육의 질적 쇠퇴와 같은 문제를 거론하고 있습니다. 오히려 경제성장은 사교육에도 마찬가지지만 공교육을 개선하는 데에도 많은 재원을 투자할 수 있게 합니다. 교사들은 다른 전문 직종과 비교해서 그들이 20년 전보다는 더욱 좋은 대우를 받고 있고 물적 자원도 많이 향상되었지요. 만일 교육이 더욱 향상되지 못했다면 그것은 경제 외적인 변화들 때문일 것입니다. 경제는 교육 문제에 관한 한 자신의 의무를 잘 수행했습니다."

"교육계가 과거보다는 더욱 많은 자금을 지원 받고 있다는 교수님의 말씀은 맞습니다." 로저 슈월츠가 대답했다. "교사들은 더욱 좋은 대우를 받고 있지요. 그리고 교육이 쇠퇴하는 이유들은 경제적이라기보다는 사회적이라는 말씀도 옳습니다. 청소년 문화는 과거에 비해 성인들의 문화에 의해 덜 영향을 받고 있으며, 훨씬 더 폭력적인 문화가 되었어요. 자녀 교육에 대한 부모들의 참여는 많은 공동체들에서 쇠퇴해 왔는데, 이것의 부분적인 이유는 가정이 전반적으로 해체되고 있기 때문입니다. 더욱 많은 아이들이 술과 각종 마약에 손대고 있어요. 이것들은 경제가 직접적으로 일으킨 문제들은 물론 아닙니다.

"그러나 저는 이 문제들이 간접적으로는 경제적 변화들과 관련되어 있지 않나 하는 생각이 듭니다. 경제 이론은 생산성을 증대하기 위해 노동을 자본으로 대체하는 데 찬성했지요. 2차 대전 이후 수년 동안 이런 효과는 농업 노동의 생산성도 상당히 증가시켰어요. 하지만 그 이면에는 시골의 안정된 생활로부터 대도시로의 대규모적인 인구이동이 있었습니다. 대도시들은 이런 모든 사람들에게 좋은 대우를 해줄 수 있는 생산 직종으로 이들을 흡수할 수 있는 입장이 아니었습니다. 결과적으로 많은 사람들이 사회복지의 혜택을 받으며 살아가는 사람들이 되었고, 소망스런 미래에 대한 비전을 갖지 못한 게토화된 빈민 문화를 형성하였을 뿐이지요.

"보다 최근에는 자본이 더욱 많은 투자이윤을 얻을 수 있는 다른 지역으로 이전됨으로써 수백 개의 공장들이 폐쇄되고 녹슨 공장지대(rustbelt)가 되어버렸지요. 오랫동안 번영을 누리던 산업 지역들이 계속 파괴되었습니다. 노동자들은 노조가 취약하고 임금이 낮은 남부로 자본을 따라 이동했습니다. 안정된 공동체들을 다시 형성하는 데에는 시간이 좀 걸립니다. 대가족, 심지어 핵가족도 이렇게 자본을 따라

다니는 이동에 의해 해체되고 있습니다. 아이들이 안정된 공동체에서 자라나지 못할 경우, 또래집단의 압력을 더욱 많이 받게 됩니다.

"이 문제는 공장들이 해외로 옮기게 될 때에 더욱 심각합니다. 노동자들은 공장들을 따라 해외로 이주할 수는 없습니다. 이들은 직업 재훈련을 거칠 수밖에 없지만, 그전과 동일한 임금 수준을 유지하는 다른 직업들은 거의 없습니다. 실질 임금은 전반적으로 하락하고 있으며, 이것이 사람들의 사기를 꺾어놓습니다. 부모들이 사기가 꺾이면, 그 피해는 아이들이 입습니다.

"제가 목사님의 제안이 옳다고 생각하게 된 것은 바로 이런 이유들 때문입니다. 수천 개의 마을들이 파괴되고 자본의 투자가 급속하게 이동함으로써, 시골 지역에서의 인구 감소는 공립학교들의 분위기를 악화시키는 사회적 쇠퇴를 가져왔습니다. 아마도 교사당 학생수의 비율을 크게 감소시킬 엄청난 투자를 하면 이 현실을 바꿀 수 있겠지만, 점증하는 사회적 욕구들을 충족시키기 위해 매우 많은 다른 분야에서도 공적 자금을 필요로 합니다. 공교육에 엄청난 자금이 새로 유입될 전망은 현재로선 없지요."

"저는 당신이 청소년들의 문화 형성에서 경제적 발전의 역할을 크게 과장되게 진술하고 있다고 생각합니다." 핀켈슈타인 교수가 대답했다. "하지만 비록 당신이 옳다고 해도, 우리가 다른 어떤 대안을 가질 수 있을지 저로서는 알 수가 없군요. 생산성의 증가는 경제성장에 필수적 요소입니다. 따라서 생산성이 가장 높은 곳에 자본이 투자될 수밖에 없고, 노동력은 그 자본을 따라가야 하기 때문에, 노동력은 계속 재배치될 수밖에 없습니다. 자본의 이동을 막으려는 시도는 경제의 침체를 초래할 뿐입니다.

"최근에 우리가 겪고 있는 경기후퇴는 우리의 사회적이며 생태학적인 문제들의 해결을 더욱 어렵게 하는 것이지만, 자본을 비생산적 기업에 묶어둘 때의 결과와 비교하면, 정말 아무것도 아닙니다. 우리의 자본이 만일 높은 인건비와 환경 비용에 묶이게 된다면, 우리는 다른 나라들과 경쟁을 할 수가 없게 됩니다. 글로벌 경제(global economy)로의 진정한 진입은 우리에게 크나큰 도전으로서, 어떤 희생을 담보하고 있는 것입니다. 하지만 이것이야말로 건강한 경제가 의존하고 있는 성장을 지속시키는 유일한 길입니다. 경제가 성장하지 않는다면, 대규모의 실업이 있게 되고, 노동자들의 사기가 꺾이는 것은 당신이 지적한 사회적 문제들과 함께 더욱 악화될 것입니다. 그리고 사회적 문제들에 대처하게 될 자원들을 얻기가 더욱 힘들어질 것입니다."

"저는 우리가 또 다른 전제를 찾았다고 생각합니다." 로저 슈월츠가 말했다. "그것은 경제성장 자체가 경제 정책의 핵심적 목표이며 반드시 그래야 한다는 것입니다. 어때요, 제 말이 맞나요?"

"그래요." 핀켈슈타인이 대답했다. "성장 외에는 달리 대안이 없어요. 사회적이고 환경적인 대가가 어떠하든, 우리는 경제적으로 성장해야만 합니다. 성장하지 않으면, 사회적 문제들과 환경 문제들에 대처할 수 없어요. 제로 성장 경제란 헛소리일 뿐입니다."

"그것은 기독교인들이 무조건 받아들여야만 하는 학문적 진리입니까? 아니면, 우리가 그것을 치밀하게 검토해서, 반드시 성장하지 않는다 해도 인간의 욕구를 충족시킬 수 있는 새로운 경제를 구상하는 일이 가능합니까?" 로저 슈월츠는 분명한 어조로 의혹을 제기했다. "만일 사회와 자연 환경 모두가 경제적 성장 때문에 매우 큰 대가를 치러야만 한다면, 우리 기독교인들이 경제성장을 전제하지 않고서 인간의 욕구를 충족할 수 있는 시도를 하지 못할 이유가 없지요. 과거에도 경제가 성장에 기초하지 않았던 사회들(산업화 이전의 사회들 - 역자주)이 있었기 때문에, 이 전제도 의심의 여지가 있는 것 같아요."

"당신들 기독교인들은 이상한 사람들이에요." 핀켈슈타인 교수가 한 마디 했다. "우리 경제학자들은 2백년 동안 엄청난 성공을 거두면서 복잡한 학문을 건설해 왔어요. 당신들은 새로운 경제 이론, 즉 전례가 없어서 검토해 보지도 않은 전제 위에서 전적으로 새로운 경제 체계를 세우자고 제안하는 것 같군요. 그것이 현실적이라고 생각하십니까?"

"아니요!" 스튜어트 목사가 웃었다. "확실히 현실성은 없어요. 그러나 저는 현재 우리가 살아가는 방식을 계속 유지하는 것도 현실적인지 의심이 갑니다. 미래의 전망이 제게는 끔찍하게 보이기 때문입니다. 그리고 우리의 물음들에 대한 교수님의 대답에도 수긍할 수 없는 측면들이 있어요. 교수님은 비록 우리의 성장과정이 상황을 계속 악화시킨다 해도 우리가 계속 경제성장을 추구해야만 한다고 하셨는데, 확실히 우리는 성장주의보다 더욱 좋은 길을 갈 수 있을 것입니다. 비록 우리가 지금은 의미 있는 어떤 대안을 갖고 있지는 못하지만, 적어도 우리는 현재 우리가 시작했던 신학적 질문에 대한 답을 모색하고 있지요. 즉 우리가 기독교인으로서 전체적인 경제 이론을 객관적으로 타당한 것으로 수용하면서, 인간들과 인간들 사이의 관계들에 대해 기독교의 성서와 전통의 가르침을 경제 이론 속에 있는 전제들로써 대체해야만 합니까? 우리는 그에 대해 '아니요'라고 말합니다. 우리는 어떠한 경제 이론에 대해서도 비판할 권리가 있다고 말할 수 있지요. 그리고 우리는 기독교 신앙에 더욱 부합하는 다른 전제들을 기초로

해서 경제 질서에 대해 몇 가지 제안을 할 권리도 있지요."

5. 호모 이코노미쿠스(Homo Economicus)와 시장 규모

"또 다른 전제가 있습니다." 핀켈슈타인 교수가 말을 이었다. "이 전제는 당신들이 질문할 것이라고 제가 예상하고 있었던 것인데, 경제 이론은 인간 본성에 관한 특정한 사고 방식과 함께 작용하기 마련입니다. 이것을 사람들은 보통 호모 이코노미쿠스라고 부르죠. 호모 이코노미쿠스란 합리적 개인, 즉 가능한 한 최소의 노동으로 최대의 재화를 얻고자 하는 합리적 개인입니다. 물론 인간에 대한 이런 방식의 경제적 모형이 모든 목적을 충족시킬 것이라고 생각하는 사람은 없겠지만, 경제 활동 자체를 위한 분석으로는 매우 적절했으며, 경제학자들은 현재 이 모형이 다른 분야에서도 유용하다는 점을 입증하고 있습니다. 그러나 경제에 대해 문외한인 사람들은 이 모형에 문제가 있다고 하면서 심지어 비웃기까지 하지요. 당신들은 이 호모 이코노미쿠스를 받아들일 수 있겠습니까?"

로저 슈월츠가 웃었다. "그것이 바로 맨처음 저를 난감하게 했던 경제의 이론적 국면입니다. 실제로 제가 스튜어트 목사님을 찾아간 이유도 바로 목사님께서 그런 모형을 품고 일하는 우리 사업가들을 반대하셨기 때문이었어요. 이 모형은 누군가 상처받는 사람이 있을 때조차 최대의 이윤을 노리게 됩니다. 사업을 그만두는 것 이외에는 달리 대안이 없다고 확신했었습니다. 지금도 달리 방법이 없으리라 믿습니다.

"하지만, 한 가지 점에서 제 생각에 변화가 생기기 시작했어요. 저는 과거에 정부의 규제는 모두 반대해 왔지요. 그 규제들이 우리가 시장을 지배하려는 것을 억제하게 하고, 성장을 둔화시킨다고 본 거였어요. 저는 성장에 대한 우리의 헌신이 호모 이코노미쿠스 모형에서 생긴다고 생각합니다. 호모 이코노미쿠스에게 중요한 것은 한마디로 말해 최소의 노동으로 최대의 재화를 얻는 것입니다. 그래서 노동력을 줄이고 생산을 증가시키는 것이 목표요, 이것이 생산성 향상과 경제성장을 의미합니다.

"우리는 여가(leisure)와 소비 이외의 다른 욕구들도 고려해야 할 것입니다. 예를 들어, 사람들은 타인들과의 관계에 대해서도 관심을 갖습니다. 공동체는 사람들에게 중요합니다. 사람들은 자신들이 공동체의 발전에 기여하는 자들이 되기를 원하고, 공동체가 자신들을 지지하고 있다는 느낌을 갖기를 원합니다. 또한 사람들은 자신들이 일하는 작업 조건에도 관심을 갖고, 타인들의 존경을 받는 일에도 관심을 갖습니다. 우리는 경제의 목표를 건강한 공동체라는 관점, 즉 모든 사람들이 즐겁게 일하면서 자신들의 진짜 경제적 욕구를 충족시켜줄 기회를 제공하는 건강한 공동체라는 관점에서 재정의할 수 있을 것입니다.

"우리가 경제의 유일한 목표를 생산성과 경제성장에만 두게 될 때, 시장이 적절한 도구는 되겠죠. 시장은 통제를 덜 받을수록 좋아지기 마련이니까요. 그러나 만일 경제 활동의 진짜 목표들이 다르다면, 이런 목표들은 사회에 의해 통합적으로 조정되어야 하며, 시장 활동의 규약도 재조정이 필수적으로 수반되는 방향으로 틀이 잡혀야 할 것입니다.

"그럼에도 불구하고 우리가 시장 활동과 관계하는 한, 호모 이코노미쿠스가 우리 인간들을 가장 정확하게 묘사하는 말이라고 생각해요. 만일 저의 사업 경쟁자가 공동체 파괴적인 행동을 한다면, 저도 역시 그 사람과 똑같이 할 수밖에 없어요. 그렇지 않으면 제가 망해 버리거든요. 그런데 만일 우리가 공동체 파괴적인 행위를 법으로 퇴치하기 위해 함께 협력할 수 있다면, 우리는 다른 방식으로 경쟁할 수 있겠지요. 저는 기독교인으로서 남들에게 덜 무자비한 방식으로 행동할 수 있게 하는 정부의 효과적인 규제를 흔쾌히 받아들여야만 할 것입니다. 그리고 현재 그렇게 하려고 합니다. 비록 이것이 또 다른 규제 기관들도 흔쾌히 수용해야한다는 것을 의미하지는 않지만 말이에요!"

페기 레이는 로저 슈월츠의 말을 듣고서 마음이 편해졌다. 페기는 시장 경쟁에 내재해 있는 필연적인 무자비함을 언제나 불쾌하게 여기고 있었기 때문이다. "슈월츠 씨! 당신의 제안에도 한 가지 문제가 있어요. 만일 경제가 주로 국경선 안에서만 이루어진다면, 정부는 전체 사업체들에게 제한을 가할 수 있겠지요. 예를 들어, 그들이 공장을 폐쇄한다거나 임금이 낮은 곳으로 공장을 이동하는 것이 어려워지겠지요. 그러나 오늘날 시장은 이미 국제적입니다. 글로벌(global)이죠. 만일 정부가 우리들을 제한한다면, 우리가 외국업체들과 경쟁하는 일은 훨씬 더 타격을 받게 됩니다. 솔직히 말하자면, 우리는 모두 파산 선고를 받게 될지 모릅니다.

"제 생각에는 해결책이 하나 있긴 하지만, 이것은 우리의 생각과 실천에 근본적인 재조정을 요구하는 것이지요. 시장의 규모가 커질수록 경제가 좋아진다는 말은 자명한 이치겠죠. 그렇게 되면 세부적인 전문화를 이루게 되며, 자본 이동도 더욱 증가할 것입니다. 즉 생산성과 이윤이 가장 높은 곳에 투자할 수 있다는 말이지요. 이 모든 것들은 성장이 일차적 목표일 때에만 의미가 있는 것입니다.

"그러나 만일 우리가 공동체 안에서 보다 포괄적인 인간의 욕구를 충족시키는 일에 더욱 관심을 갖는다면, 성장 일변도의 경제는 아무 의미가 없습니다. 우리는 좀더 작은 규모의 시장들을 필요로 하며, 그 소규모 시장을 운영하는 사람들에게 이익이 돌아가는 시장이 필요하다는 말입니다. 그런 시장들은 가장 커봐야 국내 시장이 되겠지만, 사실 제 생각에는 특정한 지방 시장들이나 지역 시장들이 공동체적 목적들을 위해서 충분한 역할을 해내리라 봅니다."

"당신의 의도적인 목적은 정말 심하군요." 핀켈슈타인 교수는 드디어 분통을 터뜨렸다. "당신은 온갖 종류의 보호무역주의를 신설해서 국가간 자유 무역을 철폐하자는 식으로 말씀하시는군요. 중세 시대로 되돌아가자는 겁니까!

"그리고 당신은 이것이 제3 세계 국가들에게 어떤 의미를 주는지 깊이 생각해 보셨나요? 제3 세계 국가들이 비참한 가난에서 벗어날 수 있는 유일한 희망은 우리 나라와 같은 선진 국가들에게 많은 수출을 하는 것입니다. 우리가 또다시 고립주의로 돌아가면 전세계의 경제 체계는 혼란에 빠지게 됩니다. 그 결과로 초래될 불황은 30년대의 대공황보다 훨씬 더 심각해 질 것입니다. 당신은 기독교인이라면서 어떻게 그렇게까지 생각할 수 있습니까?"

페기 레이는 핀켈슈타인 교수가 격렬하게 말하는 것을 듣고 매우 놀랬다. "물론 교수님 말씀이 옳을 수도 있어요. 저는 이 문제에 관해서는 철저히 생각해 보지는 않았습니다. 조금이라도 방향을 바꾸려면 그에 대해 많이 예고한 다음에 점차적으로 해야 한다고 생각합니다.

"그러나 저는 제3 세계 국가들을 글로벌 무역 체계로 이끌어내는 것이 그 국가들의 국민들에게 실제적인 도움을 주는 것인지가 의심스럽습니다. 글로벌 무역 체계는 그 국가들에게 몇 가지 농산품만을 전문화할 것을 요구하지요. 이런 전문화 때문에 종종 소작 농지는 갈취 당해서 농경 산업에 넘겨지게 됩니다. 한때 스스로의 힘으로 먹고 살 수 있었던 수백만 명의 거의 전체 국민들이 이제는 그들이 가격 결정에 아무 영향력도 미칠 수 없는 수입품에 의존할 수밖에 없게 됩니다.

"이런 글로벌 시장에서의 더욱 성공적인 경쟁을 위해 제3 세계의 많은 국가들은 경제를 '구조조정'할 수밖에 없게 되었습니다. 이것은 이미 매우 가난한 그 국민들에 대한 지원이 크게 축소된다는 것을 의미합니다. 그리고 저는 제3 세계 국가들의 공장들이 수출품의 생산을 위해 세워질 때에도 그 이익이 그 국민들에게 많이 돌아가리라고는 확신할 수 없습니다. 그러나 만일 세계가 지금까지 제가 제안한 방향으로 움직여 나간다면, 제3 세계 국가들의 많은 공장들은 해외 수출품이 아니라 수입 대체 상품을 생산하기 위해 가동될 것입니다. 그리고 농지는 이것에 의지해 사는 사람들을 먹이기 위해 다시 사용될 수 있을 것입니다. 저는 그래야 전세계의 기아가 줄어들 것이라고 믿어요."

"페기 씨의 말씀이 모두 맞지는 않을 겁니다." 로저 슈월츠가 끼어 들었다. "하지만 그 전반적인 핵심은 설득력이 있어요. 즉 우리가 그 동안 경제적 사고 전체에서 얼마나 성장을 중심으로 생각해 왔으며, 그것이 얼마나 호모 이코노미쿠스 모형과 밀접한 관계를 유지해 왔는가 하는 것이 보다 분명해졌습니다. 그래서 경제를 통한 인간 생활의 목표를 인간에 대한 다른 모형, 즉 '공동체 내의 존재'(person-incommunity)와 같은 모형의 관점에서 이해하는 것이 나을 것 같습니다.

"우리가 시장에서 물건을 사고 팔 때에는 전형적인 호모 이코노미쿠스형 인간이 유리하다는 해석을 여전히 인정할 수 있습니다. 공동체 내에 존재한다는 것이 값싼 구매를 하거나 판매 이득을 얻고자 하는 것을 막지는 않습니다. 이런 좁은 영역에서 우리는 가능한 한 비싼 가격으로 팔고 싼 가격으로 살 수 있게 됩니다. 그리고 이런 '이기심'은 일반적으로 자원 할당의 효율성으로 이어지기 마련입니다.

"그러나 경제성장을 촉진할 목적으로 시장을 확대하는 일은 인간 공동체를 해치는 역할을 합니다. 사람들의 욕구를 충족시키기 위해 재화와 용역을 충분히 공급할 수 있고, 효율성을 촉진시키기에 충분한 경쟁이 있지만, 자본이 한 지역에서 또 다른 지역으로 이동하는 것을 지지하지는 않는 시장 규모를 찾기 위해서는 여러 곳에서 많은 시험을 거쳐야 할 것입니다. 경제학자들이 이런 변화된 목표를 수용한다면, 그들은 이런 문제들에 대해 우리에게 즉각적인 도움을 줄 수 있을 것이라고 확신합니다.

"경제학의 또 다른 전제는 최소의 노동으로 최대의 재화를 획득하려는 개인으로서의 호모 이코노미쿠스 모형이 경제 이론의 발전을 위해서 적합하다는 것입니다. 그러나 이 모형은 제한적으로만 유용할 뿐이라는 생각이 확고합니다. 또한 우리는 이런 비판이 기독교인들이 해야할 적절한 비판이라고 믿습니다."

스튜어트 목사는 모두가 지쳤고 계속적인 논의도 별 소득은 없을 것이라는 느낌을 받았다. 또한 이 논의를 지속하는 것이 특별히 초청한 핀켈슈타인 교수에게 어렵겠다는 느낌도 받았다. "핀켈슈타인 교수님! 우리는 교수님께서 잘 참고 저희와 함께 논의해 주셔서 감사하고 있습니다. 교수님께서 참아 가시면서 저희에게 도움을 주지 않으셨다면 저희는 어떠한 논의도 할 수 없었을 것입니다. 저는 교수님이 저희들의 생각과 많이 일치하지 않으신다는 점을 압니다. 그러나 저희들을 위해 이 모임은 매우 귀중한 시간이었습니다. 우리는 진실로 교수님께 은혜를 입었습니다."

"고맙습니다." 핀켈슈타인 교수도 인사했다. "모든 점들이 제게는 매우 낯설었습니다. 저의 동료들은 제가 좀 과격하다고 생각하지만, 저는 이런 모임에서처럼 저의 입장이 비판을 받았던 경우는 결코 없었습니다. 저는 여러분들이 말하고있는 바에는 동의하지 않지만, 여러분들은 우리 경제학자들이 우리 자신의 전제에 대해 얼마나 성찰하지 않았는지를 깨닫도록 해주셨습니다. 경제학에 대한 우리들의 확신은 실로 대단한 것이어서, 외부에서나 가끔은 내부로부터의 대부분의 비판들에 거의 주의를 기울이지 않은 채 스스로가 정도(正道)를 걷고 있다고 생각합니다. 사회적 문제들이나 자연 환경의 문제들이 더욱 악화될수록 저는 여러분들의 비판들을 쓸데없는 소리로 여기지 않게 될 것입니다. 여러분들이 던진 비판들은 경제학자들 사이에서 매우 실제적인 논쟁을 자극할 수 있을 것 같군요. 여러분들은 제가 이런 문제들에 대해 남들보다 먼저 생각할 기회를 주셨습니다. 그래서 저도 마찬가지로 여러분들께 은혜를 입었습니다."

당신의 신학을 하라

1. 당신은 기독교인들이 경제학이나 다른 학문들의 전제들에 대해 비판적으로 검토하고 대안을 제시한다는 의미에서, 세상에 대한

기독교의 '반격'에 동의합니까? 아니면 기독교인들은 모든 사상을 해당 전문가에게만 떠넘겨야 한다고 보십니까? 또 다른 제 3의 가능성이 있습니까? 당신이 선호하는 것을 신학적으로 설명해보십시오.

2. 이 장에서 정통 경제학에 반대하는 비판들을 평가해 보십시오. 당신의 평가는 신학적입니까? 만일 그렇다면, 어떻게 신학적입니까?

3. 경제의 일반적 방향에 대해 이 장에서 제안된 것이 당신에게 기독교인으로서 의미 있는 것입니까? 아니면 현재의 지배적인 방향이 보다 더 나은 것입니까? 당신의 답변을 신학적으로 설명해보십시오.

◇ 9 장 ◇

대학 비판

1. 전제들 비판

　마가렛 윌리암슨 박사는 처음에 한번 논의에 끼어 들고는 내내 침묵을 지켜왔다. 그러나 그녀는 이런 논의를 통해 할 말이 많았다. 그녀 역시 많은 생태학자들과 마찬가지로 경제학자들에 대해서 한동안 분개한 적이 있었다. 그런데 이 모임에는 분개하고 불만을 가질 뿐만 아니라, 그에 대해 분석까지 하는 기독교인들이 있었다. 그녀는 경제 문제들 중에는 자신을 그토록 오랫동안 화나게 해왔던 인간중심주의만 있는 것이 아니라는 점을 알고는 기뻤다. 이것은 경제 문제와 관련해서 그 이상의 구체적인 반대들이 나올 수 있으며, 또한 실제적 대안들도 나올 수도 있다는 점을 뜻했다.
　그러나 윌리암슨 박사에게 더욱 충격을 준 것은 이런 대화가 학문적인 논의의 차원에서는 결코 진행되지 않는 것 같다는 점이었다. 그녀는 20년 넘게 대학에서 교편을 잡아왔지만, 어떠한 학과에서도 그 학과의 토대를 이루는 전제들에 대해 지속적으로 분석하는 것을 본 적이 없었다. 왜일까?

대학은 흔히 아무런 제약 없이 자유롭게 학문을 연구하는 장이라고 말한다. 그녀는 그런 자유로운 연구가 실제로는 얼마나 군산(軍産)복합체에 의해 지배되는가를 알게 되었을 때, 그에 대해 냉소적으로 말해왔었다. 그러나 그녀가 현재 이해하게 된 것은 더욱 근본적인 것이었다. 즉 대학이 외부의 재정 압력에 의해 좌지우지되지 않고, 연구가 어떤 의미에서 완전히 자유로울 때조차도, 대학의 학문 연구가 근본적인 문제에는 초점이 맞추어지지 않았던 것 같다는 점이었다.

비록 그녀 자신이 산전수전 다 겪어 충격에는 무감각해졌다고 생각했더라도, 대학이 이처럼 기본적인 질문들을 묻지 않는다는 현실은 그녀를 정말 놀라게 하였다. 그녀는 대학에서 이루어지는 대부분의 연구가 재력 있고 힘있는 사람들을 위한 것임을 알고 있었다. 그러나 지금은 대학이 진지한 사고를 독려하지 않고 있음을 깨달았다. 그녀는 이런 대학의 현실을 돈의 위력이라는 관점에서만 설명할 수는 없었다. 여러 학과들의 교수들은 자신들이 가르치는 내용들과 관련해서 상당한 자유를 누렸다. 그런데 왜 이들은 자신들의 학과나 타학과들의 전제들을 분석하지 않았을까? 그녀는 진짜 씁쓸하고 당혹스러울 뿐이었다.

그녀는 만일 대학에서 이런 탐구를 할 수 없다면, 교회에서 해야 한다고 판단했다. 그녀는 스튜어트 목사에게 대학 문제에 대해 토론할 모임을 주선해 줄 수 있을지를 물었다. 대학의 문제도 확실히 중요한 주제였기 때문이다.

스튜어트 목사는 윌리암슨 박사의 생각에 조금 놀랐다. 스튜어트 목사는 경제적 가르침과 실제에 대해서는 오랫동안 불만을 가졌던 데 반해, 대학들은 당연히 정통적인 사고 방식을 가진 것으로 여기고 있었다. 대학은 진리를 추구했으며 정보와 지혜를 전달해 주었다. 그러나 거듭 말하자면 경제학은 대학에서 매우 명망 있는 학과였다. 그런데 만약 경제학자들이 자신들의 전제들을 비판적으로 결코 논의하지 않았다고 한다면, 아마도 대학의 풍토에도 비판적으로 검토해야 할 뭔가가 있는 것은 아닐까.

문제는 모임을 구성하기 위해 누구를 초빙할 것이냐 하는 것이었다. 이들은 로저 슈월츠에게 이 모임에도 참석하도록 요구하기로 했다. 즉 그의 통찰에 모두 깊은 감명을 받았기 때문이다. 그리고 윌리암슨 박사와 같은 대학에서 근무하는 철학자 해리 바스킨 교수가 교회도 다니고 있고 대학 문제에도 흥미가 있을 것 같았다. 처음에 이들은 대학 자체에 대해 연구하는 사람은 한 사람도 떠올릴 수 없었는데, 윌리암슨 박사가 교육학과에서 고등 교육의 현실에 대해 연구한 보고서를 읽은 기억이 났다. 당시에 그녀는 그것에 대해 별로 주목하지 않았지만 그 연구 보고서의 저자가 그 대학의 부학장이라는 사실을 떠올리게 되었다. 그녀의 이름은 베쓰 터너였다. 그녀는 관련된 정보 뿐만 아니라 전문가적 고견도 역시 제공할 수 있을 것 같았다.

드디어 모든 초빙자들이 이 모임의 참석을 수락했고, 시간과 장소를 약속하고서 모두 만나게 되었다. 먼저 마가렛이 논의를 시작하는 말을 꺼냈다. 윌리암슨 교수는 바스킨 교수와 부학장 터너 박사에게 지난번 핀켈슈타인 교수와 만나 대화한 얘기를 했다. "지난 번 모임 이후에 생각해 보니, 우리가 제기했던 문제들이 경제학과에서는 논의되지 않았다는 사실을 알고는 제 자신이 무척 놀랬습니다. 경제학이 매우 불안해 보이는 전제들에 기초하고 있으며, 공공 세계의 사건들이 진행되는 추세가 그런 전제들에서 비롯된 판단에 의해 형성되고 있구요. 저는 대부분의 사람들이 경제학자들은 신중하고 비판적으로 자신들의 전제들을 선택할 것이기 때문에 그들의 '학문'은 믿을 만한 것으로 여긴다고 생각합니다. 아마도 사람들은 대학에서 가르치는 우리들이 전제들을 철저히 검토할 수밖에 없도록 압력을 받고 있다고 생각하나 봐요. 그러나 저는 저의 학과에서 전제들에 대해 어떠한 검토도 해본 적이 없으며, 다른 학과들에서도 그런 작업을 했다는 것에 대해 들어본 적이 없어요. 이런 사실은 저로 하여금 대학 전체에 뭔가 잘못이 있다는 생각을 하게 했지요. 제가 잘못 판단하였기를 바라지만, 여러분들이 그 잘못을 지적해 주신다면 좋겠습니다."

2. 대학의 학문들

부학장 터너가 말을 받았다. "여러분들은 제가 대학에 관해 연구한 사람이기 때문에 저를 초빙하신 것 같습니다. 저의 연구는 대학의 권력 구조에 관한 사회학적 연구입니다. 저는 특히 교수단과 행정 직원들 사이의 상대적인 권력과 부학장들이 맡는 직무에 관심을 갖고 있었습니다. 알다시피, 제가 맡은 최종 직책은 부학장입니다. 저는 사실 저의 연구가 여러분들에게 큰 도움이 될지 모르겠습니다.

"그러나 아마도 관련이 있을지 모르는 한 가지가 생각납니다. 한 기관으로서의 대학의 중요성을 생각하고, 또한 얼마나 많은 사회학자들이 대학에서 연구하는가를 생각해 볼 때, 대학에 대한 사회학적 연구가 그간 거의 전무했다는 점은 먼저 주목할 만한 가치가 있습니다.

"저는 이것이 우연이라고 생각하지 않습니다. 실제로, 저는 제 자신의 연구에 대해 많은 저항이 있다는 점을 알게 되었지요. 말하자면, 저는 제가 언급해서는 안 되는 금기를 깬 것 같았어요. 교수들은 자신들의 연구에서 자기들을 제외한 모든 사람들을 객관화하기를 좋아하지만, 자신들이 객관화되는 것은 좋아하지 않습니다. 교수들은 누군가가 자기의 학문이나 기관을 그렇게 취급하는 것을 원하지 않아요.

"물론, 대학에 대해 쓴 책들은 많지요. 대학의 목적과 실패 같은 것 말입니다. 하지만 그 책들은 지극히 일반적인 말들만 하고 있어요. 아마도 최근에 가장 흥미로운 논의는 교과 과정(curriculum)에 대한 것이었는데, 특히 교과 과정의 표준적 규범이 정해진 것이 있다는 생각에 관한 논의였습니다. 즉 어떤 사람들은 모든 교육에는 결정적인 역할을 하는 책들이 정해져 있다고 말하지요. 그와 달리 다른 사람들은 하나의 표준적 규범을 규정하는 것은 우리 문화 속에서 하나의 우세한 요소를 규범적인 것으로 만들고, 다른 경쟁적인 소리를 침묵하게 하는 방식이라고 응수합니다. 이 논쟁은 확실히 몇 가지 근본적인 전제들을 드러냅니다. 하지만 저는 몇몇 학문들을 지배하는 전제들에 대해 쓴 책들이 많다고는 생각하지 않습니다."

로저 슈월츠는 윌리암슨 박사가 한 말을 분명히 알 수가 없었다. "확실히, 저는 지난번 모임에서는 우리가 경제학의 전제들을 찾고 있었다고 이해했지요. 그것이 제게 많은 의미를 주었고, 제 생각에는 다른 사회과학에도 그와 유사한 작업을 할 수 있을 것이라고 생각했습니다. 그러나 자연과학들은 분명히 사회과학들처럼 의심의 여지가 있는 전제들 위에 서 있지 않지요. 전제들에 대한 비판이 예를 들어 생물학에서도 일리가 있습니까?"

"저는 최근에 그 문제에 대해 많이 생각해보았습니다." 윌리암슨 박사가 대답했다. "그런데 저의 답은 생물학에도 문제는 마찬가지라는 것입니다. 아마도 제가 현장 생태학자이기 때문에 대다수의 생물학자들보다 그 점을 더욱 쉽게 이해한다고 봅니다. 우리는 주로 실험실에서만 작업하는 생물학자들이 사물들을 이해하는 방식과는 매우 다르게 사물들을 보는 경향이 있습니다. 근래에 많은 생태학자들조차도 실제로 현장에서 작업하기보다는 컴퓨터의 모형들과 더욱 많은 시간을 보내면서 일합니다.

"우리들 가운데 여전히 실제로 현장에서 작업하는 사람들은 우리 동료들이 뭔가 놓치고 있다고 생각합니다. 그들은 동·식물과 생태계조차도 마치 이것들이 복잡한 기계인 것처럼 다루고 있어요. 실제로 바로 이런 점이 제가 가장 강조하면서 비판하기를 원하는 생물학의 전제들입니다. 생물학자들은 유기체를 연구하고는 있지만 그들은 유기체를 기계로 모형화할 수 있는 측면들만 주로 연구하고 있습니다.

"기계적 모형도 분명히 유기체의 많은 특징들을 파악합니다. 이것은 우리가 지난번 모임에서 논의했던 점, 즉 경제학자들의 인간 모형은 인간의 행동 방식, 특히 시장에서의 행동방식에 대해 많은 것을 정확하게 반영하고 있다는 점과 매우 비슷합니다. 하지만 우리는 경제학자들이 그런 모형만을 사용하는 것은 잘못된 것이라는 점에 동의했었습니다. 생물학자들도 똑같이, 자신들이 연구하는 것에 대해 어떤 특징들은 놓치고 있습니다.

"여러분들이 야생에서 동물들과 함께 생활하게 된다면, 여러분들은 그 동물들도 기질들이 서로 다른 개별적인 존재들임을 알게 됩니다. 그들도 우리처럼 주체적인 생활을 하며, 그 동물들의 행태를 그들의 개성이나 주체성과 분리해서 설명하려는 노력은 그 한계를 벗어나지 못합니다. 그러나 매우 근본적인 차원에서 보면 그런 노력은 잘못이에요. 그런데도 정통 생물학은 그 동안 이런 잘못에 빠져 있었지요.

"그 근본 모형이 가져다주는 차이점을 하나 더 설명하겠습니다. 어떤 학자는 기계적 모형으로 그 유기체의 여러 부분들을 연구할 수 있으며, 그런 연구를 통해서 전체적인 설명 체계를 세울 수 있다고 생각합니다. 그러나 또 다른 학자는 유기체의 모형으로, 한 부분의 행태는 전체 속에서의 그 위치에 의해 영향을 받기 때문에, 실험실에서는 그 한 부분이 전체 유기체에서 분리되어 있어 적절하게 이해될 수 없다고 말합니다. 이런 의미에서, 한 마리의 동물이 야생에서의 자신의 정상적인 환경으로부터 분리되면, 그 동물의 행태와 몸의 화학작용은 변하게 됩니다. 이 사실은 거듭거듭 입증되어 왔지요. 그러나 정통 생물학의 모형은 이러한 유기체적 특성을 계속해서 무시하고 있습니다."

"감사합니다." 슈월츠가 말했다. "저는 전제 비판의 실패가 어째서 현재 대학의 전반적인 실패가 되었는지 박사님의 말씀을 들으니 잘 알 것 같습니다. 그런데 만일 이것이 사실이라면, 박사님께서 자기비판을 고무하지 못하는 대학의 풍토에 관심하고 계신 것은 옳다고 보여집니다."

이번에는 바스킨 박사가 말할 차례였다. "저는 우리 철학자들이 다른 학자들보다 더욱 비판적으로 우리 자신들의 전제들을 논의하는지 아닌지에 대해 생각해 보았습니다. 어떻게 보면, 저의 말이 이상하게 들릴지 모릅니다. 철학 자체가 의식적인 비판적 탐구가 아니라면 무엇입니까? 하고 여러분들이 말씀하실 수 있을 테니까요.

"한편, 저는 다른 학문들이 자신들의 전제들에 대해 효과적인 비판을 하지 않는 이유는 철학이 자기비판적 과제를 포기했기 때문이라고 생각합니다. 과거의 철학은 일차적 공리(公理, first principles)에 대한 전체적인 성찰을 의미했었는데, 그것은 모든 학문 연구의 근저에 놓여 있는 전제들에 대한 성찰을 뜻했습니다. 고전 철학자들은 다양한 학문들이 발견한 성과물들을 하나의 통합된 비전 안으로 종합하려고 노력했었습니다. 오늘날에는 단지 소수의 철학자들만이 그러한 과제를 수행하고 있는데, 대다수의 철학자들은 이런 사람들을 미심쩍은 눈으로 바라보고 있습니다. 그런 과제들은 우리들에게는 너무 대규모적이거나 현학적인 작업으로 비춰지기 때문입니다.

"철학자들은 자신의 개인적인 전제들만 논의하려는 경향이 있습니다. 이것이 철학자들과 다른 학자들 사이를 구분하는 것일지 모릅니다. 그럼에도 불구하고, 여러분들은 정작 철학자들이 자신들의 전체적인 전제들에 관해서는 실제로 거의 반성을 하지 않는다고 강력히 주장할 수 있다고 생각합니다. 우리는 일반적으로 철학으로 간주되는 것에 대해서는 많이 언급하고 있지 않지요.

"예를 들어, 만약 누군가 생물학의 전제들에 대해 연구하고 그것들을 비판했다면, 이것이 철학입니까? 그럴 수 있죠. 철학은 아마도 비판하는 스타일, 전거를 끌어다댄 입장들, 그리고 무엇보다도 그런 분석을 한 사람이 철학회의 공식 회원인가 아닌가에 달려 있을 것입니다.

"이런 문제를 결정하는 방식들을 철학적으로 정당화하는 것은 어려울 것입니다. 왜냐하면 학문으로서의 철학의 한계들은 철학적인 고찰보다는 사회학적인 고찰에 의해 결정되기 때문입니다. 철학자들의 학회는 그 경계선이 어느 정도 유동적이지만, 그 회원권의 기준은 철학이라는 분명한 정의와 관련되기보다는 사회적 관계들과 관련되어 있습니다. 제가 철학회를 묘사하는 방식에 대해 철학회가 받아들일지 의심스럽습니다."

"박사님은 철학자들이 모든 학문들의 기본 전제들에 대해 검토해야 하는 과제를 포기했을 때에, 그 과제를 아무도 맡지 않았다고 말씀하시는 것입니까?" 스튜어트 목사가 물었다. "박사님의 말씀은 전제들에 대해 무심한 기이한 현상들이 우리를 놀라게 한 것에 대해 설명하시는 말씀으로 들립니다. 다른 학문들은 전제 비판의 과제를 철학에 맡겼는데, 철학은 정작 그 과제를 계속 맡지 않기로 결정했습니다. 그 결과는 정말 심각한 것 같습니다."

"개별 학문들의 역사를 살펴보면, 자신들의 어떤 전제들에 대해 논쟁을 하던 시기들이 있었습니다." 부학장 터너가 거들었다. "새로운 학파들이 생겨나면 학파들 사이에는 경쟁이 있게 되지요. 행동주의 심리학과 인지(認知) 심리학은 서로 매우 상이한 전제들을 갖고 있습니다. 그리고 이 학파들의 옹호자들은 그 상이한 전제들에 대해 논쟁을 해 왔습니다. 그러나 그런 논쟁의 순간에도 이 학파들이 아직 인식하지 못한 그들 공동의 전제들이 있었다고 확신합니다. 또 다른 문제는 문제들의 해결방식에 관한 것입니다. 여러분들도 짐작하시겠지만, 제 자신의 경향은 상대편의 논증이 지닌 객관적 타당성보다는 오히려 권력투쟁을 찾아보는 것입니다. 물론 객관적 타당성에 대해서도 검토하지요. 그러나 이때 '분위기'와 같은 더욱 미묘한 어떤 요인이 있다고 봅니다. 어떤 특정한 시기에 어떤 연구 스타일은 받아들여지고, 다른 연구들은 받아들여지지 않습니다. 그런데 특히 젊은 교수들에게는 그 연구가 받아들여지는 것이 매우 중요합니다."

"이 문제가 실제로 그토록 많은 것이 관건이 되지 않는다면, 이 문제는 매우 흥미로울 텐데요." 윌리암슨 박사가 말했다. "이 문제는 경제학에서 가장 명확히 드러나고 있습니다만, 비록 협소한 범위이긴 하지만, 생물학에서도 마찬가지입니다. 기계론적 사고방식은 우리로 하여금 생명공학을 강력하게 지지하게 합니다. 저는 생명공학에 전적으로 반대하는 입장은 아니지만, 인류는 자연 세계를 변형시키기보다는 그것을 이해해야할 필요성이 더욱 크다고 확신합니다. 현재 생명공학이 생물학을 지배하고 있는 것은 시장이 이윤에 굶주리고 있기 때문입니다. 그러나 또 다른 이유는, 대부분의 생물학적 연구들을 통제하고 있는 검증되지 않은 전제들이 (자연에 대한 이해보다는) 정복과 지배에만 열중하도록 만들고 있기 때문입니다.

"제가 볼 때, 대부분의 경우, 대학들의 지도 이념은 두 가지 요인의 지배를 받는 것 같습니다. 그중 하나가 매우 두드러지는데, 그것은 대학의 자금 지원의 출처에 관한 것입니다. 군사적인 우위를 얻기 위한 연구과제나 대기업의 이윤을 얻게 해 줄 연구과제는 돈을 받을 수 있기 때문에 우선권이 있습니다. 둘째는 개별 학문들의 내적인 발전입니다. 이것은 대학의 진정한 학문적 측면으로서, 우리는 이런 순수한 지식 탐구에 자부심을 갖습니다. 하지만 이것도 검증되지 않은 전제들에 의해 진행된다면, 결국 그렇게 순수하지만은 않을 것입니다.

"전제들 가운데 하나는 대학의 연구가 세상의 필요를 지향하기보다는 오히려 그 학문의 첨단분야를 지향해야 한다는 점 같습니다. 이 점은 세상의 필요가 매우 긴급해질수록 나를 매우 곤혹스럽게 만듭니다. 물론, 몇 가지 예외도 있겠지요. 하지만 제가 염려하는 것은 '학문적'이란 말속에는 '현실과는 무관하다'는 의미가 정직하고 공평한 것인양 스며들어 있다는 것입니다. 대학은 많은 인재들을 끌어들여 그들에게 연구할 시간을 주지만, 그 연구가 시급하게 깨달음을 요청하는 주제들과는 동떨어진 것이 되도록 만들고 있는 것 같습니다."

로저 슈월츠는 학자들이 스스럼없이 거칠게 자신들을 비판하는 데 대해 계속해서 놀라고 있었다. "우리 외부인들은 대학이 극도로 전문화하는 것에 대해 종종 농담을 합니다. 박사님들은 그런 비판에 동의하시는 것 같아요. 박사님들이 일단 대학의 학문이나 그 세부 연구 분야 내에서만 작업하면, 그 통로 속에서는 별 문제가 없이 잘 소통되는 것 같습니다. 그러나 박사님들은 지금 그 통로 속에 있는 문제들, 즉 학문이 바깥 세상에 큰 도움이 되는지 아닌지를 다루고 계십니다."

3. 대학의 전제들

스튜어트 목사는 침묵만 지키고 있었지만, 바쁘게 뭔가를 열심히 적고 있었다. "저는 지금까지 대학의 현실에 대한 많은 비판을 듣게 되었습니다. 아마도 이것이 우리 모두가 듣기를 원했던 것이 아닐까 하는 생각도 듭니다. 하지만 지난번 모임에서 우리는 경제학 이론의 기초가 되는 특정한 전제들을 확인하는 수확을 거두었습니다. 저는 이제 대학의 현실로 여겨지는 몇 가지 전제들을 정리해 볼까 합니다. 물론 대학의 현실 가운데 어떤 측면들은 대학의 경제적 생존의 문제일 뿐인 것입니다. 저는 그 한 전제가 대학이 생존하는 것이 바람직하다는 것이지만, 그에 대해서는 언급하지 않겠습니다.

"제게 두드러져 보이는 첫째 전제는 대학이 전체적으로 그 학문 분야의 연구를 안내하는 사회적 목적이 없다는 점입니다. 둘째 전제는 지식이 학문들 사이에 세분화될 수 있으며, 실제로 이런 지식의 세분화가 지식을 추구하는 최선의 방책이라는 것입니다. 셋째 전제는 이런 학문들이 상호 자율적이며, 자신들의 분야와 역할을 스스로 정의하고 있다는 것입니다. 넷째 전제는 대학 전체의 전제들이든, 아니면 각각의 학문들 속에 스며든 전제들이든, 그 전제들을 검토할 필요가 없다는 것입니다. 저의 판단이 옳은가요?"

"목사님 대단하십니다." 바스킨 박사는 스튜어트 목사를 안심시켰다. "만일 제가 목사님이신 줄 몰랐다면, 저는 아마 목사님을 철학자라고 생각했을 것입니다! 목사님은 지난번 모임에서, 목사님이 찾아내신 전제들을 과연 기독교인들이 받아들일 수 있는지를 계속 물으셨다고 말씀하셨지요. 그에 대해 제가 직접적으로 말씀을 드린다면, 그 어떠한 전제들도 기독교인들이 수용해서는 안 된다는 것입니다. 그 이유로는 첫째 윌리암슨 박사가 계속 말씀하신 것처럼 우리는 지구적 위기의 시대를 살고 있기 때문입니다. 가령 대학과 같은 중요한 기관은 인류가 지구적 위기를 극복할 수 있도록 혼신의 힘을 다해야 합니다. 대학은 세부 학과들의 연구를 이끄는 사회적 목적을 분명히 필요로 하고 있습니다.

"둘째로, 만일 대학이 사회적인 목적을 가졌다면, 저는 대학이 학문 분야별로 조직되지는 않으리라 봅니다. 즉 뭔가 현실적합성이 있는 연구를 하도록 압력을 받았다면, 흑인 연구, 평화 연구, 그리고 여성 문제에 대한 연구와 같은 주제들을 위해 특별한 센터들이 설립되었을 것입니다. 대체적으로 이런 기관들의 (학제간) 연구는 대학의 학과들에 의해 용인되었으며, 대학 풍토에서 시들어버리는 경향이 있었습니다. 하지만 이런 특별한 센터들은 (대학의 학과중심적 조직과는) 매우 다른 조직을 위한 모형일 수 있습니다. 이런 맥락에서는 이런 센터를 통해 각각의 학문들이 서로 연관될 수 있을 뿐 아니라, 이상적으로는 상호 비판과 상호 지원을 위한 역량을 서로 인식하게 될 것입니다. 대학의 학문들이 연구하는 이 세계는 하느님의 피조물로서, 서로 무관한 측면들로 분리되지 않습니다.

"마지막으로, 모든 학문들이 책임적인 연구 공동체에 소속될 자격을 얻기 위해서는 자신들의 전제들을 분명히 밝히면서 옹호할 것은 옹호하고, 확신 있는 옹호가 되지 않으면 그것들을 바꾸어야 할 것입니다. 철학은 다른 학문들이 자신들의 전제들을 바꾸는 데 중요한 역할을 감당할 수 있을 것입니다. 그리고 대학 자체에 대한 연구가 계속될 수 있도록 어떤 조직을 만들 수도 있습니다!"

4. 결론과 권고

이 책은 전체적으로 평신도들이 자신의 신학에 대해 책임을 지는 방법을 다루었다. 이 책은 1장에서 6장까지에서 신학적 문제들을 다루면서 전문 신학자들도 관계해야만 하는 것을 보여주었다. 여기에서의 나의 논점은 신학이 신학자들만의 몫으로 떠넘겨지지 말아야 한다는 것, 우리들은 각자 자신들의 믿음을 다듬어내야만 한다는 것, 우리가 생각하는 신앙인들, 즉 우리가 무엇을 믿고 있으며 왜 그것을 믿고 있는지를 분명히 성찰하는 신앙인이 되지 않는다면 교회는 생명력을 회복할 수 없다는 것이었다. 교회를 위해서 이런 평신도 신학은 매우 중요한 것이다.

그러나 세상을 위해서는 그 이상이 필요하다. 서구 사회는 오랫동안 사상과 제도를 세속화시키는 실험을 해왔다. 이 세속화는 파편화로 이어졌다. 가치의 문제는 변두리로 밀려났다. 그리고 사회의 목표들은 거의 고려되지 않고 있다. 우리는 점차 방향을 상실하기에 이르렀으며, 따라서 의미도 상실하게 되었다. 서로를 돌보아야 할 이유들, 특히 가난하고 약한 사람들을 돌보아야 할 이유들은 많이 흐려졌다. 사적인 이익만을 추구하는 것은 이제 행동을 위해 부적절한 동기일 수밖에 없다는 사실이 점점 확실해지고 있다.

기독교인들은 이런 방식들에 의해 야기된 사회의 쇠퇴에 대해 종종 불평하고 있다. 그러나 불평과 도덕적 고발은 우리의 미래가 될 수 없다. 우리의 세계가 무의미하거나, 사회의 중요 제도들 속에 적절한 가치가 존재하지 않는다면, 우리들은 시간이 흘러갈수록 더욱 곤경에 처하게 될 것이다.

한 기관으로서의 교회는 이런 문제들에 대해 현재의 반응보다 더욱 훌륭한 반응을 보일 수 있을 것이지만, 교회의 역량이 현재로선 극히 제한되어 있다. 따라서 가장 중요한 과제들은 기독교인들 개인이나 집단, 즉 자신들의 신앙이 세상에서 어떻게 중요하며 상관성을 갖는지를 이해하는 기독교인들에게 맡겨져 있다. 특히 변화를 가져올 수 있는 사람들이 바로 평신도들이다. 이들은 모든 연구 분야들과 중요한 사회 기관들에서 일하고 있는 사람들이기 때문이다. 만일 평신도들이 이런 연구 분야들이나 기관들에 관해 기독교인으로서 생각하도록 도전을 받게 된다면, 그리고 평신도들이 그 도전을 효과적으로 수행하는 방식을 배울 수 있다면, 기독교인의 지혜는 이 병든 사회를 치유하기 시작할 것이다.

당신이 바로 이런 일들을 해야 할 평신도 가운데 한 사람이다. 당신의 위치와 역할은 당신 이외의 어느 누구와도 똑같지 않다. 따라서, 당신이 부름받은 소명은 다른 사람들의 소명과 똑같지 않다. 내가 당신의 소명이 무엇인지 알려줄 수는 없지만, 나는 우리의 세속적 사상이나 사회를 형성하고 있는 전제들에 관해 개인적으로나 집단적으로 생각하는 노력이 지금 시급히 요구되고 있다고 확신한다. 우리 모두는 시급히 요구되는 이 과제에 동참할 수 있다. 그렇게 할 때, 우리의 기독교적 신앙이 중요한 문제들에 영향을 끼치는 것은 우리의 생각보다 훨씬 쉬울 것이다.

7장과 8장의 내용들은 당신이 이런 과제를 수행하도록 격려하기 위한 것이었다. 물론 이 내용들은 한 학문으로서의 경제학과 한 제도로서의 대학의 밑에 있는 전제들에 관한 나 자신의 판단을 반영한 것이다. 그것은 또한 기독교인들이 그러한 전제들을 어떻게 평가해야 하는지에 대한 나의 견해도 반영하고 있다. 그러나 당신이 이러한 나의 판단과 입장에 동의하지 않을 수 있지만, 만일 나의 입장 표명이 기독교인으로서 당신 자신의 판단과 입장을 확실하게 해 주었다면, 나의 수고는 충분한 보상을 받은 것이다.

좋은 신학자가 된다는 것은 우리 서로간의 의견일치를 보증하지는 않는다. 우리는 이미 우리들 사이의 차이점들을 더욱 날카롭게 보여주는 결과들을 보았다. 어떤 차원에서는 그러한 일이 유감스럽다. 그러나 극히 중요한 문제들을 놓고 진지하게 논쟁을 벌이는 교회가 현재의 교회보다는 훨씬 더 건강한 교회일 것이다. 그리고 세상은 그 세속적 전제들에 대한 나의 비판적 검토를 통해 이득을 볼 것이다. 비록 모든 기독교인들이 나의 이런 분석과 처방에 동의하지는 않더라도 말이다.

기독교인들은 자신들의 생각의 울타리를 더 이상 계속 좁혀나갈 수 없다. 세계 역시 기독교적 비전과 지혜의 혜택을 더 이상 잃어버릴 수 없다. 우리는 교회와 세계 모두를 위해 더욱 좋은 신학자들이 되어야 할 필요가 있다.

당신의 신학을 하라

1. 이번 장에서는 경제학 이외의 학문들에 대해 간략히 논의하였다. 당신은 이번 장에서 다룬 학문들이나 또 다른 학문들의 전제들에 대해 어떻게 판단하는가? 당신은 당신이 지적하는 전제들을 어떻게 평가하는가? 당신은 자신의 평가가 기독교적인 평가라고 생각하는가? 설명해 보라.
2. 당신은 현재의 대학 조직이 어떤 통합적 목적이 없다는 점을 보이고 있다는 점에 대해 동의하는가? 아니면 당신은 이 지적에 대해 반대하는가? 만일 반대한다면, 당신은 대학이 어떤 목적에 공헌해야 한다고 생각하는가?
3. 만일 다양한 학문들이 다양한 전제들에 의해 움직이고, 그리고 이 전제들이 상호간 양립할 수 없다면, 이것이 사상과 실재의 본성에 대해 무엇을 의미하는가? 학문들 사이에 서로 양립할 수 없는 전제들이 있다는 것을 기독교적 관점에서 수용할 수 있는가? 다른 대안은 없는가?

◇ 후기 ◇

교회 신학에 관하여

　신학은 현재 많은 역할을 하고 있으며 많은 적절한 형식들을 취하고 있다. 이 책은 그 역할과 형식 가운데 하나로서, 각각의 신앙인이 자신이 무엇을 믿는지를 분명히 깨닫는 명시적 믿음에 도달하고, 자기 믿음을 발전시키는 역할과 형식이다. 전통교단들에서 이런 개인적인 평신도 신학이 확대되지 않는다면, 전통교단들은 계속 쇠퇴할 운명일 수밖에 없다. 이것 외에 다른 형태의 신학이 그 일을 대신할 수는 없다.

　이 책은 부수적으로 오늘날 교실 신학을 뜻하는 전문 신학에 대해서도 언급했다. 그러나 이 책은 개인적인 신학에 도움을 주는 범위 내에서만 전문 신학에 대해 언급했다. 알고 보면, 전문 신학은 공적 세계, 대학, 그리고 제도 교회에서 감당해야할 다른 역할을 갖고 있다. 그리고 이 역할들은 이 책에서는 논의하지 않았지만 논의할 가치가 충분히 있다.

　하지만 나는 교회신학에 관해서는 거의 아무것도 언급하지 않았다. 교회신학 역시 많은 것을 뜻한다. 그러나 여기서 나는 교회의 필요성, 즉 공동의 예배와 세계 속에서의 공동의 행동을 위한 기초로서의 공동의 확신을 표현해야 하는 교회의 필요성을 말하는 것이다. 이것은 개 교회의 회중들, 교단들, 그리고 에큐메니칼 차원에서도 요구되고 있다. 여기에도 사상이 필요하지만, 그러나 이 사상은 개인들이 추구하는 사상과는 다르다. 교회 신학을 책임적으로 전개하는 것도 이 책이 지향한 과제처럼 큰 과제이다. 개인으로서의 각 기독교인들은 교회 신학의 과제를 이해하고 그 차이점에도 불구하고 그것을 지지할 필요가 있다.

그러나 이 두 종류의 신학 사이에는 긴장관계가 존재하고 있다. 나는 개인적 신학에 대한 논의에서는 완전한 개인적 성실성이 필요하다고 강조했다. 즉 여기서는 우리의 실제 생활을 결정하는 믿음이 중요하다. 나는 이런 실제의 믿음(real beliefs)과 우리가 기독교인으로서 마땅히 고백해야만 한다고 생각하는 믿음, 즉 교회에서 배워 외운 믿음(avowed beliefs)을 대비시켜 왔다. 나는 이 책에서 후자에만 안주하는 것은 우리의 믿음이 우리 자신에게 정직한 믿음이 될 수 없다는 사실을 거듭 강조했다. 그러나 우리가 이런 믿음을 지녀야만 한다고 생각하는 이유는 이런 믿음들이 교회의 공식적 가르침, 아마도 고대 신조들의 일부였기 때문일 것이다. 따라서 자신에게 정직한 명시적 믿음과 자신의 신학을 발전시키는 일은 교회의 가르침을 깎아 내리는 것과 관련이 있어 보인다!

이 문제에 대해 대응하는 몇 가지 전략들이 있다. 그 중 하나가 모든 신조들을 모두 거부하는 것이다. 이런 거부는 흔히 교리 때문에 분열되는 것(편가름)에 대한 반작용이었다. 그러나 이 전략은 각 개인들이 자기의 개인적 믿음에 관해 정직하게 생각할 수 있는 완전한 자유를 얻으려는 소망을 표현하는 것일 수도 있다.

　불행하게도, 이런 거부는 효과적이지 못했다. 왜냐하면 신조들을 갖지 않는 교회들도 분열되고, 심지어 믿음을 놓고 서로 갈라서는 경향이 있기 때문이다. 신조들을 갖지 않는 교회들은 종종 그들이 거부한 신조들보다 자신들을 더 제약시키는 정통주의를 발전시켜 왔다. 그렇지 않으면, 이 교회들은 철저하게 비신학적인 집단이 되어서, 그 교회 구성원들의 개인적 믿음들은 아무래도 상관없는 것으로 간주한다. 이것은 교회가 신조들을 가져야만 한다는 주장이 아니라, 기독교인들이 교회의 신조들을 외운 믿음에 안주함으로써 자신들의 정직한 믿음을 발전시키지 못한다는 문제에 대해 가장 직접적이며 최선의 해결책인 것처럼 보이는 신조 거부 전략이 결국에는 그 문제를 해결하지 못한다는 점만을 지적하는 것이다.

　둘째 전략은 신조들에 대한 고백들을 상세하게 발전시키는 것이다. 이런 상세한 고백들이 가끔 성공한다는 사실은 기독교의 진리를 불변의 형태로 파악했다는 시늉을 할 수 없다는 점을 분명히 보여준다. 기독교인들이 각자 정직하게 생각함으로써 새로운 신앙 고백적 진술에 이바지할 수 있다. 비록 이 새로운 고백적 진술이 개인적 생각의 독특한 특징들보다는 공동체의 합의를 표현해야 하지만 말이다.

　이 전략은 장로교의 접근 방식으로서의, 성공적인 전략이다. 이것은 신학이 장로교 전통에서 중심적 역할을 하고 있다는 사실을 보여주고 있으며, 신학이 활발하게 살아 있도록 돕고 있다. 이 전략은 또한 기독교인들이 많은 문제들에 대해 믿음들을 갖고 있다는 점과, 그 믿음들은 중요한 것이라는 점을 효과적으로 보여주고 있다.

　그러나 이 전략에도 문제가 없는 것은 아니다. 이 전략은 교인들이 마땅히 지녀야만 하는 많은 확신들을 조목조목 천명함으로써, 심지어 신자들로 하여금 무엇을 마땅히 생각해야만 하는지에 관해서까지 일일이 지시한다는 점이다. 그러나 미래의 새로운 신앙고백을 다듬기 위해 작업하며 의식적으로 변화를 꾀하는 극소수의 사람들을 제외하고는, 이 전략은 이 책에서 강조한 것처럼, 일반적인 평신도들로 하여금 오히려 스스로 생각하는 것을 가로막을 수 있다. 즉 이 전략은 교회의 가르침에 대해서는 형식적으로만 수긍(고백)하고, 실제 생활에서는 다른 확신들에 의존하는 부정직한 신학으로 이어질 수 있다.

셋째 전략은 신조에 대해 최소한의 고백적 진술을 공식화하려는 전략이다. 우리는 이 최소한의 진술을 어느 특정한 교회가 그 내부의 신앙적 다양성을 인정하고 긍정하면서 함께 공유하는 믿음들을 진술한 것으로 생각할 수 있다. 이 전략은 한편에서 자유롭게 생각하는 현대 기독교인들의 정직한 믿음과 다른 한편에서 그 기독교인들이 마땅히 믿어야만 하는 것에 대한 교회의 공식적 진술 사이의 긴장을 최소화하고 있다.

예를 들어, 그리스도 연합 교회(the United Church of Christ)의 고백은 그 교인들 거의 모두가 귀에 거슬리지 않는 방식으로 만들어진다. 이 교단은 대다수 교인들의 합의를 표현하기 위해 현대적인 언어를 사용하고 있다. 이를 통해 이 교단은 실제로 개인의 기본적 믿음의 일부가 아닌 것을 기독교인이기 때문에 마땅히 믿어야만 한다고 생각하는 데서 오는 부정직함의 문제를 해결한다. 하지만 이 전략은 그 교인들로 하여금 신학적 성찰을 촉진시키지는 못하고 있다.

넷째 전략은 미국연합감리교회(The United Methodist Church)의 전략이다. 이 교단은 영국교회로부터 "종교 강령"을 물려받았는데, 이 강령은 영국의 종교개혁 시기에 로마 가톨릭에 반대했던 개신교의 입장을 표현하고 있다. 존 웨슬리는 이 강령을 요약하였지만, 가톨릭에 반대하는 논박을 빼버리지 않았다. 이것은 현대의 언어로 서술되어 있지 않으며, 대다수의 현대 감리교인들의 중심적 확신들을 표현해주지도 않는다. 그럼에도 불구하고, 미국연합감리교회는 이것을 거부할 자유가 없다. 따라서, 미국연합감리교회는 이 강령들을 그 역사적 상황 속에 자리매김하였으며, 그것들의 현재적 활용과 역할을 서술하고 있다. 특히 미국연합감리교회는 가톨릭에 반대하는 의미는 거부하였다.

미국연합감리교회는 신앙에 대한 새로운 진술을 공식화하는 대신에 자신의 신학적 입장을 역사적으로 서술하는 방식을 계승해왔다. 이런 방식은 이 교단의 특수한 강조점들에 대한 설명을 포함할 뿐 아니라, 이 교단과 보편적 공교회(ecumenical church)와의 연속성, 그리고 계속해서 공교회의 일부로 남아 있고자 하는 욕구를 포함하고 있다. 즉 미국연합감리교회는 자신의 구성원들이 무엇을 따르고, 무엇을 믿어야 할지를 명시적으로 제시하지 않고, 어떻게 신학적 사고를 할 수 있는지를 보여주고 있다. 이것과 연관시켜 이 교단은 우리가 4장에서 논의한 웨슬리의 사중구조를 특히 강조한다.

이 전략은 교인들 자신이 기독교인으로서 마땅히 믿어야만 하는 것이라고 생각하는 믿음을 토대로 하여 부정직한 신학을 세우는 경향을 한층 줄여준다. 이상적으로는 이 전략이 내가 이 책을 쓴 목적, 즉 정직한 사고를 격려한다. 그러나 불행하게도 이 전략이 아직은 이런 점에서 성공을 거두지는 못했다. 왜냐하면 이 교단의 평신도들은 실제로 생각하도록 자극받지 못했기 때문이다. 너무도 흔히, 그들은 자유롭게 생각할 자유를 전혀 생각하지 않아도 좋은 자유로 삼고 있다. 내가 확신하는 한 가지는 기독교인들이 정직하게 생각할 공간을 필요로 할뿐만 아니라, 그렇게 정직하게 생각하는 과정에서 적극적인 안내와 도움을 받을 필요가 있다는 점이다. 그런데 미국연합감리교회는 이것을 제공하지 않았다. 이 책은 이런 도움을 주고자 한 것이다.

많은 교단들은 비교적 동질적인 기독교인들의 공동체이기 때문에 그들은 각각 다양하게 자기들만의 방식으로 교단 신학을 수립할 수 있다. 각 교단들이 선택한 방식이 자기 교단의 풍토에 부합한다면, 그것은 좋은 신학이다. 교단 신학을 수립하는 것은 이 책이 의도한 신학적 작업과는 매우 다른 것이지만, 위에 열거한 모든 방법들에서 교단 신학은 적극적으로 개인적 신학을 발전시키는 일을 격려하지는 않는다 해도 최소한 보다 더 개인적 신학을 허용하도록 하기 위한 것이다. 이 모든 프로그램들은 개인적으로 정직한 믿음을 추구하는 우리들이 적극 지지할 수 있는 타당한 신학적 과제이다.

더군다나 개인으로서의 기독교인들이 스스로 정직하게 생각하려고 노력하면, 교단 지도자들이 수행하는 작업으로부터도 적지 않은 도움을 얻을 수 있다. 때때로 개인으로서의 기독교인들은 교회의 신학적 선언들 속에서 자신들을 난처하게 했던 문제들의 해결책을 발견하거나, 이전에는 인식하지 못했던 문제들에 대한 안내도 발견할 수 있다. 또한 반대로 개인적 신학이 교회의 공식 입장들을 만드는 데에 기여할 수도 있다.

지금까지 언급한 모든 교회들은 자신들의 내적인 일치나 전세계의 다른 교회들과의 일치를 모색하고 있다. 그러나 교단 신학을 수립하기 위한 그들의 전략들에는 에큐메니칼 신학의 지평까지 확대될 수 있는 것은 전혀 없다. 모든 교회들은 그 시대의 실제적인 언어로써 말하려고 하지만, 이것은 일정한 문화적 동질성을 전제하고 있으며, 이 전제를 전세계의 교회들로 확대할 수는 없기 때문이다. 왜냐하면 한 문화 속에서 분명하고 적절한 언어는 다른 문화권의 사람들에게는 낯선 것으로 들리기 때문이다. 한 문화권에서 발전된 교단 신학은 흔히 다른 문화권의 교회의 많은 전통적 언어를 무시하게 한다. 폭넓게 다양한 역사를 지닌 교회들이 함께 모일 때에는, 일치의 근거가 모든 교회들이 공동으로 갖고 있는 것에서 찾아져야만 하는데, 통상, 이러한 근거는 그 모든 교회들이 역사적으로 거슬러 올라갈 수밖에 없는 초기 시대의 기독교 사상, 즉 초대교회와 성서를 의미한다.

그러나 이것도 문제를 일으킨다. 에큐메니칼 목적들을 위해, 우리는 이런 공동의 역사적 원천(초대교회와 성서)과의 연속성을 강조한다. 그러나 오늘날 기독교인들이 정직한 사고를 통해 자신의 믿음을 책임 있게 다듬도록 하기 위해서는 우리가 초대교회와 성서 시대의 사건이 지니고 있는 권위와 그 이후에 계속해서 교회 안과 밖에서 배운 많은 것들의 권위가 상호작용하는 것임을 강조한다. 이것은 기독교 초기에 일어난 많은 일들에 대해 가차없는 비판으로 나아갈 수도 있다. 예를 들어, 여성신학자들은 교부시대의 교회생활과 사상의 패턴 속에 가부장적 영향이 얼마나 폭넓고 깊게 뿌리내려져 있는지를 보여주었다. 그렇다면, 이런 교회의 비판받지 않은 믿음들이 어떻게 우리 시대의 일치의 근거가 될 수 있는가?

이 문제에 대한 대답은 생각을 필요로 하는 것으로서, 매우 훌륭한 생각들이 세계교회 협의회(World Council of Churches)에서 나타났다. 그런 훌륭한 생각들은 여러 면에서, 이 책에서 강조하는 것처럼, 개인적 기독교인들의 성찰과 연결되어 있다. 하지만 양자 사이의 차이점도 지적할만한 충분한 가치가 있다. 즉 이 책에서 논의한 사고 방식이 개인적인 정직성을 겨냥하고 있다면, 세계교회협의회가 또 하나 필요하다고 생각하는 문제는 긴장관계에 대한 정직한 해결, 즉 개인적으로 정직한 믿음을 가질 필요성과 그에 못지 않게 중요한 문제, 곧 모든 기독교인들 사이에 상호 존경할 필요성, 그리고 협동과 일치의 토대를 확립하고 유지시킬 필요성 사이의 긴장관계를 정직하게 해결하려고 모색하는 것이다. 이런 신학은 현재의 실제적 상황에 대해 말하기 위해 교회의 역사적 언어를 이용하는 방식을 배워야만 한다. 이 신학은 다양한 해석을 인정하면서도, 교회에 실제적인 안내를 줄 수 있도록 그 다양성을 제한하는 보편성의 차원에서 진행되어야 한다.

전체와의 일치를 표현해야 할 필요성과 자신의 생활 속에서 정직성을 찾아야 할 필요성 사이의 긴장관계는 특히 여성들의 문제를 중심으로 분명하게 드러났다. 왜냐하면 여성신학자들은 많은 급격한 변화들을, 오늘날 기독교인의 정직한 생각과 생활에 필수적인 것으로 요구해왔기 때문이다. 여성신학자들이 전통적 교회의 많은 사람들을 설득해 왔지만, 그들의 메시지는 연대에의 호소를 모른 척 하는 어떤 교회들에는 아직 거의 전달되지 못하고 있다. 핵심 문제 하나가 전통교단들에서 발생하는데, 즉 전통적 교단들은 개인적 믿음의 정직성에 대한 필요와 교회의 일치를 위한 필요를 어떻게 균형 있게 조화시킬 것인가 하는 문제이다. 이 문제는 교회 신학을 위한 또 다른 문제로서, 개인적 신학에서 일어나는 문제들과는 다른 것이다.

교회 신학은 이 책에서 서술한 대로 개인적 신학자의 작업에 대한 반응이다. 교회 신학은 개인적 정직성과 긴장 관계에 있는 교단 차원이나 전세계 차원에서의 일치에 대한 관심을 포기 할 수 없다. 결과적으로 개인으로서의 각각의 기독교인은 교회 공동체의 생활 속에서 자신들의 완전한 개인적 정직성을 거의 표현할 수 없다. 개인은 과연 어디까지 교회 신학과 타협할 수 있는가?

이 물음은 이 문제를 소극적으로 표현하는 것이지만 회피할 수 없는 물음이다. 그러나 보다 적극적인 반응을 고찰하는 것이 우선 좋을 듯하다. 즉 개인적으로 정직한 성찰을 확대시켜, 어떻게 교회 공동체와 지구적 차원의 일치를 유지하고 지원할 것인가 하는 문제에까지 확대시킬 수 있다. 실제로 이런 작업을 하지 못하는 것은 우리가 (믿음에 관해) 개인주의적인 전제들을 갖고 있음을 표현하는 것이며, 이런 개인주의적 전제는 신학적으로 검토할 때 붕괴할 수밖에 없다. 따라서 기독교인으로서 완전히 정직하게 생각하고 생활하는 것은 (믿음에 대한) 개인적 표현을 제한시키는 것을 타협으로 간주하지 않으며, 심지어 만족스럽지 못한 행동조차 해야할 필요성을 타협으로 간주하지 않는다. 그런 일들은 기독교 신앙의 진정한 표현이다.

그러나 이것이 타협의 문제를 해결하는 것은 아니다. 만일 전체 교회의 공동체적 삶과 일치를 위해 요구되는 행동과 가르침이 교회로 하여금 예수 그리스도의 오늘의 의미에 근본적으로 상치되는 바를 증언한다면, 우리는 그것에 대해 저항하고 반대해야 하며, 필요하다면 떠나야 한다. 이렇게 떠날 필요를 느끼고 있는 사람들의 수가 교회 안에 상당히 많다. 교회 신학은 이런 결과들을 초래한 긴장관계 속에서 작업해야 하는 곤혹스런 과제이지만 동시에 결정적으로 중요한 과제임에 틀림없다.